Economí

Introducción a la economía internacional

Obras selectas II

Economía

Introducción a la economía internacional

Obras selectas II

Ramón Tamames

ERASMUS

ERASMUS EDICIONES

Editorial Almuzara

www.editorialalmuzara.com
Parque Logístico de Córdoba. Ctra. Palma del Río, km 4
C/8, Nave 12, nº 3. 14005 – Córdoba (España)

© Edimadoz 94, S.L. (2023)
© Editorial Almuzara S.L. (2023)

Diseño de cubierta Estudio da Vinci
Composición JesMart
Impresión y encuadernación Black Print
Director editorial Raúl López López

Primera edición noviembre de 2023

I.S.B.N: 978-84-15462-86-6
Depósito Legal: CO-1716-2023

Hecho e impreso en España - Made and printed in Spain

Índice

Introducción general al volumen II de las *Obras selectas*

Tras *Fundamentos de estructura económica* y *Estructura económica de España* del volumen I de estas *Obras selectas*, traemos como tercer libro capital *Estructura económica internacional*[1]. Es una incorporación lógica, al disponer ya de un concepto de estructura económica y del desarrollo del mismo para España, a la hora de plantear la economía mundial. A ese respecto, en este volumen II incluimos las siguientes piezas sucesivas de la mencionada obra:

- Capítulo 1 de *Estructura económica internacional*, Alianza Editorial, 21.ª edición, sobre «El proceso de formación de la economía mundial». Se trata de una introducción histórica sobre el progresivo desarrollo del comercio mundial, ligado a los grandes descubrimientos de los siglos XV-XVIII, y vinculado también a las tecnologías que han permitido un desarrollo tan espectacular.
- Capítulo 2. «La cooperación económica internacional» (también de *Estructura económica internacional*), que abarca las sucesivas fases del intercambio, con sistemas diferentes de regulación del intercambio económico en sus distintas facetas, con la cooperación económica como paso previo a la integración económica, que también se trata en el volumen II.
- Capítulo 3. «El sistema monetario internacional del FMI» (igualmente de *Estructura económica internacional*). Es un tema de gran importancia para apreciar cómo en Bretton Woods (1944) se configuró casi una verdadera unión monetaria internacional, y cómo se desmanteló entre 1971 y 1973.

---

[1] Alianza Editorial, Madrid, 1975.

- Capítulo 4. «La Unión Monetaria Europea» (capítulo 13 del libro *La Unión Europea*, 5.ª edición, Alianza Editorial, Madrid, 2002). Se trata del relato de la senda al euro, moneda común de la Unión Europea.

- El capítulo 5 se dedica a la larga y difícil integración de España en la actual Unión Europea (del libro *La larga marcha de España a la Unión Europea*, Edimadoz, Madrid, 1988).

- Capítulo 6. «Los ciclos económicos 1929 a 2007» (también de *Estructura económica internacional*). En este caso, pretendemos dar idea de que, en la evolución económica a través del tiempo, se suceden los ciclos económicos en su fase de auge, *boom*, recesión y depresión; el conocimiento de los ciclos más importantes tiene un gran interés para los economistas: Gran Depresión, crecimiento de carácter keynesiano, revisionismo de la Escuela de Chicago, los choques petroleros de 1973 y 1978. Seguiremos con la Gran Recesión (2008-2013) y la pandemia (2020-2022), que se han estudiado en el volumen I en relación con España.

- El capítulo 7 versa sobre «Introducción a la ecología» (del libro *Ecología y desarrollo sostenible*, Alianza Editorial, Madrid, 1975), y tiene un carácter general sobre las relaciones entre la economía y la ecología, y toda la polémica sobre los límites al desarrollo.

- Capítulo 8, «La Tierra, un paraíso amenazado» (del libro *La reconquista del paraíso. Más allá de la utopía* (Temas de Hoy, Madrid, 1992). Se refiere a sucesivas visiones del planeta Tierra, considerado como un paraíso desde el Edén hasta ahora, en que está en máximo peligro el propio mundo por la ruptura de una serie de equilibrios, sobre todo por el calentamiento global y el cambio climático.

- Capítulo 9, «París 2015. Un acuerdo para el clima» (del libro *Frente al apocalipsis del clima* (Profit, Barcelona, 2016), que explica todo el planteamiento de la Cumbre de París de 2015, con el mecanismo consiguiente de reducción de emisiones de GEI.

Capítulo 1
El proceso de formación de la economía mundial[1]

1. Los albores del comercio internacional

No pretendemos, en forma alguna, hacer la historia de las relaciones económicas internacionales o del comercio mundial hasta nuestro siglo en solo unas páginas. Pero sí puede ser interesante contar con una visión del largo proceso que, a partir de la economía medieval, condujo paulatinamente a la formación de lo que desde mediados del siglo XVII ya podemos llamar mercado mundial, si bien, con muchas restricciones semánticas por comparación a lo que hoy conocemos con la misma expresión.

Los primeros antecedentes del comercio internacional moderno pueden fijarse (desde una óptica occidental) en el intercambio mediterráneo de la Baja Edad Media, en el que Génova, Venecia y Pisa ocuparon puestos relevantes a raíz de las últimas Cruzadas (siglo XIII), que activaron en alto grado el tráfico en el Mediterráneo[2]. Esas repúblicas italianas servían de puntos de enlace con Oriente, sobre todo para el comercio de productos de lujo (sedas, especias, plata, oro, porcelanas).

Por el contrario, el tráfico generado también desde el siglo XIII en Flandes se centró, desde un principio, en productos de mucho más amplio consumo, prácticamente indispensables, como lana en bruto, paños y tintes. Sin embargo, desde sus comienzos, siempre hubo un enlace claro entre ambas terminales europeas de comercio. Durante mucho tiempo, en esa conexión, el predomi-

---

[1] Capítulo 1 del libro *Estructura económica internacional*, Alianza Editorial, Madrid, 2009, 21.ª ed.

[2] Robert S. López, «Les influences orientales et l'éveil économique de l'Occident», en *Cahiers d'Histoire Mondiale*, París, I, 1974.

Figura 1. Primera edición de *Estructura económica internacional*, Alianza Editorial, Madrid, 1970. Fue el libro que dio una primera visión en España de los intercambios a escala mundial con todo su desarrollo institucional. Esta obra del autor ha tenido y sigue teniendo gran difusión en todos los países hispano-hablantes.

nio de la plaza flamenca de Brujas (hoy en Bélgica) fue rotundo, por lo menos entre 1300 y 1450. Desde Brujas partían las líneas que enlazaban con las ferias comerciales de Castilla hacia el sur y con las ciudades hanseáticas del litoral de Alemania y de Escandinavia hacia el norte[3].

Ese comercio medieval de alcance europeo o, a lo más, euroasiático por la vía mediterránea, alcanzó un alto grado de florecimiento a finales del siglo XIV, y se vio muy afectado por la presión de los turcos desde Oriente, y en no menor medida por las guerras europeas del siglo XV.

2. La formación de los imperios ultramarinos

El gran salto hacia un futuro comercio mundial se habría de producir a finales del siglo XV, con el avance de los pueblos ibéricos en la ruta de las Indias (Portugal) y de América (España como adelantada). Con las exploraciones y primeras factorías y zonas de colonización de ambos países ibéricos se inició una fuerte recuperación no solo del comercio intraeuropeo, y al propio tiempo nació el verdadero comercio mundial[4].

A mediados del siglo XVI se extendió la penetración comercial europea hasta ambas costas del Pacífico; los navíos españoles hacían la ruta del Perú a Europa por Portobelo (Panamá), y los

---

[3] Para el interesado por esta época es muy recomendable la obra de F. Ganshof *Le Moyen Age*, tomo I de la *Histoire des relations internationales* (dirigida por Pierre Renouvin), Hachette, París, 1953.

[4] Georges Lefranc, *Histoire du Commerce Mondiale*, PUF, París, 1965, págs. 49 y sigs.

Figura 2. Edición especial de *Estructura económica internacional*, Alianza Editorial (España) y Consejo Nacional para la Cultura y las Artes (México), 1991. Fue uno de los libros seleccionados como «Los 90 de los 90» que puso «al alcance de los lectores una colección con los más variados temas de las ciencias sociales. Mediante la publicación de un libro semanal, esta serie proporcionó a millones de mexicanos y otros hispanohablantes de las Américas un amplio espectro del pensamiento crítico de nuestro tiempo».

portugueses llegaban hasta las Molucas (actualmente Indonesia), haciendo entrar en la corriente internacional no solo nuevas mercancías (las especias traídas en abundancia por los portugueses), sino sobre todo un elemento reactivador de la circulación económica: los metales preciosos, procedentes de la América española, que causaron lo que los historiadores de la economía –y entre ellos, fundamentalmente, E. J. Hamilton– llamaron justamente «la revolución de los precios»[5].

Sin embargo, aun con el control de extensos territorios (España) o factorías ultramarinas (Portugal), las dos naciones ibéricas no supieron o no pudieron convertirse en verdaderas metrópolis comerciales e industriales. La Corona portuguesa negociaba fundamentalmente a través de su «Factor» de Amberes, verdadero emporio comercial de Europa, desde donde se distribuía la mayor parte de las plusvalías comerciales, reforzándose así la vieja burguesía flamenca[6].

Por su parte, la Corona española, no obstante los intentos de crear un centro comercial de primer rango en Sevilla –estudiada por el historiador francés Chaunu[7]–, apenas pudo retener el flujo de metales preciosos al resto de Europa, fundamentalmente a Flandes e Italia, y Alemania, a partir de la entronización de

---

[5] E. J. Hamilton, *American Treasure and the Price Revolution in Spain (1501-1650)*. Cambridge, Mass., 1943.

[6] Leon van der Essen, *Contribution à l'histoire du port d'Anvers vers l'Espagne et le Portugal à l'époque de Charles V, 1533-1554*, Bruselas, 1920, citado por J. Vicens Vives en *Historia económica de España*, Teide, Barcelona, 1960, pág. 682.

[7] P. Chaunu, *Séville et l'Atlantique*, Sevpen, París, 1969.

los Habsburgo en España. Surgió así una primera generación de grandes banqueros alemanes, como los Welser, los Hochstetter y los Fugger (conocidos en España como los Fúcares), bien estudiados en la obra de Carande[8]. Las guerras de religión que se desataron con los intentos de Carlos V de frenar la expansión del luteranismo, y el poder de los reyes y príncipes del Sacro Imperio, fueron la causa –junto con la desgraciada política económica seguida en España– de ese casi puro tránsito del oro americano por el suelo español. En definitiva, el exterminio de las Comunidades de Castilla por Carlos V (Villalar, 1521) fue el toque decisivo para impedir el progreso de la burguesía castellana; no en vano, calificó el historiador Maravall el movimiento de las Comunidades como la primera revolución moderna en Europa.

El segundo paso que había de frustrar la aspiración de convertir España en el centro del comercio mundial no tardó en darse. Se inició con la prohibición de Felipe II a los «rebeldes» holandeses, autoindependizados en Flandes, de comerciar en Amberes y Lisboa (entonces bajo dominio español en ambos casos). La prohibición puso en marcha a una nueva potencia comercial, Holanda, que entró a saco en los establecimientos portugueses en Oriente. Y el capitalismo holandés, organizado por primera vez en la historia en forma de verdaderas compañías (la más famosa de ellas la Compañía de las Indias Orientales, creada en 1602), fue el punto de arranque no solo de un activo comercio, sino también de la creación de industrias transformadoras en los Países Bajos, que por entonces traían en jaque casi simultáneamente a España y a Inglaterra.

De esa forma, el centro del comercio mundial pasó de Amberes a Ámsterdam. Fue en esta ciudad holandesa donde, en 1609, se creó el primer gran banco comercial de la historia (el Banco de Ámsterdam), y en donde ya desde 1561 funcionaba la primera bolsa de valores. Ámsterdam se convirtió, pues, en una metrópoli comercial de ámbito mundial, en la que desempeñaban un importante papel los judíos sefarditas expulsados de España y Portugal.

La entrada de Francia en el comercio internacional fue mucho más tardía y menos fructuosa. Los franceses fundaron sus pri-

---

[8] R. Carande, *Carlos V y sus banqueros*, SEP, Madrid, 1943 (tomo I) y 1949 (tomo II).

Figura 3. 21.ª y última edición, por ahora, del libro *Estructura económica internacional,* Alianza Editorial, Madrid, 2009, reimpreso en 2016. Los coautores tienen en perspectiva su reedición renovada (22.ª ed.), previsiblemente en 2023.

meros establecimientos americanos en Canadá, y más concretamente en Quebec. Pero esas colonias no dieron el fruto apetecido, y algo parecido sucedió con las factorías francesas en la India, que quedaron muy a la zaga de las que Holanda había montado más hacia el este, en las Indias Orientales (actual Indonesia) e incluso en Japón.

Las guerras entre Francia y Holanda y entre Francia y España, y el golpe de muerte que para las pretensiones de Felipe II representó la derrota de la Armada Invencible, fueron las grandes acciones históricas que habrían de facilitar la aparición de una nueva y más definitiva potencia comercial: Inglaterra.

Los corsarios ingleses buscaron nuevos horizontes en las zonas de América que España no había llegado a ocupar. En 1585, Walter Raleigh fundó la primera de las que habían de ser Trece Colonias (Virginia). Y con la posesión de varias de las Antillas menores, los ingleses no tardaron en asegurarse las bases territoriales de lo que en el futuro habría de ser un «fecundo» comercio triangular: envío desde Inglaterra al golfo de Guinea de géneros diversos y quincalla para la adquisición de esclavos, que luego se «exportaban» a las nuevas plantaciones del Caribe y de las Trece Colonias, donde se embarcaba algodón, azúcar y tabaco hacia Europa.

En 1651 los avances de Inglaterra –que hacía presa en los galeones españoles y en no pocas de las florecientes ciudades españolas del Caribe y del Pacífico– se consolidaron con la «Navigation Act», de Cromwell, que reservó el tráfico de productos ingleses a la flota de Inglaterra. Una medida que, junto con la creación de las compañías comerciales, desarrolló el poderío marítimo de Inglaterra y su comercio internacional. Estos avances se vieron acelerados con el Tratado de Methuen de 1703, que de hecho convirtió a Portugal y a su extenso imperio colonial en un territorio estrechamente vinculado a la economía británica, tanto a cambio de las preferencias concedidas a los vinos portugueses como por las garantías que prestó Londres para preservar la integridad de los territorios de la Corona de los Braganza de las apetencias de España o de otros países (Holanda y Francia).

Frente a España, también supo Inglaterra arrancar concesiones importantes. Desde el Tratado de Utrecht (1714), la presencia inglesa en las Ferias de Portobelo –punto de paso de las mercancías del Perú a Europa– ya fue permanente. El comercio y el contrabando británico se convirtieron en un hecho institucionalizado en todo el Imperio español en América.

3. La era del librecambio

La marina británica prácticamente adquirió la hegemonía en todos los mares del mundo. Las guerras europeas del siglo XVIII le sirvieron para ocupar posiciones en todas las costas, lo cual le permitió ir creando gradualmente el más importante imperio colonial y comercial de la historia.

En ese proceso, las guerras napoleónicas constituyeron la fase última para construir una economía internacional en la que Inglaterra impuso su dominio definitivo por doquier. La revolución industrial, gestada en Gran Bretaña, junto con el dominio de los mares, hicieron de este país el árbitro político y económico mundial. La pérdida de las Trece Colonias –luego los primeros EE.UU. de América– se vio más que compensada con la penetración en la India y en Canadá, y agregándose extensos territorios muy escasamente poblados, como Australia, África Occidental, Oriental y del Sur.

Se abrió así toda una época en que por los auspicios de Inglaterra se pasó gradualmente del mercantilismo a lo que se dio en llamar la Era del Librecambismo, en la que se crearon las condiciones de una verdadera economía internacional.

El librecambio nació en el siglo XIX, como una reacción frente a las trabas comerciales introducidas durante el largo período mercantilista, a lo largo del cual (siglos XVII y XVIII) se pusieron en Europa los primeros cimientos de la actividad industrial. Y para

Figura 4. Felipe II (1527-1598) fue, con mucha diferencia, el monarca más estudioso y trabajador que nunca ha tenido España. En 1580, al ceñirse la corona de Portugal, devino el verdadero emperador del orbe.

protegerlos fueron muchos los países que establecieron altos derechos a la importación de manufacturas, listas de prohibición o *contingentación* de importaciones, obstáculos a la exportación de materias primas (al objeto de fomentar su transformación en las manufacturas nacionales), subsidios a las industrias nuevas, reserva del tráfico naval al pabellón nacional, monopolios para la explotación del comercio con las colonias, etc.

Como puso de relieve Eric Roll[9], la política del mercantilismo sirvió para abolir las restricciones medievales (monopolios señoriales, adscripción a la gleba, etc.) y para crear Estados nacionales poderosos, mucho más fuertes económica y militarmente que España o Portugal. Así se forjaron la Inglaterra de Cromwell, la Francia de Colbert, la Holanda de los Orange. Los Estados mercantilistas se convirtieron, a su vez, en centros de poder para fomentar el comercio. Con ello, el capitalismo incipiente –sobre todo comercial– fue transformándose en capitalismo de manufactura. A esta fase de desarrollo se llegó en Inglaterra antes que en ningún otro país. Y por ello fue precisamente en Inglaterra donde ese incipiente capitalismo industrial suprimió, desde finales del siglo XVIII, las trabas que las reglamentaciones industriales y comerciales del mercantilismo representaban para la expansión de los mercados de la nueva industria. Se abrió así con la revolución industrial una nueva fase de la historia de las relaciones económicas entre los países: la era del librecambismo, telón de fondo más

[9] Eric Roll, *Historia de las doctrinas económicas*, FCE, México, 1958, págs. 77-78.

o menos efectivo en todos los libros anglosajones de economía, desde Adam Smith y David Ricardo hasta John Maynard Keynes.

El librecambismo puede definirse como aquella situación de las relaciones económicas en que era posible el comercio internacional sin trabas comerciales ni barreras arancelarias verdaderamente importantes, y en la cual tampoco existían obstáculos serios para los movimientos de los factores de producción (capitales y trabajadores). Impulsadas desde Inglaterra («Anti-Corn League», de Richard Cobden, 1838; «Peel Act», de 1841), las corrientes librecambistas se extendieron paulatinamente por toda Europa, lo cual de hecho quería decir por el mundo entero. Por entonces, África y Asia eran casi en su totalidad dominios coloniales o países semicoloniales dependientes de Europa, y en el continente americano solo los EE.UU. contaban con una incipiente industria.

Hacia las décadas 1860-1880, el librecambismo alcanzó su máxima expansión. El tratado franco-británico Cobden-Chevalier de 1860 y todos los subsiguientes que condujeron a fuertes reducciones arancelarias (automáticamente extensibles al resto del mundo a través de la cláusula de nación más favorecida) significaron el triunfo «general» del librecambio, basado en pocos pero muy claros principios:

- La división internacional del trabajo, que tendía a favorecer a Inglaterra como primera potencia industrial.
- El patrón oro, que dio máxima fluidez a los mecanismos de pagos internacionales y a los movimientos de capital, favoreciendo la expansión financiera británica desde su centro neurálgico de la City.
- El comercio con pocas trabas (aranceles bajos, supresión de restricciones a la importación y de listas de géneros prohibidos), que permitió la exportación masiva de las manufacturas inglesas. Se creó así, de manera sistemática, una favorable relación real de intercambio, que hizo posible una fuerte plusvalía en favor del capitalismo británico, que supo explotar a su propio proletariado interno y al de sus extensos territorios coloniales.
- La libertad de migraciones, que facilitó los movimientos de población más importantes conocidos en la historia,

hacia las nuevas repúblicas americanas, y sobre todo hacia EE.UU. y Argentina.

- La libertad de los mares, que, naturalmente, fue aprovechada en primer término por Gran Bretaña, cuyo pabellón ondeaba en todas las aguas y en todos los puertos.
- La reserva de los mercados coloniales para las potencias metropolitanas, que también favoreció primordialmente al Reino Unido, que ya disfrutaba del mayor imperio colonial.

Figura 5. Jean Baptiste Colbert (1619-1683), político y gerente público francés, ministro principal de Luis XIV, desde 1665 hasta la muerte de quien fue el monarca coronado por más tiempo (70 años). Colbert practicó la política mercantilista (buscar el mayor fomento del comercio exterior) e intervencionista de la actividad productiva, mediante monopolios públicos y fábricas reales. Su mentor fue el cardenal Nazarino y, durante el tiempo que estuvo al frente, construyó un total de 276 bancos de la Marine Royale para la guerra y el comercio. Engrandeció y embelleció París, y recreó el Palacio de Versalles.

La aplicación de todos esos principios originó algo parecido a una integración económica internacional, pero construida sobre pilares muy poco firmes (fundamentalmente, por las grandes diferencias de desarrollo y de renta existentes entre los países) y por el ejercicio del poder colonial de las potencias industriales europeas sobre los pueblos más atrasados. De hecho, y como subrayaba Engels en 1885, la «teoría del librecambio se había establecido sobre la hipótesis de que Inglaterra debería ser el único gran centro industrial en un mundo agrícola».

4. La erosión del librecambio y la génesis del bilateralismo

Efectivamente, la situación del librecambio en favor fundamentalmente de Inglaterra no podía ser eterna. A partir del final de la década de 1870, la situación casi plenamente librecambista empezó a transformarse. Por doquier se abrió una larga polémica librecambio-proteccionismo, incluso en el Reino Unido, donde aparecieron movimientos importantes para sustituir el *free trade* (comercio libre) por el *fair trade* (comercio leal), sobre una base de reciprocidad y pensando cada vez más en un sistema de preferencias imperiales. En ese contexto, varios países europeos fueron adoptando políticas arancelarias más proteccionistas (Alemania, 1879; Francia, 1880), a fin de poder desarrollar sus propias industrias frente a la competencia británica.

Por otra parte, fue en esta época cuando se procedió al reparto de los últimos espacios «vacíos», sin soberanía internacionalmente reconocida; este fue el significado del Congreso de Berlín de 1886, que ultimó la distribución de África entre las potencias europeas, y que marcó el punto de arranque de nuevas tensiones. Como ya no había nada que distribuir «amistosamente», las nuevas ampliaciones de los mercados coloniales reservados, o de las áreas de influencia, se habrían de hacer a través de la guerra. Esta es, en última instancia, la explicación del fin de la «Pax Britannica», a la que puso término la guerra europea de 1914-1918.

A partir de 1918 la era del librecambio dejó paso a una situación nueva en la que ya podemos apreciar los verdaderos comienzos de la economía internacional de nuestro tiempo. Una economía mundial en la que surgió un nuevo sistema económico contrario al capitalismo –el socialismo–, y en la que los países coloniales empezaron a plantearse, todavía de forma muy tímida, los problemas de los grandes desequilibrios entre niveles de desarrollo.

El abandono del patrón oro, la elevación de los aranceles y el establecimiento de restricciones en el intercambio de mercancías, de personas y de capitales fueron, todos ellos, fenómenos de un período de entreguerras (1918-1939) problemático para Inglaterra y Alemania, en casi toda su duración; y extremadamente grave para todo el mundo desde el comienzo de la Gran Depresión (1929) hasta fines de 1939, con la cual, a ella nos referimos con cierta extensión en el capítulo 18, el librecambio quedaría progresivamente sustituido por el bilateralismo como forma predominante de relación económica entre las naciones.

Hoy puede decirse que ningún país practica el librecambio en su acepción verdadera (ausencia de barreras significativas para el

Figura 6. Gerónimo de Urtariz (1670-1732), español, navarro, se inició como administrador público durante las guerras de Flandes, y posteriormente, como hombre de confianza del marqués de Bedmar, virrey de la Sicilia bajo dominio español, de Felipe V. Vuelto a España en 1707, escribió su obra *Teoría y práctica de comercio y de marina* (1724), netamente mercantilista, que fue traducida a los principales idiomas europeos, con gran difusión durante el resto del siglo XVIII.

comercio exterior). Solo en determinadas áreas geográficas muy reducidas y sin soberanía propia como son las denominadas zonas francas y territorios similares, se encuentran facilidades comerciales del tipo de las del librecambio, establecidas precisamente para promover un comercio exterior más amplio, sobre la base de regímenes arancelarios y comerciales verdaderamente excepcionales. Cierto es que también hay países como Noruega o Suiza con escasas trabas comerciales; pero incluso en países como esos, las actitudes librecambistas se manifiestan casi exclusivamente para los productos industriales, encontrándonos, en el caso de los agrícolas, con fuertes dosis de proteccionismo.

El restablecimiento de algo parecido al librecambio a escala verdaderamente internacional hoy no es posible más que sobre la base de una efectiva integración económica. Sin embargo, para llegar a esa fase de las relaciones económicas internacionales, que estudiamos en la parte tercera de este libro, históricamente hubo que superar la dura fase del bilateralismo.

Como consecuencia de la Gran Depresión, y concretamente a partir de 1931, Francia introdujo sistemáticamente una serie de restricciones, y su ejemplo fue ampliamente seguido. Se inició así una implantación generalizada del bilateralismo, cuyo primer instrumento serían las restricciones cuantitativas (o contingentes) que se utilizaron primero como medida de represalia económica, y casi inmediatamente después como instrumento de protección más radical que los aranceles.

La forma más corriente de contingentación fue la bilateral, materializada en listas de mercancías anexas a los tratados comer-

ciales, donde se fijaba un tope de valor a la importación autoriza-
da de cada mercancía desde cada país concreto. Los contingentes
globales eran mucho más flexibles, puesto que se abrían por un
país frente a todos los demás y rápidamente cedieron en importancia. El circuito administrativo se cerró con el requisito de la
previa licencia de importación, que imprimió a todo el comercio
internacional una acusada rigidez.

Otro de los instrumentos del bilateralismo fue el régimen conocido como comercio de Estado, con este como único titular
de la importación, realizada por sí mismo o por adjudicación a
particulares; el primero fue el caso de los países socialistas, que
contaban con empresas públicas especializadas para el comercio
exterior; el segundo era el circuito normal para las restricciones
residuales de comercio de Estado en los países de economía de
mercado.

El control de cambios, el tercero de los mecanismos utilizados
en el bilateralismo, podía adoptar diversas formas, desde la mera
intervención de sostén en los mercados de divisas a través de fondos de estabilización, hasta el racionamiento de divisas por una
oficina gubernamental, a la que forzosamente se entregaban todos los ingresos por cobros al exterior a cambio de moneda nacional. Este último fue el sistema que se consagró en Europa a partir
de 1933, surgiendo así los acuerdos de *clearing* o de compensación
entre los diferentes países con control de cambios.

En cada acuerdo de *clearing*, y por conexión directa con las
listas de cupos o contingentes del correspondiente tratado comercial, se determinaban las cantidades máximas a importar y a ex-
portar por parte de cada uno de los países, generalmente por una
cifra igual, a fin de evitar, en la medida de lo posible, los pagos
en oro o en divisas convertibles por razón del comercio mutuo.
Los acuerdos de *clearing* o compensación significaban, por tanto,
que los saldos acreedores que al final de un ejercicio pudiera tener un país concreto no podían emplearse para la adquisición de
productos fuera de ese país. Ese era el problema fundamental del
bilateralismo –o de la falta de un sistema multilateral– que impri-
mía una fuerte rigidez a las relaciones comerciales.

Una consideración final cabe hacer aquí sobre el tema de las
relaciones económicas bilaterales. El hecho de que nuestro tiem-

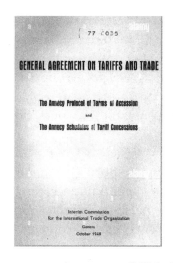

Figura 7. Documento de 1949 con las reglas del Acuerdo General sobre Aranceles y Comercio (GATT, por sus siglas en inglés), que se derivaron del intento primigenio de crear una Organización Internacional de Comercio, a partir de la llamada Carta de La Habana. Sirvió de base para las negociaciones comerciales sucedidas en ocho rondas, entre 1949 y 1985. Año, el último, en que el GATT se transformó en la Organización Mundial de Comercio (OMC).

po sea una época de cooperación e integración económica no quiere decir que el bilateralismo haya pasado a la historia. Con los países cuya moneda carece de convertibilidad exterior o cuyo comercio exterior es monopolio del Estado, los países de economía de mercado y de moneda convertible practican normalmente el comercio bilateral, a fin de evitar la acumulación de reservas excesivas de divisas no convertibles, y al objeto de contrarrestar los inconvenientes derivados del monopolio del Estado en el comercio internacional.

El bilateralismo rigió entre 1945 y 1990 las relaciones económicas Este-Oeste hasta la caída del Muro de Berlín. Y el GATT primero, y la Organización Mundial de Comercio (OMC), después, fueron desmantelándolo casi por completo.

Sin embargo, en el área de la agricultura, el bilateralismo, ciertamente atenuado, es prácticamente general, tanto en el caso de los países desarrollados como entre los subdesarrollados. Ello se debe a que las fuertes diferencias de costes, salarios y precios en este sector fuerzan por doquier a una política de cierre o semicierre de fronteras, que reserva a favor de los agricultores de cada país sus respectivos mercados nacionales. Con todo, es cierto que la OMC también está cambiando ese panorama.

5. Institucionalización de la economía internacional

Hemos afirmado antes que la economía internacional, tal como hoy la conocemos, tuvo su génesis en el desenlace de la Primera Guerra Mundial. Por supuesto, nadie puede pretender que antes del gran conflicto bélico no hubiese una economía internacional. De hecho –y según hemos comprobado–, desde hace siglos existe un comercio a escala mundial. En este sentido, las relaciones económicas entre las diferentes naciones y territorios han tenido una determinada evolución que –si este fuese un libro de historia económica– podríamos estudiar, subdividiendo el desarrollo cronológico del comercio y de las demás transacciones en una serie de fases sucesivas.

Pero lo cierto es que nos proponemos algo muy diferente: ofrecer un panorama y una interpretación de la estructura económica internacional de nuestros días, concibiéndola como el conjunto de relaciones económicas entre las naciones. Esas relaciones adquieren en cada caso unas configuraciones concretas, que se traducen en el plano de la organización en unas ciertas instituciones de alcance más o menos general. Y es ese conjunto de relaciones –en cuanto estructura de intercambios y como instituciones de ellas derivadas– lo que compone la estructura económica internacional de nuestro tiempo. Tal conjunto, claro que con cambios considerables, es el que tuvo su origen a partir de la Primera Guerra Mundial, y fue durante la Segunda, de 1939 a 1945, cuando las naciones aliadas contra las potencias del Pacto Tripartito (Alemania, Italia y Japón) empezaron a forjar una visión de lo que podrían ser las nuevas relaciones económicas internacionales, que entrarían en efectivo funcionamiento al final de la contienda.

La idea de que sería preciso preparar unas instituciones económicas internacionales para la paz tuvo su primer planteamiento formal en 1941; concretamente, el 14 de agosto de aquel año, cuando Roosevelt (siendo presidente de los EE.UU., que por entonces aún no habían entrado en guerra) suscribió, con el *premier* británico, Churchill, la llamada «Carta del Atlántico», dirigida a la salvaguarda de las democracias y tendente al «establecimiento de un sistema de seguridad amplio y permanente»[10].

---

[10] Artículo 8.o de la «Carta del Atlántico». La Carta fue ratificada el 1 de enero de 1942 por la Declaración Conjunta de las Naciones Unidas, suscrita por 22 países, incluida la URSS, ya en guerra con Alemania desde junio de 1941. Sobre el proceso de cómo se generó la estructura jurídica de los organismos internacionales es de gran interés el *Tratado General de la Organización Internacional*, de Modesto Seara Vázquez, FCE, México, 1974.

Figura 8. El edificio de las Naciones Unidas en Manhattan, Nueva York. Su principal problema, para ser una entidad verdaderamente democrática, es el veto de los cinco grandes en el Consejo de Seguridad.

Previendo que uno de los primeros problemas que se plantearían con la paz sería el de la alimentación de las naciones arruinadas por la guerra, en mayo de 1943 se reunió en Hot Springs (Virginia, EE.UU.) lo que habría de ser el embrión de la primera agencia de las Naciones Unidas: la FAO, Organización de la Alimentación y la Agricultura.

Poco después, en octubre del mismo año 1943, reunidos en Moscú los representantes de China, EE.UU., Reino Unido y la URSS, se ratificaban en su deseo de crear, «a la mayor brevedad posible, una organización general internacional». En este contexto, se esbozaron los futuros organismos económicos internacionales. Fue así como entre el 1 y el 22 de julio de 1944 se celebró, en Bretton Woods (New Hampshire, EE.UU.), una conferencia internacional monetaria y financiera, en la que se aprobó la creación de dos de las más importantes futuras agencias especializadas en las Naciones Unidas: el Fondo Monetario Internacional (FMI) y el Banco Internacional de Reconstrucción y Fomento (BIRF). El objetivo de ambos organismos –que estudiamos con detalle en los capítulos 3 y 4 del presente libro, respectivamente– era bien claro: reconstruir el sistema internacional de intercambios y pagos, y facilitar recursos crediticios para atender a la reconstrucción. La URSS no firmó los convenios constitutivos del FMI y del BIRF;

27

ello puso de relieve –en las postrimerías de la guerra– que una de las principales constantes de la posguerra sería precisamente la diferencia entre los dos grandes sistemas económicos y políticos (capitalismo y socialismo), que transitoriamente se habían aliado durante la contienda para combatir a los regímenes fascistas de Europa y Asia.

6. La Organización de las Naciones Unidas (ONU)

A pesar de las crecientes diferencias intersistema, que después se convertirían en serias fricciones, el proyecto –básicamente norteamericano– de una organización internacional para el período de paz que se avecinaba, las «Naciones Unidas», siguió avanzando[11].

Del 21 al 28 de agosto de 1944, y pocos meses después, del 29 de septiembre al 7 de octubre, las potencias aliadas reunidas en una mansión de Washington DC, conocida con el nombre –hoy ya histórico– de «Dumbarton Oaks», elaboraron las bases de la nueva organización mundial. Más adelante, en Yalta, F. D. Roosevelt, J. Stalin y W. C. Churchill anunciaban, el 11 de febrero de 1945: «Hemos convenido que debe convocarse una Conferencia de las Naciones Unidas para que se reúna en San Francisco, Estados Unidos, el 25 de abril de 1945, con el fin de redactar la carta de dicha organización sobre la base de las conversaciones oficiosas de Dumbarton Oaks».

La Conferencia se celebró, efectivamente, durante los días 25 de abril al 26 de junio de 1945, y en ella fue aprobada, por unanimidad de las 50 naciones asistentes, la Carta de las Naciones

---

[11] Sobre las necesidades de reforma de las Naciones Unidas, son de gran interés los artículos que se citan seguidamente: Naciones Unidas, *Un mundo más seguro: La responsabilidad que compartimos*, Informe del Grupo de Alto Nivel sobre las amenazas, los desafíos y el cambio, Nueva York, 2004. Mark Turner, «The United Nations in a divided world: can it reform itself to stay relevant?», *Financial Times*, 29-IX-2004. Sandro Pozzi, «Una reforma para democratizar la ONU. Alemania, Japón, India y Brasil aspiran a un puesto permanente en el Consejo de Seguridad», *El País*, 28-XI-2004. Quentin Peel, «Stop this demonising of the UN», *Financial Times*, 9-XII-2004. David Rieff, «The UN must plot a new course», *Financial Times*, 21-II-2005. Paul Kennedy, «Que los expulsen del club de Naciones Unidas» (a los países no democráticos y que no respetan los derechos humanos), *El País*, 1-VII-2005. Joseph S. Nye, Jr., «¿Para qué sirve la ONU?», *El País*, 14-VII-2007. Gideon Rachman, «Why we need a United Nations army», *Financial Times*, 21-VII-2009.

Unidas. La Carta entró en vigor el siguiente 24 de octubre, al ser depositadas las ratificaciones de los «Cinco Grandes» (China, Estados Unidos, Francia, Reino Unido y la URSS) que se reservaron el derecho de veto en el Consejo de Seguridad.

De esa forma nació la Organización de las Naciones Unidas (ONU), actualmente con 191 Estados miembros, que en lo sucesivo habría de ser el foro básico de buen número de negociaciones internacionales de gran alcance en el campo económico, según podremos corroborar a lo largo del presente libro.

Podrá pensarse que desde su creación formal en 1945 las Naciones Unidas no han tenido un peso decisivo en la economía internacional que hoy vivimos. Sin embargo, todo es relativo, y el hecho de que haya una institución de esa clase con propósitos tan ambiciosos no significa que todas las relaciones económicas estén reguladas por ella y bajo su control directo. Pero si esto ciertamente no sucede, compárese la vida que han seguido las Naciones Unidas y los organismos de ellas derivados de forma directa o indirecta –como la FAO, el FMI, el BIRF, la UNCTAD y hasta el propio GATT primero y la OMC después– con lo sucedido en el caso de la Sociedad de las Naciones (SDN). A tales efectos no será una pérdida de tiempo hacer una breve semblanza retrospectiva de la SDN.

Los orígenes de la Sociedad de las Naciones (SDN) hay que verlos en el mensaje de Benedicto XV, del 1 de agosto de 1917, y sobre todo en el último de los célebres «14 puntos» del mensaje del presidente Wilson al Congreso de los Estados Unidos el 8 de enero de 1918. Textualmente, Wilson llegó a proponer la «constitución de una Sociedad General de Naciones con garantías mutuas de independencia política y de integridad territorial para todos los Estados, grandes y pequeños».

Sin embargo, tras su nacimiento en 1920, la SDN no pasó de ser poco más que un foro de las «naciones civilizadas», en la práctica casi solamente de Europa, ya que EE.UU. no llegó a entrar. No es extraño, pues, que en la SDN se discutieran fundamentalmente los problemas políticos europeos –allí nació un primer frustrado intento de unión aduanera europea–, en tanto que las cuestiones de las crisis económicas, del colonialismo y de la reconstrucción de un equilibrio económico internacional fueron casi olvidadas, ignoradas o soterradas. Aparte de convocar algunas conferencias internacionales, poco más fue lo que hizo la SDN en el terreno económico. De hecho, la mayor parte de su vida efectiva se desarrolló con el trasfondo del marasmo económico de la Gran Depresión, ante la cual la Liga (su nombre en inglés), al igual que frente a la amenaza de los fascismos, resultó impotente por completo. La Segunda Guerra Mundial, que dio muerte definitiva a la SDN, fue la mejor prueba de su fracaso en todos los campos. En 1946, al disolverse oficialmente la Sociedad de las Naciones, su patrimonio fue absorbido por la ONU.

Las Comisiones Económicas son entidades promovidas por la ONU para el análisis de los problemas económicos y sociales a escala regional, a fin de mejorar los niveles de vida y estrechar los lazos económicos de los países de sus ámbitos respectivos. Las Comisiones sirven de foro de discusión y para intercambio de estudios con vistas a los diversos programas de asistencia económica y técnica, y aunque su importancia haya decaído por los avances de la integración regional, su actividad continúa siendo de interés.

La experiencia de funcionamiento de las Comisiones es muy diversa. La Comisión Económica para Europa (CEPE, creada en 1947 y con sede en Ginebra) desempeñó un papel importante en las relaciones económicas Este-Oeste, y desarrolló una gran labor en cuestiones de normalización de comercio exterior, transporte y comunicaciones. Con la democratización del centro y del este europeos —un tema del que tendremos ocasión de ocuparnos en el capítulo 9—, la CEPE entró en vías de fuerte revigorización.

La Comisión Económica para América Latina y el Caribe, CEPAL, nacida en 1947, con sede en Santiago de Chile y subsede en México, ha sido y es el más importante centro latinoamericano de intercambio de información y consultas económicas. La CEPAL contribuyó activamente a los estudios preparatorios de la creación del MCCA, ALALC, CARIFTA, CARICOM, ALADI, etcétera, a los que nos referiremos en los capítulos 10 y 11 de este libro.

La Comisión Económica y Social para Asia y el Pacífico (CESPAP, Bangkok, 1974) es la continuadora de la anterior Comisión Económica para Asia y el Lejano Oriente (CEALO, hasta 1974). Su composición abarca desde Irán y Afganistán hasta Japón y Nueva Zelanda. Dispone de centros subsidiarios en Irán, India y Filipinas.

Figura 9. Gunnar Myrdal (1898-1987), Premio Nobel de Economía 1974. Durante su etapa de secretario general de la Comisión Económica para Europa, de las Naciones Unidas, realizó una gran labor de análisis regional.

La Comisión Económica y Social para Asia Occidental (CEAO, creada en 1973, y con sede en Beirut) ha sido y es la menos activa de las comisiones regionales de la ONU. Hasta ahora, a los conflictos permanentes de la zona le han restado su funcionalidad.

La Comisión Económica para África (CESPAO, Adís Abeba, 1958) ha adoptado un enfoque subregional –norte, este, central y oeste–, pero manteniendo siempre el objetivo de la integración continental (esta cuestión se trata con relativa amplitud en el capítulo 13). Desde 1973, la República de Sudáfrica no participó en las sesiones de la CEPA, pero, tras las elecciones de abril de 1994 –final del apartheid–, se reincorporó a dicho organismo.

El órgano coordinador de las Comisiones Regionales de las Naciones Unidas es el Consejo Económico y Social (ECOSOC)[12].

7. Problemas de la actual estructura económica internacional

Volviendo a la situación actual, está claro que en la etapa que nos ha tocado vivir de la economía internacional, son varios los asuntos que exigen un análisis individualizado. Si queremos comprender el funcionamiento de los mecanismos económicos es preciso conocer sus bases estructurales, empezando por los sistemas económicos y las características más importantes de cada uno de ellos, tema al que dedicamos la sección 9 de este capítulo. Otra

---

[12] Sobre las cuestiones regionales de la ONU, *vid.* la tesis doctoral de J. M. Revuelta, leída en la Universidad Autónoma de Madrid, en 1979. Puede verse también «United Nation's Handbook 2002», Ministerio de Relaciones Exteriores de Nueva Zelanda, Wellington, 2002, especialmente págs. 130-136.

cuestión básica viene dada por las diferencias en cuanto a los niveles de desarrollo, enormemente acusadas en ambos sistemas; este punto es objeto de análisis en la sección 10.

Figura 10. A Adam Smith (1723-1790), filósofo y economista escocés, se le tiene por padre de la ciencia económica. Estudioso de los fisiócratas franceses, fue autor de *La riqueza de las naciones*, que compendia el análisis de la realidad económica desde un enfoque liberal y de libre comercio internacional, procurando el principio de división internacional del trabajo. El inglés William Petty (1623-1687) fue médico, economista y estadístico, autor de libros como *Anatomía política de Irlanda* y *Aritmética política*, de verdadero análisis estructural. Ante sus planteamientos, Marx lo consideró el verdadero padre de la ciencia económica, antes que el propio Adam Smith.

Una vez tratados muy someramente esos dos temas tan claramente estructurales, estaremos en condiciones de adentrarnos en el estudio de las formas de relación económica entre las naciones. En nuestra opinión –con un criterio tal vez un tanto formalista–, tales relaciones pueden clasificarse en tres grandes categorías: bilateralismo, un tema ya analizado en este capítulo, cooperación e integración. Al estudio de las dos últimas, que son con mucho las más importantes en el mundo de hoy, corresponden, respectivamente, las partes II (caps. 2-6) y III (caps. 7-13) del presente libro.

Más adelante, en la parte IV (caps. 14-17), nos ocupamos de una serie de cuestiones que en su conjunto constituyen los que podríamos llamar grandes temas de la actual estructura económica internacional: empresas multinacionales, población y alimentación, energía, así como el análisis de las crisis económicas des-encadenadas desde 1973. En el tratamiento de esos cuatro temas, tendremos ocasión de apreciar hasta qué punto se encuentran ya interpenetradas las grandes cuestiones que afectan al planeta en que vivimos.

Por último, una obra como esta quedaría incompleta si no pa-sáramos revista, aunque sea de forma sucinta, a los países que con su desarrollo contribuyen de manera especialmente importante a las pautas de las relaciones económicas internacionales. Esta es la razón de que la parte V la dediquemos al estudio del crecimien-to y los problemas económicos de otras tantas grandes potencias económicas: Estados Unidos, Rusia, Japón y China (caps. 18-22).

8. Sistemas económicos

Ante todo, para esta sección, y para la siguiente sobre niveles de desarrollo, debemos recordar la mención que hacemos en la nota preliminar a este libro, en el sentido de que ambos temas los tra-taremos aquí de modo muy somero. Para una visión más amplia y profunda, se remite a los lectores a *Fundamentos de estructura econó-mica*, donde se le dedica un mayor espacio.

En el análisis de la economía de un país concreto se plantea siempre la necesidad de identificar claramente su marco institu-cional y la influencia del mismo sobre su estructura económica. En otras palabras, se trata de investigar cuál es el sistema eco-nómico en que se encuentra inserta la economía nacional en cuestión.

Este planteamiento, además de a una premisa de rigor analíti-co, corresponde a una exigencia que parte de la propia realidad, pues una simple mirada a nuestro alrededor nos revela inmedia-tamente que los hombres adoptan distintas formas de organiza-ción social para el desempeño de su actividad económica. Con una simplificación inicial deliberada, podríamos decir que esas distintas formas de organización son lo que denominamos siste-mas económicos.

Como base de partida para ampliar ese concepto podemos to-mar el planteamiento que Samuelson hace de la cuestión, desde el punto y hora en que toda economía nacional debe resolver tres problemas económicos fundamentales: QUÉ clases y cantidades se producirán de todos los posibles bienes y servicios, CÓMO son empleados los recursos económicos en producir tales bienes, y PARA QUIÉN se producen. Las sociedades afrontan esos problemas de diferentes maneras: por la costumbre, mediante la autoridad y a través del sistema de precios[13].

En efecto, en determinadas sociedades atrasadas, puede suceder que los interrogantes qué, cómo y para quién se respondan simplemente siguiendo la costumbre heredada de padres a hijos. Por ejemplo, se producen determinados bienes (cereales, leguminosas, carne, lana, etc.), por medios que no experimentan apenas cambios de una época a otra, es decir, mediante prácticas más o menos rutinarias. Los bienes se reparten conforme a reglas basadas en la tenencia de la tierra, y se redistribuyen sobre la base del trueque. Así se hizo siempre y así se sigue operando; simplemente porque es la costumbre. Este es el sistema de organización de los países más atrasados, o de las bolsas de subdesarrollo de los cinco continentes en las que todavía hay, cada vez menos, sociedades tradicionales.

Puede suceder también que las tres preguntas se contesten por una autoridad, que decida en un plan de carácter general qué ha de producirse, cómo ha de obrarse y para quién. En este caso nos encontramos ante un sistema de planificación, que en su más alto grado de centralismo se encuentra en determinadas clases de socialismo.

Finalmente, cuando las principales decisiones económicas se adoptan en el mercado, donde los demandantes al comprar ejercen teóricamente un derecho de voto, nos hallaremos ante el sistema de economía de mercado, también denominado economía capitalista o economía de libre empresa.

La clasificación de Samuelson de los sistemas económicos es enormemente sugestiva por su claridad, pero precisamente por su simplicidad –base de esa claridad– tiene serias limitaciones. En realidad, no existen formas puras de sistemas económicos. De hecho,

---

[13] P. A. Samuelson y W. Nordhaus tratan este tema con gran brillantez en su *Economics*, McGraw Hill, Nueva York, 1988.

se combinan la autoridad y el mercado, originándose de esa manera los llamados sistemas mixtos. Esto lo reconoce el propio Samuelson, quien califica el sistema norteamericano como mixto, pero sin poner mayor énfasis en lo referente a los sistemas económicos socialistas, en los que también hay una cierta mixtura, por el empleo que en algunos de ellos se hace del mercado.

Por tanto, la clasificación de los sistemas que resulta de fijarnos dónde se adoptan y cómo se transmiten las decisiones tiene claras insuficiencias. Hay que recurrir a otros criterios de clasificación, en vez de hablar simplemente de socialismo y capitalismo, distinguiendo dentro de cada uno de esos dos sistemas básicos diferenciaciones importantes por lo que se refiere a la forma de adoptar las decisiones[14].

8.1. Capitalismo[15]

El capitalismo, dice Loucks, es un «sistema de organización económica caracterizado por la propiedad privada y por el uso para el beneficio privado del capital creado por el hombre y del capital de origen natural (tierra, etc.)»[16].

Hoy consideramos que el prototipo o modelo clásico del capitalismo fue el liberal de la segunda mitad del siglo XIX, apoyado jurídicamente en la propiedad privada tal como esta se configuraba en los países continentales de Europa (en el Código Napoleón y en los demás códigos civiles por él influidos). Con un ejército de reserva de trabajadores que permitían una desenfrenada explotación que desarrolló en alto grado la lucha de clases, y con una división del trabajo cada vez más avanzada.

Fueron precisamente la Primera Guerra Mundial (1914-1918) y la depresión económica iniciada en 1929 las que originaron

---

[14] En la obra del profesor J. L. Sampedro *Las fuerzas económicas de nuestro tiempo* (Editorial Guadarrama, Madrid, 1967) figura un pasaje altamente sugestivo sobre «los sistemas económicos actuales» (págs. 112-116).

[15] Para algunos puntos de vista sobre el capitalismo en el siglo XXI: Francesc Granell, «El G-8 y la necesidad de *más Europa*», *Dinero*, 10-VI-2007. Martin Wolf, «We are living in a brave new world of state capitalism», *Financial Times*, 17-X-2007. José Vidal-Beneyto, «Capitalismo sin límites», *El País*, 8-III-2008. Bill Gates, «How to fix capitalism», *Time*, 11-VIII-2008.

[16] William N. Loucks, *Comparative Economic System*, 6.ª ed., Harper, Nueva York, pág. 17. La bibliografía sobre sistemas económicos es muy extensa. En el libro de Gregory Grossman (*Economic Systems*, Prentice Hall, Englewood Cliffs, Nueva Jersey, 1967, págs. 116-117), puede verse una excelente lista de lecturas seleccionadas.

cambios importantes en el sistema capitalista, que en el momento actual es diferente en muchos aspectos del capitalismo liberal predominante en el siglo XIX. Históricamente, la Gran Depresión hizo surgir formas de capitalismo totalitario, las diferentes clases de fascismo, en las que desaparecieron las libertades, y en las cuales la intervención del Estado –en colusión con los grandes intereses económicos– aumentó de forma extraordinaria[17].

Sin embargo, en los países donde el capitalismo liberal había alcanzado su máximo esplendor, la salida de la crisis marcó el comienzo de reformas económicas de importancia (política anticíclica inicialmente), que solo en la posguerra de 1945 se configuraron como un empeño decidido de impulso del desarrollo económico. Esta política de expansión en los países capitalistas adoptó tres formas diferentes[18]: incitaciones indirectas (caso de los EE.UU., con sus políticas monetaria y fiscal y con su consejo de asesores económicos del presidente), nacionalizaciones motrices (caso del Reino Unido, durante la etapa laborista de 1945-1951) y planificación indicativa (caso de Francia, a partir del Plan Monnet 1947-1950).

Ciertamente, desde mediados de la década de los setenta se produjo el fenómeno contrario de la tendencia al monetarismo y la desregulación, culminando todo ello en la Reaganomics, según veremos en el capítulo 17, al ocuparnos de las fluctuaciones económicas.

De hecho, hablar de capitalismo en abstracto, o tomando como modelo el caso de EE.UU. (cap. 20 de este libro) o el de Japón (cap. 22), no tiene mucho sentido para la generalidad de los países que están dentro de lo que hasta la década de 1990 se denominaba «mundo capitalista» o «mundo occidental». Hay un problema de relación entre sistemas económicos y grado de desarrollo. Precisamente por ello, en la siguiente sección 10 nos ocupamos del tema de los niveles de ingresos, y fundamentalmente de la economía de los países menos desarrollados, que son, por así decirlo, los socios marginales del mundo capitalista.

---

[17] Paul M. Sweezy, *Teoría del desarrollo capitalista*, 2.ª ed., FCE, México, 1958, cap. XVIII, págs. 360-380.

[18] Pierre Massé, «La inversión productiva», conferencia pronunciada en la Universidad de Madrid y recogida en «Problemas actuales del desarrollo económico», *Documentación Económica*, núm. 23, págs. 117 y sigs., Madrid, 1961.

8.2. Socialismo

Es muy difícil definir lo que es socialismo sin acotar antes el propósito concreto de la definición. Se ha dicho que, como visión de conjunto, el socialismo es una corriente de pensamiento con multitud de expresiones, todas las cuales coinciden en el afán de igualitarismo entre los hombres, que teóricamente no puede ser logrado sino con una mayor o menor sustitución de la propiedad privada por la colectiva en los medios de producción.

En ese sentido discurren casi todas las definiciones de socialismo al uso, que según su carácter entran en más o menos detalles. Así, por ejemplo, Loucks afirma que el término socialismo, en la forma que él lo emplea, hace referencia «al movimiento que aspira a conferir a la sociedad como un todo –en vez de a los individuos– la propiedad y la administración de todos los bienes ya sean creados por el hombre o por la naturaleza, con el propósito de que los incrementos resultantes de la renta nacional sean distribuidos de forma más equitativa; sin por ello destruir la motivación económica del individuo, su libertad de empleo o su elección de consumo»[19].

Por su parte, el Partido Comunista de la Unión Soviética, en una declaración de 1961, consideraba que el comunismo era «un sistema social sin clases, en el cual los bienes de producción son únicamente propiedad nacional, en donde existe una igualdad social total de todos los miembros de la sociedad, en donde al lado del desarrollo general del pueblo crecerán también las fuerzas de producción sobre la base de un desarrollo constante de la ciencia y de la técnica, en donde todas las fuentes de riqueza pública correrán con toda plenitud, y en donde será realizado el gran principio: de cada uno según su capacidad, a cada uno según sus necesidades».

El proceso de construcción del socialismo lo exponemos seguidamente, si bien a costa de una forzosa esquematización de sus diferentes pasos. En los espacios sobre la URSS y su hundimiento (cap. 20) y sobre China (cap. 22) tendremos ocasión de entrar en una serie de detalles[20].

---

[19] W. N. Loucks, *Comparative Economic Systems, op. cit.*, pág. 180.

[20] Oskar Lange, «Economía política del socialismo», del libro colectivo *Problemas de economía política del socialismo*, editado por el propio Lange, FCE, México, 1965, pág. 7.

Figura 11 (izquierda). Karl Marx (1818-1883), político, economista y sociólogo que, con Friedrich Engels, en el *Manifiesto comunista*, de 1848, vio en el capitalismo la explotación del hombre por el hombre, por medio de la plusvalía, y mediante la lucha de clases como el origen de la revolución al socialismo. Autor de *El Capital*, en otra de sus obras, *Contribución a la crítica de la economía política* (1853), definió el concepto de estructura económica.

Figura 12 (derecha). Vladimir Ilich Lenin (1870-1924), político revolucionario, escritor ruso. Preconizó el centralismo democrático de partido único (¿libertad, para qué?) con la dictadura del proletariado, y en realidad del Partido Comunista y de su secretario general. Aceptó la NEP, la nueva política económica que en 1921 sucedió al comunismo de guerra, con fuerte presencia privada, como situación transitoria, que él tal vez hubiera prorrogado indefinidamente.

Veamos ahora cuáles son las operaciones de necesaria realización en el período transitorio para liquidar el antiguo sistema capitalista y edificar el nuevo[21]. Primeramente, el gobierno socialista tiene que realizar una serie de reformas para transformar la estructura socioeconómica. En esta perspectiva, la reforma agraria es decisiva para suprimir los vestigios del feudalismo que aún tuvieran su asiento en este sector de la producción, y para redistribuir la tierra entre la población campesina, que en lo sucesivo serán un sólido apoyo de las transformaciones necesarias. Al propio tiempo es preciso «expropiar la gran propiedad capitalista: los bancos, las industrias más importantes y los medios de transporte».

La segunda fase es el ajuste entre el nuevo sector socialista y las pequeñas y medianas empresas no nacionalizadas. Con ello, el Estado se asegura el control del sector capitalista residual.

---

[21] Oskar Lange, *ibidem*, págs. 43-44.

Figura 13. Iósif Stalin (1878-1953). Sucesor pantocrático de Lenin, rompió con su política de economía mixta público-privada con su célebre artículo, en *Pravda*, «¡La NEP al diablo!». Estatificó toda la economía, incluida la agricultura con los koljoses y sovjoses, y promovió los Planes Quinquenales. Preparó a la URSS para la *guerra patria* contra la Alemania nazi de Hitler.

Un tercer paso lo constituye la integración de la producción agrícola y artesana en la economía socialista.

Evidentemente, el modelo de Oskar Lange experimentó grandes transformaciones a través del socialismo realmente existente y sus aberraciones –al que nos referimos en el capítulo 20 al ocuparnos de la antigua URSS– y en la propia experiencia china hasta la Revolución Cultural. Después, los cambios, según podremos apreciar en los capítulos 20 (desmoronamiento de la URSS) y 22 (China), aún fueron más importantes con la perestroika y las «cuatro modernizaciones», respectivamente, en un proceso de transformación radical de los anteriores esquemas ideológicos y de organización[22], camino de la economía de mercado, y con fases de transición muy diferentes entre sí.

El antiguo régimen comunista de Vietnam también está en proceso de cambios profundos, en línea con la experiencia de China. De modo que estrechamente vinculados al comunismo sin clases e igualitario (aunque realmente sea capitalismo de Estado con una nomenclatura del partido llena de privilegios), solo quedan Corea del Norte y Cuba; en ambos casos, se está pendiente de lo que pueda pasar con la gerontocracia de Kim Jong-il en el primer caso, y de Fidel/Raúl Castro en el segundo.

---

[22] Wlodzimierz Brus y Kazimierz Laski, *From Marx to the Market: Socialism in search of an Economic System*, Oxford University Press, Nueva York, 1991; Carlos Taibo, *Unión Soviética. La quiebra de un modelo*, Catarata, Madrid, 1991.

9. Niveles de desarrollo

La existencia de diferentes niveles de desarrollo es una evidencia que encuentra su traducción más clara en el acervo de datos estadísticos que hoy recopilan a escala mundial las Naciones Unidas. En ese sentido, debemos entrar ahora en la identificación de las raíces del atraso que hacen persistir, en el mundo de hoy, amplias áreas subdesarrolladas que contienen por lo menos dos tercios de la población mundial.

Un país subdesarrollado, menos desarrollado, en vías de desarrollo o, simplemente, atrasado –que todos estos son los términos que generalmente se aplican con una pretensión de sinonimia–, se caracteriza por una serie de rasgos que en una visión de síntesis podemos agrupar en diversos epígrafes: población, estructura económica, distribución de la renta y estructura social, y dependencia y vulnerabilidad económicas.

Generalmente, los países menos desarrollados (a los que en lo sucesivo nos referiremos con las iniciales PMD, sin perjuicio de la taxonomía del desarrollo que hacemos al comienzo del capítulo 6) tienen una población que crece rápidamente, con ritmos que oscilan entre el 2 y el 3,5 por 100 anual acumulativo. Este fuerte crecimiento se debe a la persistencia de elevadas tasas de natalidad, que varían entre el 25 y el 45 por 1.000, en tanto que la mortalidad se ha visto reducida a niveles del 10 al 20 por 1.000, por la casi total erradicación de las epidemias y la mejora relativa de otros aspectos de la sanidad pública, sobre todo en lo relativo a la mortalidad infantil. Como veremos en detalle en el capítulo 16, esta característica de la mayoría de los PMD, que generalmente se conoce con expresiones como «la ruptura del equilibrio demográfico antiguo» o «la explosión demográfica», tiene gran trascendencia para el desarrollo, ya que buena parte del crecimiento económico lo absorbe la propia expansión demográfica.

Población y estructura económica son aspectos interrelacionados de una misma realidad. La situación apreciada para la población tiene su origen en la estructura económica y viceversa. Generalmente, la economía de los PMD se basa en el predominio de una agricultura de pautas tradicionales en lo patrimonial, aunque los avances tecnológicos están cambiando el paisaje agrario. Lo más frecuente es una fuerte concentración de la propiedad de la tierra, siendo «normal» que del 1 al 2 por 100 de los propietarios controlen más del 50 por 100 de la superficie productiva. También son usuales los vestigios de feudalismo y las técnicas de cultivo primitivas, con bajos rendimientos.

El atraso agrícola resulta particularmente grave si se tiene en cuenta que la agricultura forma, junto con los recursos mineros, el núcleo del engarce activo más frecuente de los PMD con el comercio mundial; las consecuencias para sus ingresos por exportación –que analizaremos en el capítulo 6 al estudiar la UNCTAD– llegan a ser dramáticas, por las fluctuaciones en oferta y demanda y, en consecuencia, en los precios.

El panorama de debilidad estructural en el sector agrario se ve «completado» con un grado de industrialización generalmente bajo, y con un sector comercial hipertrofiado, atomizado, con gran número de intermediarios y amplios márgenes de ganancia.

Todas las aludidas deficiencias de la estructura económica se ven acentuadas por la falta de una verdadera integración económica interna. Hasta hace poco, el gran mercado interior de los PMD permanecía prácticamente al margen del circuito monetario (predominio de la economía rural de autoconsumo). Y regiones enteras se situaban a niveles de desarrollo muy inferior a los promedios nacionales, ya de por sí bien precarios. Eso es lo que configura a la mayoría de los PMD como sociedades «duales».

En los PMD la renta per cápita no rebasa los 5.000 dólares por año, frente a niveles que van hasta 40.000 dólares en los países industriales (PI). Pero lo que es igualmente importante es que la distribución regional y personal de la renta es mucho más desequilibrada en los PMD que en los PI. Un pequeño grupo de privilegiados (normalmente no más del 5 o 10 por 100 de la población total) absorben más del 50 por 100 de la renta nacional.

La fuerte concentración de la riqueza y de la renta, junto con otras características que ya vimos para la población, hacen coincidir subdesarrollo, muy frecuentemente, con dictaduras políticas (o «farsas democráticas» más o menos cínicas), y con la explotación económica sistemática y la *satelización* política por parte de las grandes potencias.

Con todo, la dependencia y la vulnerabilidad económicas son las características que desde el enfoque de este libro –*Estructura económica internacional*– más claramente revelan la situación de los PMD. Como ya indicamos, la debilidad de su estructura económica convierte a los PMD en exportadores de productos básicos agrícolas y minerales. Su oferta se concentra en poco más de una docena de productos (oligoexportaciones): petróleo, cobre, estaño, bauxita, algodón, yute, plátano, cereales, carne, café, té, cacao, etc. Son productos que, por razones que veremos con detalle en el capítulo 6, se ven sometidos a fuertes fluctuaciones en los mercados mundiales. Claro es que también resulta observable cómo ciertos PMD se evaden progresivamente de esa situación. Es el caso de los dragones asiáticos, China, etc., según veremos en los capítulos 14 y 23.

En cualquier caso, esas fluctuaciones determinan variaciones muy importantes en los ingresos en divisas de los PMD, con efectos diversos sobre sus balanzas de pagos y su desarrollo, todo ello unido a políticas económicas que de hecho estimulan la inflación; es el origen de la inestabilidad del cambio exterior de las monedas de los PMD. De ahí, los planteamientos enfocados hacia una financiación compensatoria o complementaria que los PMD reclamaron insistentemente durante un tiempo en la UNCTAD, como oportunamente podremos ver en el capítulo 6.

Para completar algo más tan breve identificación de los problemas de los PMD, hemos de referirnos a lo que cada día se convierte en el hecho diferenciador más significativo entre los PMD y los PI: la dependencia tecnológica de los primeros frente a los segundos. En las condiciones económicas y sociales de los PMD, el desarrollo de la investigación es muy poco efectivo. Y de ahí que en lo relativo a progreso tecnológico se vean enteramente a resultas del exterior. Los «royalties» a pagar por el atraso tecnológico, junto con los dividendos detraídos por los inversionistas extranjeros, suponen en muchos casos cantidades superiores a las nuevas inversiones de los PI en los PMD.

Por último, es evidente que los dos choques petroleros (1973-1974 y 1979-1980), que veremos con detenimiento en el capítulo 16, determinaron cambios importantes en los niveles de renta y en otros aspectos de un cierto número de PMD, concretamente en los que disponían de recursos petroleros en abundancia (los de la OPEP). Y particularmente en el caso de los Estados del Golfo, como Omán, Emiratos Árabes Unidos (EAU), Qatar, Baréin, Kuwait y Arabia Saudí. Todos ellos en un proceso de modernización que incluso ya va llegando a la política, con un fuerte aliento de diversificación de actividades (construcción, turismo, finanzas, logística, desarrollo industrial, etc.), para disminuir la dependencia de los hidrocarburos. Para todo ello, esos Estados han ido estableciendo una cierta coordinación económica, como veremos en el capítulo 12 al referirnos al Consejo de Cooperación del Golfo.

Por último, señalaremos que en 2000, en una reunión en la sede de las Naciones Unidas en Nueva York, se acordaron los llamados Objetivos del Milenio (ODM), consistentes, globalmente, en reducir la pobreza en un 50 por 100 en un plazo de 15 años (véase el final del capítulo 6).

10. Áreas de gravitación en la economía mundial

Dentro de las tendencias de evolución de la economía internacional, y en cierto modo por encima de los problemas ya analizados en este capítulo sobre sistemas económicos y niveles de desarrollo, no es difícil apreciar un cambio considerable en el panorama mundial. Y más concretamente, en lo que podríamos llamar gravitación económica general. En el sentido apuntado, son cada vez más frecuentes las observaciones sobre el desplazamiento del área que más pesa en el conjunto de la actividad económica del planeta.

Tradicionalmente, los países que asumían ese papel se situaban a orillas del Atlántico Norte. Como hemos visto a principios de este mismo capítulo, desde el siglo XIX, Europa Occidental protagonizó el naciente mercado mundial, que consolidó para más de cuatro siglos con el descubrimiento, colonización y repoblación del Nuevo Mundo. De esta forma, Europa Occidental y América del Norte convirtieron el océano Atlántico en un amplio espacio de alta densidad en sus orillas, y con comunicaciones de todo tipo entre ambas.

No es extraño, pues, que las dos guerras mundiales tuvieran, en el siglo XX, su principal centro de operaciones en esta parte marítima y terrestre del mundo. Y algo parecido puede decirse de la posguerra, con la creación de la Organización del Tratado del Atlántico Norte (OTAN), cuyo prolegómeno fue el Plan Marshall que con cierto detalle estudiamos en el capítulo 2. Y, de hecho, así se mantuvieron las cosas desde la fecha de la creación de la Alianza Atlántica hasta el comienzo de la crisis de 1973, que también analizaremos *in extenso* (véase más adelante el capítulo 17).

Pero lo que parecía una cristalización atlántica del mundo empezó a cambiar precisamente con la crisis de los años 70 y 80, con lo que será un desplazamiento cada vez más pronunciado del área de gravedad de la economía mundial, desde las dos riberas del Atlántico a la orilla asiática del Pacífico[23].

A ello contribuye la progresiva traslación del centro de gravedad de la economía norteamericana hacia los estados del oeste, por el peso creciente de California, Oregón, Washington y Alaska. Por otro lado, Japón resistió la crisis energética mucho mejor que los demás grandes países industriales –también esto lo veremos en detalle en el capítulo 21–, siguió creciendo, y con sus inversiones exteriores impulsó la expansión de otros países asiáticos, como Corea del Sur, Hong Kong, Taiwán y Singapur –los cuatro dragones–, contribuyendo al fortalecimiento de las naciones de la ASEAN (Tailandia, Malasia, Singapur, Indonesia, Brunéi, Filipinas, Vietnam, Birmania y Laos; véase el capítulo 13), que con 510 millones de habitantes, a mediados del 2002, son un conjunto económicamente de gran futuro. También efecto de Japón ha sido que Australia y Nueva Zelanda sean hoy naciones del sur de Asia.

Asimismo, contribuyen al fenómeno a que nos estamos refiriendo las expectativas para Rusia del desarrollo de Siberia Oriental, y la espectacular expansión que está registrando China, con la reforma del sistema maoísta por Den Xiaoping primero y Jian Zeming después, favorables a una economía mixta y flexible[24]. A

---

[23] Sobre el tema, Pablo Bustelo, «La orilla asiática del Pacífico: retos y problemas», en el curso «Entre bloques y globalidad», dirigido por R. Tamames en la UCM, El Escorial, 10 de agosto de 1993 (fotocopiado).

[24] Sobre el área del Pacífico, dos libros de interés: Frank Gibney, *The Pacific Century*, Scribner's, Nueva York, 1992; y Paul Theroux, *The Happy Isles of Oceania*, Hamish Hamilton, Londres, 1992. Para un punto de vista pro EE.UU., George Hicks, «So much the Pacific

las circunstancias señaladas se agregan las fuertes tasas de desarrollo demográfico de otros países de la orilla americana del Pacífico, como sucede con México, todo el istmo centroamericano y los ribereños de Sudamérica.

Figura 14. Donald Trump, 45.º presidente de EE.UU., durante su mandato de 2017 a 2020 fue el peor enemigo de la globalización, infringiendo, sin más explicaciones, todas las normas de la Organización Mundial de Consumo (OMC).

11. La controvertida globalización[25]

A lo largo y ancho de este libro veremos diversidad de facetas de la cambiante realidad económica mundial, y serán muchos los momentos en que inevitablemente habremos de aludir a la globalización. Pero, lógicamente, tenía que haber en esta obra un espacio propio para el tema con la atención que merece, por ser uno de los asuntos más controvertidos, lo cual no significa, desde luego, que no tenga muy remotos antecedentes.

En ese sentido, la globalización se remontaría a por lo menos 1494, cuando se firmó el Tratado de Tordesillas, según el cual, con un círculo completo de meridiano, España y Portugal se repartieron el globo en dos mitades, pasando a depender de Lisboa todo el hemisferio oriental, y de Isabel I y Fernando V, el occidental.

Century - It will be America, as Usual», *IHT*, 29 de julio de 1992, pág. 4. Puede verse también el capítulo 13 de este mismo libro.

[25] Para una visión más completa de la globalización, Ramón Tamames, *Globalización y ecoparadigma*, Institut Alfons el Magnànim, Valencia, 2003.

Ese acuerdo no fue reconocido por las otras potencias europeas, que en lo sucesivo se ocuparon de erosionar lo que ambos países ibéricos se habían arrogado. Sobre todo, desde que en 1580 Felipe II se ciñera la corona portuguesa, dando así la sensación de ser el primer soberano universal.

Además de lo anterior, hubo auténticas premoniciones de lo que sería la ulterior globalización económica en *La riqueza de las naciones* de Adam Smith, en la que se subrayaron las ventajas del comercio planetario sin barreras para aprovechar plenamente las ventajas de la división del trabajo. En la misma línea, un siglo después, Karl Marx se referiría al mercado universal no solo para el comercio, sino también para las finanzas.

En tiempos más próximos, a mediados del siglo XX, dos grandes profetas anunciaron la globalización desde otros enfoques: el primero, Pierre Theilhard de Chardin, al predecir que llegaría a haber una noosfera, o envoltura pensante de la Tierra con la comunicación de todos entre sí; y el segundo, Marshall McLuhan, quien supo prever la aldea global que resultaría de la difusión de los medios audiovisuales.

Tras esos antecedentes y premoniciones puede decirse que, actualmente, el movimiento de globalización se manifiesta en tres planos interconectados: político, económico y ecológico.

11.1. Globalización política

Los avances en la globalización exigen de manera inexcusable una lógica visión global de las relaciones internacionales de poder, en contra del unilateralismo que hoy se arroga la política oficial de EE.UU. tras abandonar el viejo espíritu norteamericano globalizador que tan excelsos representantes tuvo. Francis Lieber, en 1863, en plena Guerra de Secesión, preconizó humanizar las contiendas bélicas con un código de trato humanitario a los prisioneros. Una idea que después derivaría en las célebres convenciones de La Haya.

En esa misma línea de ecumenismo, el presidente Wilson preconizó en 1918 el nacimiento de la Sociedad de las Naciones; y análogamente, menos de veinte años más tarde, hizo lo propio Franklin D. Roosevelt, quien desde 1943 hasta su misma muerte, en 1945, fue el máximo impulsor de las Naciones Unidas.

Con esos hitos de globalización política, el principal obstáculo que ahora se manifiesta es la no reforma de la Carta de la ONU de 1945, para acabar con la imposición de que los cinco países con puesto permanente en el Consejo de Seguridad (EE.UU., Reino Unido, Francia, Rusia y China) sean miembros de un club, en el cual cada uno de sus miembros detenta el veto para cualquier resolución. Un derecho que los propios cinco grandes se arrogaron en 1945, comprometiéndose a introducir modificaciones en 1955. Cosa que no se hizo ni entonces ni después, a causa de la Guerra Fría, y sobre todo por la inercia de las grandes potencias a seguir siéndolo. Se creó así un hecho diferencial discriminatorio en el marco de las Naciones Unidas, que a la postre permite la hegemonía de un solo país.

11.2. Globalización económica

El segundo aspecto de la globalización, el económico, es un hecho que se evidencia por doquier, como lo demuestra la circunstancia de que en la década de 1990, mientras el PIB global del mundo creció al 3 por 100, el intercambio internacional lo hizo a una velocidad más que doble. Esto fue debido, entre otras cosas, a las facilidades de comercio creadas por el GATT y, desde 1995, por su entidad sucesora, la OMC, con áreas de actividad mucho más amplias que las del originario GATT: comercio de mercancías, derechos de propiedad, movimientos de capitales, libre circulación de servicios, tecnologías de la información, etc.

A esa globalización económica se enfrentan hoy numerosos descontentos (Joseph Stiglitz *dixit*), por la idea de que los cambios en curso en el escenario mundial benefician claramente a unos pocos países, en tanto que las ventajas no llegan a la inmensa mayor parte de la humanidad. Todo lo cual comporta, reconociendo lo agudo de las diferencias actuales, una serie de verdades a medias y apreciaciones más o menos superficiales. Entre ellas, el hecho de no apreciar cómo parte muy notable de los países que en 1950 estaban en el Tercer Mundo se han convertido en verdaderas potencias industriales gracias, precisamente, a que supieron aprovechar las ventajas de la globalización. Ese fue el caso de los tigres asiáticos: Corea del Sur, Taiwán, Hong Kong y Singapur[26]. Y actualmente está sucediendo lo propio con China.

11.3. Globalización ecológica

La faceta de la globalización ecológica cabe sintetizarla en la idea de que todos los humanos vivimos en un solo navío espacial, la Tierra, como ya constató el Inca Garcilaso en sus *Comentarios reales* (1609), al referirse al «viejo y nuevo mundo, como una misma cosa». Idea que, cuatro siglos después, desarrollaron Barbara Ward y René Dubos en su libro *Only One World,* que funcionó como texto referencia en la Conferencia de las Naciones Unidas sobre Medio Ambiente de Estocolmo en 1972.

Aquel primer concilio ecuménico ecológico en la capital sueca fue la señal de alerta de que el planeta estaba enfermo por las agresiones de la especie humana. Y después de la alerta, llegó el diagnóstico, en 1980, al publicarse el voluminoso estudio *Global 2000,* impulsado por el presidente Carter desde la Agencia de Medio Ambiente de EE.UU. (EPA). Un documento en el cual se evidenció que todo estaba mucho peor de lo que se pensaba.

Más adelante, en 1987, la llamada Comisión Brundtland (por el nombre de su presidenta, la jefa de Gobierno de Noruega), encontraría el método para actuar conforme a las pautas del desarrollo sostenible, esto es, conforme al conjunto de ideas y métodos para reconciliar al hombre con la naturaleza.

Ulteriormente, a partir de la Conferencia de Río en 1992, se pasaría a un proyecto de acción que luego sería insuficientemente desarrollado. Esto quedó patente en la posterior Cumbre, Río+5 (Nueva York, 1997) y en la ulterior Conferencia de Johannesburgo, del 24 de agosto al 4 de septiembre del 2002. Temas a los que nos referimos con cierta extensión en el capítulo 16.

11.4. Sin alternativa a la globalización

En definitiva, el escenario en que vivimos es algo más que simplemente el resultado de que aumentaran las relaciones recíprocas entre Estados, organismos, empresas, etc. Se trata de un proceso

---

[26] Sobre cómo se reconstruyeron las economías del sudeste de Asia después de la crisis de 1997-1998, puede verse Frederik Balfour, Mark L. Clifford, Moon Ihlwan y Michael Shari, «How the Crisis Changed Asia And How It Didn't», *Business Week,* 1-VII-2002.

con perfiles novedosos que va ganando en extensión y profundidad, merced a una densa malla de conexiones mutuas relacionadas con la nueva economía (a la que dedicamos un cierto espacio en el apartado 20.6), y que se potencia con la sociedad digital.

El cambio ha sido tan importante que, como dijo Mike Moore, director de la OMC en el momento más difícil de la Conferencia de la OMC en Seattle, en diciembre de 1999, «la alternativa a la globalización no sería otra que volver a la Guerra Fría, con todo lo que ello significaría de revivencias militaristas y grandes inversiones en armamentismo». En contra de lo que sucedía en 1999, cuando la acumulación pacífica, sin ninguna guerra de gran alcance desde 1975 –aunque ciertamente sí con guerras de baja intensidad con muchas muerte y destrucción[27]–, estaba generando recursos ingentes que necesitaban colocarse en los mercados financieros.

Dentro de la consideración de que la globalización no tiene alternativa es importante tratar de saber quién manda en ella[28]. En esa dirección, Abdeslam Baraka, ex embajador de Marruecos en España, en una carta que dirigía al autor de este libro el 8 de octubre de 2008, fue de lo más expresivo en cuanto a quién dicta y cambia las reglas del juego de la globalización, en el sentido de que los países en vías de desarrollo quedan al antojo los poderosos:

> «Hace al menos dos décadas que el FMI y el Banco Mundial van impartiéndonos clases, y dictando reglas de conducta a los países del Tercer Mundo; sobre cómo sanear la economía y cómo estructurar las finanzas. Así, a la hora de buscar la estabilidad financiera, vimos cómo se nos exigía deshacernos de las empresas estatales rentables, en el marco de los célebres procesos de privatización, en la idea de entrar en las famosas reformas estructurales, que apuntaban a menos Estado y mayor competitividad. Cosa difícil en realidad, pues las fronteras de los paraísos occidentales

---

[27] Sobre las guerras de baja intensidad, en febrero de 2001, con un mapamundi muy expresivo, puede verse el artículo de Paul Gould «Simple homework can reduce the risks», *Financial Times*, 12-II-2001.

[28] «Does Wall Street's meltdown show financial globalization itself is part of the problem?», *The Economist*, 27-9-2008.

no se abrieron plenamente para los productos agrícolas de los países pobres, al tiempo que en buena medida se criminalizó la inmigración desde el Tercer Mundo.»

Pero lo que nadie pudo imaginar es que cuando los Estados del sur empezaban a tapar brechas y restañar heridas, además de acostumbrarse al mercado y haber asumido que los Estados no deben interferir demasiado en la economía, ni asistir a las empresas y personas con el proteccionismo, la crisis global que empezó en 2007 nos dejó a todos sorprendidos: los remedios que se autorrecetaban los poderosos para atajar la crisis fue la de «más Estado», ayudando a los más ricos. No es lo que nos predicaron antes. Así, Hank Paulson, secretario del Tesoro de EE.UU., decía en el Congreso estadunidense en septiembre de 2008, al hablar de su célebre plan de rescate (*bail-out*): «Si no se aprueba, que Dios nos ayude». Y una vez que fue aprobado, yo digo, desde los países en vías de desarrollo, «que Dios nos coja confesados».

No vamos a decir que todo lo escrito por el embajador Baraka sea como él afirma. Especialmente, porque no se refiere a muchos males existentes dentro de los países en vías de desarrollo, en términos de corrupción ubicua, autoritarismo generalizado y el más brutal dualismo. Pero, globalmente, no carece de razón en lo que da a entender: las reglas del juego, en principio, benefician más a los ricos, que siguen siendo el centro de un sistema capitalista que, al tambalearse, recurre a todos los medios útiles a efectos de su recuperación. Lo cual no significa que la centralidad actual de los países más avanzados vaya a durar para siempre. Precisamente, el papel de los países emergentes es contribuir a cambiar ese ya antiguo orden mundial.

11.5. Críticas de los antisistema

Todo lo anterior no es óbice para reconocer el más grave de los problemas: los dualismos que crea el desarrollo desigual, en términos de rápido crecimiento de riqueza para algunas minorías pujantes, en paralelo al estancamiento de los ingresos reales de las clases medias y de los estratos más bajos, incluso en las naciones más avanzadas. En paralelo, en los países menos desarrollados los frutos de la globalización no se perciben para la inmensa mayoría. Persisten la pobreza generalizada, la enfermedad, las guerras y la ignorancia: los modernos jinetes del Apocalipsis.

Figura 15. James Lovelock (1919), ecólogo estadounidense, trabajó durante muchos años en la NASA. Autor de la *Hipótesis de Gaia*, un modelo de funcionamiento del planeta Tierra como una entidad con sus propios sistemas de autodefensa frente a los ataques de la humanidad depredadora. Fue autor también del libro *La venganza de Gaia* (1969).

El gran debate de la globalización (que en el 2002 se tradujo en la polémica Stiglitz/Rogoff[29]) empezó a trascender a la opinión pública, con ocasión del ya citado encuentro ministerial de la OMC en Seattle, del 30 de noviembre al 3 de diciembre de 1999, cuando se enfatizó la existencia de una serie de problemas concretos:

- Los mercados financieros de los países emergentes –en los menos desarrollados ni siquiera existen en sentido estricto– son muy volátiles, al estar mal regulados y peor supervisados. Frente a ello resulta necesaria una atención más rigurosa, con reglas como las enunciadas por el Banco de Pagos Internacionales.
- Marginación de los países en desarrollo sumidos en la pobreza de masas, que necesita de una política decidida de erradicación de la miseria, en la línea con lo preconizado, sucesivamente, por economistas como Arthur Lewis, John K. Galbraith, Amartya Sen y Joseph E. Stiglitz.
- Inseguridad en los mercados laborales en las naciones más avanzadas. En especial entre los obreros menos cualificados, que se alarman ante los efectos de la liberalización y las privatizaciones, los recortes presupuestarios y las tendencias

---

[29] Joseph E. Stiglitz, *Globalization and its discontents*, W.W. Norton & Company, Nueva York, 2002.

erosivas del Estado de bienestar. Con tal cosa, en vez de una nueva distribución de recursos entre pobres y ricos, tiende a fortalecerse todavía más la riqueza de estos últimos.

• Insuficiente capacidad de los gobiernos convencionales para tomar decisiones importantes en un mundo cada vez más globalizado, en el que las empresas multinacionales adquieren una relevancia creciente por el fuerte proceso de concentración, vía *mergers and adquisitions* (M&A), esto es, fusiones y absorciones (con *mergermania* o *fusionitis*), según veremos en el capítulo 14.

La lista de problemas expuesta podría ampliarse, pero los temas expresados y lo que seguidamente vamos a ver dan una idea de la controversia ante la cual nos encontramos.

Por lo demás, cabe decir que en el tema de la globalización también está el debate sobre si es mejor ir a un acuerdo global de liberalización económica mundial o si, por el contrario, tiene más lógica hacerlo progresivamente por medio de acuerdos regionales previos[30].

11.6. ¿Convergencia Davos/Porto Alegre?... Y otras expectativas

Los episodios de antiglobalización, al modo de Seattle, se repitieron en todo un rosario de reuniones del FMI, Banco Mundial, OMC, Consejo Europeo y G-7. De modo que los encuentros internacionales se complicaron por las medidas de seguridad contra los antiglobalización, que fueron racionalizando su posición, hasta llegar al Manifiesto de Porto Alegre. Este fue redactado en el año 2000, como contraposición a los posicionamientos del World Economic Forum, que se reúne en la estación suiza de esquí de Davos, donde los magnates de la economía universal disfrutan

---

[30] Sobre esa cuestión de regionalismo *versus* globalización, puede verse el artículo de la Subdirección General de Estudios del Sector Exterior «Acuerdos regionales y política comercial», en *Boletín ICE Económico*, núm. 2.652, de 11 de mayo de 2000. También son de interés otros trabajos: Subdirección General de Estudios del Sector Exterior, «Implicaciones del regionalismo sobre el comercio mundial», en *Boletín Económico de ICE*, núm. 2.707, del 5 al 11 de noviembre de 2001; Cristina Gavarrón Casado, «EE.UU.: artículo 211 de la ley Omnibus de asignaciones de 1998», en *Boletín Económico del ICE*, núm. 2.701, del 17 al 23 de septiembre de 2001. Asimismo, el artículo «¿Es la nueva geografía económica realmente nueva?», de Subdirección General de Estudios del Sector Exterior, en *Boletín Económico de ICE*, núm. 2.740, 23 de septiembre de 2002.

de un reducto sin posible acceso de manifestantes por los fuertes controles de la policía suiza.

Figura 16. Alberto Ballarín y Ramón Tamames en Seattle, 1999, durante las turbulencias antisistema contra la globalización. Al lado de la Guardia Nacional del estado de Washington, pero no con ella.

En el otro extremo, el Foro Social Mundial tiene su sede en la ciudad brasileña de Porto Alegre, capital del Estado de Río Grande Do Sul; defiende posturas más intervencionistas, en la idea de hacer posible una mejor distribución de la riqueza y una renta a escala mundial.

Sin embargo, lo cierto es que entre Davos y Porto Alegre están tendiéndose puentes para un posible entendimiento en el futuro, tal como supo expresarlo Mario Soares, ex presidente de Portugal y miembro del Foro Social[31]: «Lo verdaderamente deseado en el Sur es una globalización de rostro humano; o como dice Mary Robinson, responsable máxima de los Derechos Humanos en las Naciones Unidas, una globalización con nuevas reglas de equidad y justicia».

En el sentido que apuntamos es bien significativo que en febrero de 2002, cuando el World Economic Forum se concentró

---

[31] El 4 de marzo de 2002, cuando, a invitación del autor de este libro, participó en los Cursos de Invierno de la UCM.

por primera vez fuera de Davos, en Nueva York (en honor e las víctimas del 11-S-2001), simultáneamente lo hizo el Foro Social en Porto Alegre. En la Gran Manzana, Bill Gates vino a decir, en medio de un cierto consenso, que era preciso tener en cuenta al Sur, en tanto que en Porto Alegre, Noam Chomsky planteó algún tipo de acuerdo con el Norte, a base de transformar la globalización a mejor en vez de querer ignorarla.

El corolario quedó claro: Norte y Sur están condenados a entenderse, y el acuerdo no podrá concluirse más que por medio de la convergencia, con la idea central de que la globalización asuma un doble ecoparadigma, para evitar que prosiga el deterioro de la biosfera, y al propio tiempo con el fin de luchar contra la pobreza. En la dirección apuntada, son metas principales los Objetivos del Milenio (cap. 6) y la prolongación del Protocolo de Kioto (cap. 16), para los temas de solidaridad económica y de lucha contra el calentamiento global, respectivamente.

En las conferencias del G-20 (Washington 2008 y Londres y *Pittsburgh* 2009), ante la crisis global que se inició en el verano de 2007, se insistió en los dos referidos aspectos, aunque ello no significa que todo esté perfectamente encarrilado. Especialmente en lo que concierne a los países africanos, en los cuales la expectativa más positiva consistiría en que Occidente emulara a China en su ingente actividad. De otro modo, algunos estiman que el continente negro podría convertirse en una gran provincia económica de la República Popular.

11.7. El compromiso de Washington[32]

En el sentido apuntado en el futuro de las relaciones Norte/Sur, parece evidente que no cabe aceptar más como dogmas los contenidos en el Consenso de Washington, cuya primera formulación, a finales de la década de 1980, se debió al economista británico John Williamson, que lo fundamentó en diez puntos; estos, generalmente, se tienen por la expresión del pensamiento único en materia económica; los resumimos a continuación:

---

[32] «El consenso de Washington», Ramón Casilda Béjar, *Política Exterior*, núm. 86, marzo-abril, 2002.

- Disciplina presupuestaria. Elemento esencial en los programas negociados por el FMI con los Estados miembros que le solicitan préstamos.

Figura 17. John Williamson (1927-2021), economista británico, autor del modelo económico neoliberal, configurado como Consenso de Washington. Se trata de un conjunto de reglas de empresas privadas en el mercado, con mínima intervención pública, baja presión fiscal y libre competencia.

- Reforma fiscal. El mejor método para remediar el déficit presupuestario, salvo que se recurra a la reducción del gasto público.
- Tipos de interés. Deben estar en función de dos principios fundamentales: han de fijarse según el mercado, para de ese modo evitar una asignación inadecuada de los recursos; y al tiempo, deben ser positivos en términos reales, para así incrementar el ahorro y desincentivar las evasiones de capitales.
- Tipos de cambios. Han de establecerse igualmente por las fuerzas de la oferta y la demanda en el mercado.
- Liberalización comercial. El acceso a las importaciones de factores de producción a precios competitivos resulta fundamental para promover las exportaciones; alternativamente, el proteccionismo de las industrias nacionales frente a la competencia extranjera crea toda clase de distorsiones altamente costosas.
- Plena apertura para favorecer la inversión extranjera directa (IED), desde el punto y hora en que no solo aporta capital, sino también tecnología y experiencia. Lo cual

contribuye a mejorar la producción de los bienes necesarios para el mercado nacional y que están destinados a la exportación.

- Política de privatizaciones. Ayudar a disminuir la presión sobre los presupuestos del gobierno, tanto a corto plazo –gracias a los ingresos que se generan con la venta de las empresas– como a largo plazo, desde el punto y hora en que el gobierno no ha de financiar nuevas inversiones ni cubrir números rojos.
- Política desreguladora. La máxima libertad económica –precios, movilidad de factores, etc.– estimula la competencia frente a las economías intervenidas.
- Derechos de propiedad. Deben estar clara y firmemente delimitados, habiendo de garantizarse con el funcionamiento eficiente del sistema legal y judicial.
- Principios de democracia y libertad. Ha de darse prioridad a los derechos individuales frente a los colectivos. De otra manera, por criterios sociales mal entendidos, puede suceder que el funcionamiento de la sociedad en su conjunto se vea deteriorado.

El pensamiento único que pretendía asumirse con el Consenso de Washington no es ninguna panacea. Desde el propio Adam Smith –que ya reconoció la preeminencia del Estado para la Defensa, los Asuntos Exteriores, la Justicia y la Educación– hay toda una serie de funciones y actividades que no cabe dejar al simple juego del mercado, y en las cuales es necesaria alguna clase de intervención. El Consenso de Washington es, pues, un buen resumen con pretensiones de racionalidad económica, pero solo de una parte de ellas; no del todo, en el que también deben contar los principios sociales a respetar, incluyendo la solidaridad frente a una visión excesivamente calvinista y darwinista de la realidad y su evolución.

12. El gato de siete vidas y el SEMYB

Podríamos decir que el capitalismo manchesteriano del siglo XIX se ha transformado, a lo largo de una serie de cambios, hasta llegar a lo que hoy cabe llamar sistema de economía mixta y bienestar (SEMYB). En definitiva, el capitalismo ha evolucionado en la historia como un gato de siete vidas, según podrá comprobarse al examinar las sucesivas respuestas que fueron dándose a los embates que acosaron al modelo:

1. Entre 1848 y 1871, contra la primera gran revolución social y contra la Comuna y sus amplias resonancias, la respuesta fue la represión en el continente europeo, por un lado. Por el otro, surgieron las primeras reformas sociales en Inglaterra; las mismas que Karl Marx estudió en los *white papers* de las comisiones regias británicas, que analizaban los aspectos más vergonzantes de la sociedad manchesteriana para introducir paliativos en la explotación por el sistema.

2. Frente a la exacerbación de los problemas del enfrentamiento burguesía-proletariado, en la década de 1880 –la gran depresión del siglo XIX–, Bismarck, el Canciller de Hierro, incorporó a los obreros a la previsión social, retrasando así la revolución que de otro modo quizá se habría hecho inevitable en el Imperio Alemán.

3. En las dos primeras décadas del siglo XX, el arma letal del capitalismo contra sus adversarios fueron el taylorismo y el fordismo, a los cuales se agregarían los planteamientos complementarios de los Sloan y demás tecnólogos con métodos de producción altamente innovadores. Todo ese movimiento llevó a una nueva forma de pactismo con el sistema establecido, tanto por los sindicatos como por los partidos de la izquierda en el mundo anglosajón.

4. Con la Gran Depresión que comenzó en 1929, para alcanzar su punto álgido a partir de 1933, el paradigma de resistencia y progreso del sistema dentro del mundo británico-norteamericano –en duro contraste con los fascismos al uso en Italia, Alemania y otros países de Europa– fue el *New Deal* de Roosevelt, que, impregnado de keynesianismo, constituyó la gran reforma social del capitalismo dentro de Estados Unidos.

5. En los años siguientes a la Segunda Guerra Mundial, la respuesta más formidable, de corte también claramente

keynesiano, pero a escala casi paneuropea, fue el Plan Marshall (1948-1952), que frenó el fuerte expansionismo soviético.

6. Ulteriormente, ante la crisis global del capitalismo en 1975, hubo respuestas muy significativas, durante la corta pero sustanciosa etapa de Carter: la Trilateral, y la Agencia Internacional de la Energía. De hecho, se había entrado ya en la senda de lo que Samuelson y Galbraith llamaron, respectivamente, sistema de economía mixta y nuevo estado industrial en la sociedad opulenta; una nueva cara del capitalismo, muy diferente del manchesteriano. Lo cual, junto con los errores del socialismo real, llevó a la caída del Muro de Berlín en 1989 y al colapso del imperio soviético en 1991.

7. En los primeros años del siglo XXI, la respuesta frente a las corrupciones del capitalismo de la enronitis –a la que nos referiremos en el capítulo 17– resultó muy poco contundente, como pudo comenzar a apreciarse en el verano de 2007, al advertirse las primeras evidencias de la primera crisis económica global del siglo XXI –a la que hacemos extensa referencia en el capítulo 17–, generada por un multiplicador del crédito que se expandió casi sin ninguna clase de regulación ni supervisión por parte de las más altas autoridades financieras de EE.UU.

Con todo, cabe decir que el fuerte intervencionismo provocado por la primera crisis global del siglo XXI no significa, como algunos quieren dar a entender, que estamos ante el fin del capitalismo. Por el contrario, el sistema se salva recurriendo a un Estado que se ha convertido en el nuevo *lender of last resort* (prestamista de último recurso), para superar la crisis que los bancos centrales por sí solos ya son incapaces de resolver. En definitiva, el gato de las siete vidas sigue funcionando. Entre otras cosas, porque, con la caída del Muro de Berlín, desapareció cualquier clase de alternativa a medio plazo.

13. Cuestiones puntuales de la organización internacional

Cabe reseñar algunos puntos importantes de la estructura internacional a largo plazo, sin perjuicio de las muchas anotaciones que haremos a lo largo del libro.

1. Cuotas de la ONU. No todos los Estados miembros de las Naciones Unidas están al corriente en el pago de sus obligaciones, de modo que los medios resultan insuficientes para atender muchas de las actividades más perentorias. Así se puso de manifiesto en la reunión a la que asistieron 160 jefes de Estado y de Gobierno para conmemorar el cincuentenario de la Carta de San Francisco (Nueva York, 23 de octubre de 1995, sede de la ONU).

EE.UU., hasta el 2000, fue el caso más grave de los endeudados. Paradójicamente, el primer país del mundo por su riqueza era el que tenía mayores débitos pendientes; en proporción inversa, se decía, a la importancia limitada que desde sus posiciones hegemónicas pretende asumir la máxima entidad política planetaria[33].

2. Consejo de Seguridad. Uno de los mayores problemas de las Naciones Unidas radica en la composición de su máximo organismo decisorio, que está integrado por cinco Estados miembros permanentes junto a otros diez que se turnan. Los cinco grandes son las potencias triunfantes de la Segunda Guerra Mundial: China, EE.UU., Francia, Reino Unido y Rusia (por la antigua URSS), y tienen derecho de veto para cualquier tema en discusión.

Frente a esas circunstancias, a todas luces muy poco democráticas, los intentos habidos hasta ahora para reformar la Carta han sido vanos debido a la renuencia de los cinco grandes a ceder en sus posiciones de poder. La última propuesta de modificación la hizo EE.UU. en 1997, al suscitar la ampliación de 15 a 20 miem-

---

[33] Para algunas referencias a este problema, véase la entrevista de Jim Lehrer a Kofi Annan, publicada en *Tribuna*, 6-I-1997. También es significativo que en julio de 1998, la ONU nombrara como uno de sus embajadores al actor Michael Douglas, quien en unas primeras declaraciones manifestó el firme propósito de convencer a su país para que se pusiera al corriente en el pago de cuotas. Sobre los problemas económicos de las Naciones Unidas: Michael Littlejohns, «Zero cash announcement sends chill through headquarters with fears of cuts in programmes and jobs. UN runs out of money as crisis worsens», *Financial Times*, 1-V-1996, y Edward Mortimer, «Tight hand on the purse», *Financial Times*, 8-V-1996.

bros, de ellos cinco permanentes y de los cuales, dos podrían ser Alemania y Japón, y el resto del Tercer Mundo, con la particularidad de que ninguno de esos nuevos componentes tendría derecho de veto[34].

Sin embargo, como para modificar la Carta son precisos dos tercios de votos en la Asamblea General, y esta se halla dominada por las naciones menos desarrolladas, no será fácil salir del *impasse*: las naciones en desarrollo se resisten a aceptar otros dos países avanzados en la instancia más importante de la organización. Aparte, y no la menor, está la dificultad de cuáles serían los tres Estados permanentes del Tercer Mundo.

3. Necesaria reorganización y nuevas parcelas de actividad. Está claro que deben mejorarse procedimientos, hoy altamente burocratizados, con derroche e incluso no pocas corrupciones y canonjías. Esta es una cuestión que Kofi Annan no resolvió, a pesar de sus compromisos de hacerlo[35], y tampoco lo está haciéndolo el ulterior secretario general de la ONU, Ban Ki-moon.

Por otro lado, las Naciones Unidas han de entrar en campos novedosos, en correspondencia a las necesidades que van surgiendo por el proceso de globalización. Tal desarrollo se manifestó en sucesivas magnas conferencias, de las que destacamos las siguientes:

- La Cumbre de la Tierra, también conocida como UNCED-2 (por United Nations Conference on Environment & Development), que se celebró en Río de Janeiro en junio de 1992, sobre temas ambientales, y de la cual nos ocuparemos en el capítulo 16. Le siguieron Río+5 (Nueva York, 1997) y Río+10 (Johannesburgo, 2002).
- La reunión especial de Roma, de julio de 1998, de la que nació el Tribunal Penal Internacional (TPI)[36], la máxima auto-

---

[34] Esa es la propuesta que Bill Richardson –por entonces embajador de EE.UU. en la organización– hizo en 1997. Puede verse al respecto: Edward Mortimer, «Security in numbers», *Financial Times*, 27-VIII-1997.

[35] «Pope Kofi's unruly flock. The most respect leader of the United Nations for a generation. Can he pus through the revolution the organization needs?», *The Economist*, 8-VIII-1998.

[36] Enric Juliana y Xavier Mas de Xaxás, «Euforia en la ONU por la creación del TPI, que deberá superar la hostilidad de Washington», *La Vanguardia*, 19-VII-1998. Su fiscal po-

ridad mundial para juzgar genocidios, crímenes de guerra y agresiones. El TPI tendrá su sede en La Haya (Holanda) y lo integrarán 18 magistrados de distinta nacionalidad y tradición jurídica[37].

Figura 18. Albert Einstein, en 1948, propuso transformar las Naciones Unidas en una federación universal, con un gobierno propio a escala mundial, para garantizar la paz. Sigue siendo un desiderátum de origen kantiano a alcanzar un día.

- La Conferencia del Milenio, de 2000, con sus ya aludidos objetivos (ODM). A todo lo cual deben agregarse las nuevas metas acordadas en las conferencias (Washington, noviembre de 2008; Londres, abril de 2009) del G-20, un organismo de carácter intergubernamental que no está dentro de la esfera de la ONU pero sí muy vinculado a ella. Como tampoco lo está aún (podrían adherirse en algún momento) la Organización Mundial de Comercio (OMC), en línea con lo que fue la situación de su predecesor, el GATT.

---

drá abrir investigaciones *motu proprio*, o por denuncia de víctimas, familiares o Estados. Los criminales condenados podrán ser castigados a penas de prisión no mayores de 30 años; si bien, excepcionalmente, cabrá aplicarse la cadena perpetua para crímenes *especialmente graves* (la condena de muerte fue excluida a propuesta de la Delegación del Vaticano). El Tribunal estará facultado para imponer sanciones económicas y confiscar bienes que directa o indirectamente provengan de quienes sean declarados criminales.

[37] Al respecto, pueden verse también los trabajos que citamos: Cortes Generales, *El Tribunal Penal Internacional* (mesa redonda celebrada el 28 de junio de 1999); y Javier Solana («Nueva era de justicia internacional», *La Vanguardia*, 1-VII-2002.); y Prudencia García («El nacimiento de la Corte Penal Internacional», *El País*, 2-VII-2002).

- A otras grandes conferencias, como la de Desarrollo Social, reunida en Copenhague en marzo de 1995, y la Cumbre de Pekín, de septiembre de 1995 sobre derechos de la mujer, nos referimos en el capítulo 15.

- En definitiva, puede verse que las Naciones Unidas cumplen un gran papel en la comunidad internacional y, por ello mismo, sus funciones son objeto de renovación continua. A la postre, de lo que se trata es de atender las necesidades de una sociedad global cada vez más compleja, y así garantizar la paz con creciente calidad de vida. Lo cual exige, a su vez, una organización eficaz (hacer las cosas) y eficiente (hacerlas bien)[38]. Una senda en la que todavía faltan imaginación, medios y organización.

---

[38] J. C. E., «EE.UU. aclara quién manda en el FMI», *El Mundo*, 12-III-2000.

Capítulo 2
La cooperación económica internacional[1]

1. Las formas de relación económica entre las naciones

Como ya hemos tenido ocasión de comprobar con cierta extensión en el capítulo 1, en el mundo real coexiste un gran número de naciones con distintos sistemas económicos y con muy diferentes grados de desarrollo: incluso dentro de cada sistema concreto. Hay naciones socialistas y capitalistas, cada una de las cuales puede tener un alto o un bajo nivel de desarrollo, medido este por la renta per cápita. Pero esas diferenciaciones no son un obstáculo para el desarrollo de los intercambios. De hecho, las relaciones económicas entre las naciones son del todo imprescindibles. «Así como los individuos en la sociedad son económicamente necesarios los unos a los otros y forman una economía completa, las naciones del mundo son necesarias las unas a las otras y constituyen una economía mundial»[2].

Si hubiéramos de hacer una sinopsis de las distintas formas institucionales de relación económica entre las naciones, podríamos decir que los extremos de la gama se situarían entre la carencia total de relación, economía cerrada y la fusión de Estados. En el primer caso, no existiría ninguna relación con el exterior; en el segundo, las relaciones internacionales dejarían de existir en el estricto sentido de la expresión, para convertirse en simples relaciones interregionales.

De hecho, en el tiempo en que vivimos, ya en el siglo XXI, no hay casos de economías cerradas. Es cierto que aún perviven en

---

[1] Capítulo 2 de *Estructura económica internacional*, 21.ª ed., Alianza Editorial, Madrid, 2009.
[2] Paul Sweezy, *Teoría del desarrollo capitalista, op. cit.*, pág. 315.

muchas regiones del mundo bolsas de subdesarrollo, con economía todavía de trueque. Pero son cada vez más reducidas, y su importancia relativa en términos de renta, que no de población, es mínima.

Las economías cerradas nunca han sido normales en la historia moderna; siempre tuvieron razones de ser muy concretas, de raíz religiosa o política. El ejemplo histórico más próximo es el del Japón anterior a 1853, precisamente, el año en que la amenaza de los cañones de la flota norteamericana del comodoro Perry impuso a las autoridades niponas la firma de un tratado comercial con Estados Unidos, lo que marcó el comienzo de la apertura de la economía japonesa al exterior (según tendremos ocasión de comprobar en el capítulo 21 de este libro).

Hoy, con la existencia de una Organización de las Naciones Unidas, de ámbito universal, el fenómeno de la expansión de las relaciones económicas internacionales se configura como irreversible. Baste recordar aquí que, entre 1954 y 2000, el comercio internacional, medido por el volumen de exportaciones, pasó de 77.100 a 5.270.000 millones de dólares, lo que equivale a haberse multiplicado por 68 en términos nominales, y casi por 16 en términos reales[3].

Esta es una de las grandes conquistas de la ONU: el que los hombres de todo el mundo se hayan habituado a pensar en las Naciones Unidas como algo que no puede desaparecer y que, a pesar de sus indudables insuficiencias, representa la institucionalización a escala universal de las relaciones de uno entre todos los países. Como afirma un autor francés, ha surgido un estado de espíritu universalista: «Todos los grupos étnicos, todas las formas de cultura se juzgan como dignos de participar en la vida mundial». La comunidad internacional, en contra de lo que sucedía en el siglo XIX, ya no está compuesta exclusivamente de «Estados civilizados», aunque evidentemente las diferencias de desarrollo sean abismales[4].

En un intento de esquematizarlas, las formas básicas de relación eco-nómica entre las naciones podríamos agruparlas en cuatro: librecambio, bilateralismo, cooperación e integración, que en

[3] Datos del Fondo Monetario Internacional («Internacional Financial Statistics»). Los datos de comercio para 1996 pueden verse en el cuadro 1, que figura en el siguiente capítulo 3.
[4] Pierre Gerbert, *Les organisations internationales*, PUF, 3.ª ed., París, 1963, pág. 30.

64

buena medida coexisten entre sí. Al librecambio y al bilateralismo ya nos hemos referido en el capítulo 1. Nos centraremos ahora, a partir de este capítulo, en los cauces de la cooperación, ya que a la integración dedicaremos un amplio espacio a partir del capítulo 7.

Figura 19. Comodoro Perry. Al frente de una flota de EE.UU., abrió Japón al comercio internacional en 1853, después de más de dos siglos de aislamiento casi total de los nipones.

Coincidiendo con el comienzo del bilateralismo económico (recuérdese lo ya visto en el apartado 1.4), surgieron los primeros intentos de resolver o paliar sus desventajas por medio de la cooperación económica internacional. No es una casualidad que fuera entre 1928 y el comienzo de la Segunda Guerra Mundial cuando se redactaron los primeros acuerdos internacionales para regular el comercio de ciertos productos básicos: Acuerdo Internacional del Estaño en 1931, del Trigo en 1933, del Caucho en 1934, del Azúcar en 1937, etc. La Gran Depresión, origen del bilateralismo y que forzó en mayor o menor grado las producciones autárquicas, deprimió el comercio mundial haciendo caer en vertical los precios de la mayoría de las materias primas. Para detener ese colapso y prevenir fluctuaciones futuras se llegó a la conclusión de los citados acuerdos, primeros ejemplos de cooperación económica intergubernamental a escala multinacional.

Más tarde, durante la Segunda Guerra Mundial, aumentaron los esfuerzos para alcanzar una mayor cooperación de cara a la paz. Y conseguida esta, las Naciones Unidas –avanzando en un campo de realidades prácticas casi plenamente ignorado por la SDN, según pudimos ver en el apartado 1.6– crearon un conjunto de órganos de estudio y de agencias especializadas que institucionalizaron muchos aspectos de la cooperación internacional. Incluso puede decirse que se intentó constituir un instrumento mundial de cooperación económica. No otro era el sentido de la «Carta de La Habana» (1948), cuyos propósitos de crear una organización internacional de comercio se vieron frustrados por las tensiones Este-Oeste; nació así el GATT (1947), que en 1995 se transformaría en la Organización Mundial de Comercio (OMC).

La diferencia sustancial entre cooperación e integración está clara. Por medio de la primera se trata de reducir las barreras, para dar a las transacciones económicas una mayor flexibilidad; con la segunda se persigue la supresión absoluta de tales barreras, para crear un mercado único, sin solución de continuidad, sin trabas fronterizas. Por ello, mientras que la cooperación es posible entre países que tienen distintos sistemas monetarios, fiscales, de seguridad social y hasta con una visión completamente distinta de la organización de la empresa, la integración plena solo es factible cuando se ha llegado a una armonización muy profunda del marco institucional de la economía.

Pero, antes de entrar en el detalle de cómo ha ido evolucionando la cooperación, a la que siguió todo un amplio movimiento de integración, debemos estudiar cómo, a partir de las tensiones de la posguerra, desde 1945, se abrió el proceso que condujo a la situación actual, cuando ya en el siglo XXI vivimos en una economía mundial planetaria sumamente interpenetrada.

2. Una tensa posguerra (1945-1947)

Son muchos los historiadores que piensan que el mayor avance político norteamericano, desde que en 1823 se proclamara la Doctrina Monroe («América para los americanos»), se produjo en 1947, con el Plan Marshall. En cuatro años, esa vasta operación política y económica contribuyó a cambiar radicalmente la faz de Europa Occidental, consolidando de manera espectacular la posición de EE.UU. como primera potencia mundial, al tiempo que se sentaban las bases de un sistema de cooperación económica que sería a su vez origen de nuevos proyectos de integración.

Como nos recuerda Joseph Marion Jones[5], la prodigiosa aventura del Plan Marshall empezó el 21 de febrero de 1947; y creo que no será ocioso precisar su progresiva configuración. Ese día, a última hora de la tarde, en Washington, en la Secretaría de Estado, se recibió una llamada telefónica de la Embajada Británica solicitando una urgente entrevista con George Marshall, jefe de la diplomacia norteamericana. En ese momento, el general Marshall acababa de salir para su casa, tras una larga jornada de trabajo. Estaba cansado, a pesar del vigor que mantenía a sus sesenta y siete años. Apenas había transcurrido un mes de su vuelta de China, y aún menos desde su nombramiento para el más alto puesto de la política exterior de su país. Una misión que estaba revelándose especialmente difícil; había en el ambiente toda clase de tensiones, cada vez más graves, especialmente entre los anglosajones y la URSS. Y todo ello, en el contexto de la impresión generalizada de que Truman carecía de la capacidad necesaria para responder a los grandes retos que a un presidente de EE.UU. suscitaba una posguerra casi tan dura y tensa como la guerra misma.

Las prisas de Londres no eran injustificadas. Se quería anunciar la firme decisión, recién tomada por el Gobierno laborista de Clement Atlee, de suspender la ayuda militar a Grecia y Turquía. En el verano de 1946, ocho meses antes, los británicos se habían comprometido a reforzar la línea de resistencia formada por Grecia y Turquía (e Irán) frente a las presiones soviéticas. Ahora, Londres daba marcha atrás. La causa de ello eran las graves dificultades económicas por las que atravesaba la propia Gran Bretaña, y el sombrío panorama que, de cara a los meses subsiguientes, se cernía sobre todos los británicos.

En realidad, lo que estaba en trance de producirse era el reajuste inevitable: Estados Unidos, no sin reticencias, había de tomar el relevo del Reino Unido en el papel de superpotencia garante del hasta entonces indiscutido predominio anglosajón. Londres ya no tenía fuerza económica y militar suficiente para afrontar por más tiempo los inmensos gastos de todo un rosario de bases en el Mediterráneo (Gibraltar, Malta, Libia y Chipre), de

[5] Joseph Marion Jones, *The Fifteen Weeks, An Inside Account of the Genesis of the Marshall Plan*, Viking Press, Nueva York, 1956. Puede verse, para un extracto, Ramón Tamames, *Formación y desarrollo del Mercado Común Europeo*, Iber Amer, Madrid, 1965, págs. 45-50.

un sistema militar protector de la línea de comunicaciones Suez-mar Rojo-Adén-India, y de posiciones militares en el golfo Pérsico que implicaban el despliegue de toda una flota de guerra en el océano Índico, con prolongaciones de ese poderío militar hasta el Lejano Oriente: Singapur, Hong Kong y el Pacífico.

Toda esa amplia presencia británica, inteligente y tenazmente construida a lo largo de los siglos XVIII y XIX, empezaba a resquebrajarse, tanto por las reivindicaciones nacionalistas como por las implicaciones económicas. Birmania era ya independiente desde 1946. India, Pakistán y Ceilán alcanzarían su emancipación en 1948. En la península malaya había guerrillas. Y, en Oriente Medio, el nacionalismo árabe se desperezaba tras el nacimiento del Estado de Israel (1947-1948), que como foco de tensión ya no dejaría de generar conflictos hasta hoy mismo.

Y mientras todo eso sucedía en la estructura del otrora omnipotente Imperio Británico, EE.UU. se mantenía en una actitud más bien expectante, con notables fuerzas políticas internas proclives al desarme, incluso favorables al aislacionismo; una tesis que, en realidad, iba haciéndose difícil de sostener en un mundo cada vez más revuelto.

El cambio en esa actitud se produciría casi de manera súbita como una de las grandes mutaciones geopolíticas de nuestro tiempo, pues con la Doctrina Truman y el Plan Marshall nada volvería a ser igual. Definitivamente, EE.UU. se decidió a asumir las funciones imperiales que había venido eludiendo desde 1918, tras la Primera Guerra Mundial, y que todavía en 1945 la inmensa mayoría del pueblo norteamericano rechazaba por lo que podrían representar en términos de guerras, conflictos y sufrimientos.

La razón principal de ese cambio radicó en que, frente al protagonismo norteamericano, se erguía la aspiración de poderío de la URSS, cuyo objetivo era lograr a toda costa la hegemonía en todo el Viejo Continente. De haber seguido viviendo Roosevelt hasta el final de su mandato en 1948, tal vez las cosas hubieran evolucionado de distinta forma. Las relaciones soviético-norteamericanas quizá se hubiesen mantenido más templadas por la buena relación de los dos prohombres, uno un líder democrático, el otro un autócrata tenaz. Pero la muerte inesperada de Roosevelt pocas semanas después de Yalta, y la subida a la presidencia del hasta entonces oscuro vicepresidente Truman, seguramente suscitó en Stalin la definitiva convicción de que la posguerra podría ser para la expansión soviética aún más ventajosa en resultados que la misma dura y cruenta guerra contra Alemania. El nuevo designio imperial de EE.UU. frente a los soviéticos no iba a ser precisamente fácil.

Figura 20. La Guerra Fría desde 1947 a 1991 (desaparición de la URSS) frenó, durante casi medio siglo, la expansión del comercio internacional. El Kremlin simbolizó, durante ese periodo, el *niet* de los soviéticos a diversidad de propuestas de mayor intercambio comercial y financiero.

3. La doctrina truman (1947)

A la decisión británica de suspender el apoyo a Grecia y Turquía, EE.UU. respondió con la comprensión propia ante algo que inevitable-mente había de asumirse. La situación para las posiciones anglosajonas era grave. En Grecia, las guerrillas procomunistas presionaban en todo el norte del país contra el Gobierno de Atenas, que se encontraba al límite de sus posibilidades, en circunstancias económicas de auténtico desastre, con una penuria dramática de alimentos que mantenía el hambre a niveles aún similares a los calamitosos días de 1944, cuando se produjo la retirada alemana con sus prácticas de tierra calcinada.

En Turquía, a corto plazo, la situación no era tan seria. Pero la tormenta comenzaba a fraguarse. Desde 1945, la URSS reclamaba la reincorporación a su territorio de tres distritos fronterizos que habían sido rusos entre 1878 y 1920 (Dars, Ardahan y Artvin), planteando además al Gobierno de Ankara la necesidad de un control «conjunto» turco-soviético de los estrechos del Bósforo y de los Dardanelos.

En definitiva, la posibilidad del paso de Grecia y Turquía de la esfera de influencia anglosajona a la soviética era algo que estremecía por igual a británicos y norteamericanos. Sobre todo, teniendo en cuenta que meses antes, en 1946, ya se habían producido graves incidentes en Irán, donde la URSS había venido retrasando la salida de sus tropas de ocupación (que junto con las inglesas habían asegurado una política de Teherán no pronazi durante la guerra mundial).

En vez de desocupar el norte iraní en la fecha prevista (2 de marzo de 1946), los soviéticos fueron demorando su salida hasta el mes de noviembre en un intento, frustrado a la postre, de lograr su acceso al océano Índico. La decisión final de replegarse al Cáucaso, una decisión nada fácil para Stalin, fue el resultado de las duras advertencias de EE.UU., que todavía hasta 1949 detentó una supremacía militar indiscutible con el monopolio del arma atómica. Ese fue el primer episodio de la larga Guerra Fría que iniciada así en 1946, solo empezaría a dar fin después de 1953, tras la muerte de Stalin.

Pero los problemas no se limitaban a esa especie de falla sísmico-política en la zona sur de los acuerdos de Yalta, de la Conferencia celebrada en febrero de 1945 en el célebre balneario de Crimea, en el mar Negro, en la que Roosevelt, Churchill y Stalin pactaron el reparto de las esferas del poder anglosajón y soviético. En realidad, el panorama era mucho más complejo. En 1947, por la inmensa China avanzaban, sin contención posible, los ejércitos de Mao. En el sudeste asiático los vietnamitas, encabezados por Ho Chi Minh, estaban dispuestos a terminar con los intereses coloniales de Francia. En la península malaya, los guerrilleros ponían en un brete al Imperio Británico.

En la propia Europa Occidental, los avances electorales de la izquierda y la presencia de ministros comunistas en los gobiernos

Figura 21. John S. Truman (1884-1972), presidente 34.º de los EE.UU., sucedió a F. D. Roosevelt en 1945. Durante su primer mandato terminó la Segunda Guerra Mundial, al decidir Truman el empleo de la bomba atómica en Hiroshima y Nagasaki (Japón). Fue promotor del Plan de su mismo nombre para ayudar a Grecia y Turquía (frente a la URSS), precedente del Plan Marshall. En 1950 lideró la Guerra de Corea de la ONU contra la invasora Corea del Norte y la China de Mao.

de Italia y de Francia suponían una discrepancia fundamental con el planteamiento de un «mundo occidental» indiscriminadamente dominado por los anglosajones. Por otra parte, los stocks de alimentos, casi desaparecidos durante la guerra, apenas habían podido recomponerse a lo largo de los calamitosos años 1945 y 1946, por toda una secuencia de sequías y de inundaciones, y de inviernos –sobre todo el de 1947– de una dureza difícil de recordar. En la propia Inglaterra, en el primer trimestre de 1947, llegaron a suspenderse durante varios días algunos suministros de energía eléctrica debido a la insuficiencia de carbón. En definitiva, parecía como si toda Europa Occidental fuera a entrar en un colapso inevitable, con una Alemania que aún no había empezado a recuperarse de su derrota (y con un Japón, en el otro extremo, que era una sombra de miseria, de hambre y de toda suerte de dificultades).

La respuesta de EE.UU. a la petición británica de sustitución en la asistencia a Grecia y Turquía no se hizo esperar. El 12 de marzo de 1947, diecinueve días después de haber llegado la solicitud de Londres, el sucesor de Roosevelt en la Casa Blanca se dirigió solemnemente a una sesión conjunta del Congreso (Cámara de Representantes y Senado) anunciando la nueva política exterior de EE.UU.: «Apoyar a los pueblos libres que están resistiendo el intento de ser sometidos por minorías armadas o por presiones exteriores». Si Walter Lipman inventó la expresión *guerra fría* y Churchill la del *telón de acero*, Truman se apuntaba la figura retórica del *mundo libre*, que en las áreas subdesarrolladas y controladas por dictaduras militares fue por mucho tiempo una expresión con no poco de sarcasmo.

En su discurso, Truman pidió a los representantes y senadores de EE.UU. autorización para conceder 400 millones de dólares en ayuda a Grecia y Turquía. E igualmente recabó el permiso de enviar efectivos civiles y militares a esos dos países, y de recibir en EE.UU. a personal griego y turco para su adiestramiento. Los congresistas no regatearon su aplauso al presidente. El calor con que se recibió su mensaje fue significativo de la decisión unánime de establecer las primeras bases del nuevo imperio norteamericano en Europa, y de extenderlo al mundo entero.

4. La génesis del Plan Marshall (1948)

La decisión de Truman del 12 de marzo de 1947 –que el Congreso instrumentó del modo más diligente– tenía un objetivo político directo: mostrar la firme actitud de Washington a Moscú en el mismo momento en que, en la capital soviética, estaba reunida la Conferencia de Ministros de Asuntos Exteriores de todos los países aliados en la Segunda Guerra Mundial. Iniciada dos días antes, el 10 de marzo, la Conferencia de Moscú no finalizaría hasta el 24 de abril y, a lo largo de ella, fue poniéndose de relieve que entre los intereses de la URSS no figuraba como prioritario el de propiciar una rápida reconstrucción de Europa Occidental; y mucho menos de Alemania. Frente a esta actitud, Marshall empezó a considerar la posibilidad de extender la Doctrina Truman a toda Europa Occidental. En efecto, la larga duración de la Conferencia le permitió numerosos contactos con sus colegas y, a su vuelta a Washington, a finales de abril, destacó significativamente que uno de los temas más frecuentes en sus conversaciones había sido la escasez de alimentos, la penuria de combustible y la falta de materias primas para reanimar la producción. En definitiva, Marshall volvió convencido de Moscú de que si EE.UU. no ayudaba, ineluctablemente toda Europa quedaría dentro de la esfera de intereses de la URSS.

Lo que después sería la propuesta de Marshall en la Universidad de Harvard empezaba a perfilarse, abonándose el terreno para la futura siembra. No de otra manera debe interpretarse la posibilidad de que, con ocasión de la propia Conferencia de Moscú, se tomara la decisión de reajustar los gobiernos tripartitos de Francia e Italia. El 4 de mayo de 1947 salían los comunistas del gabinete francés; y el día 13 lo ha-cían del Gobierno de Roma.

Figura 22. George Marshall (1880-1959), secretario de Estado de Truman, entrando en la Universidad de Harvard a inicios del verano de 1947. Allí hizo su memorable discurso sobre la ayuda a Europa, que dio origen al Plan Marshall para la cooperación económica, y desde el cual se inició la integración económica de Europa Occidental por medio de la OECE y la ECA.

Pero el terreno también había de ser abonado en la propia Norteamérica. Este fue el sentido del discurso del subsecretario de Marshall, Dean Acheson, ante una institución de granjeros del sur de los EE.UU. conocida con el nombre de «Consejo del Delta», por referencia a ese espacio del Misisipi, una de las regiones agrícolas más prósperas de la Unión. Allí, en la pequeña localidad de Cleveland y en el ambiente caluroso de una fiesta rural, el 8 de mayo de 1947, Acheson se dirigió a una multitud de productores de algodón, cereales y carne. En sus palabras, puso de relieve que en 1947 EE.UU. exportaría por valor de 16.000 millones de dólares, importando solo por un monto de 8.000 millones. Esa diferencia, el déficit del resto del mundo de cara a EE.UU., implicaría para muchos países un sinfín de penurias, de dificultades y frustraciones, y Acheson dejó bien claro que EE.UU., para garantizar el futuro aumento de sus propias exportaciones, había de utilizar todos los medios a su alcance. La respuesta de empresarios y sindicatos fue positiva.

Esas palabras no eran fruto de ninguna improvisación. De modo que el papel del subsecretario de Estado, en los preparativos de lo que después se llamaría el Plan Marshall, difícilmente cabe exagerarla. Aún más, cuando todavía estaban en discusión los términos de la Doctrina Truman para Grecia y Turquía, Acheson había tomado la iniciativa, el 11 de marzo de 1947, de constituir un Comité tripartito —de los Departamentos de Estado, de Guerra y de la Marina— para que en el período de tres semanas se preparase un informe preliminar sobre qué países en Europa necesitarían con urgencia la ayuda de EE.UU. en términos económicos, financieros, de asistencia técnica y de envío de equipo militar. Los resultados de esos estudios, conocidos ya a principios de mayo en forma de avance, sirvieron de fundamentación para lo que Acheon dijo en Cleveland y, en definitiva, para la propia preparación del Plan Marshall. La conclusión era bien sencilla. Para salir de sus dificultades, Europa necesitaba una transfusión norteamericana de no menos de 5.000 millones de dólares anuales durante varios años consecutivos.

La propuesta del Plan Marshall se produjo un luminoso domingo, el 5 de junio de 1947, en la histórica Universidad de Harvard, cuando el secretario de Estado George Marshall, especialmente invitado para su investidura como doctor *honoris causa*, pronunció allí el más memorable discurso de su vida. En él defendió la necesidad de ayudar a Europa, todavía traumatizada por los efectos de la guerra, con su tejido económico destrozado, sin recursos materiales ni medios financieros. Y lo que era aún más grave, dijo, «sin confianza entre sus gentes respecto al futuro».

Marshall se refirió minuciosamente —con no poco de fisiócrata— al deterioro de las relaciones campo-ciudad en Europa, destacando las dificultades que de ello se derivaban para el abastecimiento. Asimismo, subrayó la carencia de lo más elemental para la industria, y aseguró que en estas condiciones la recuperación europea sería larga y llena de riesgos. Había, pues, que ayudar. Y si bien manifestó que no habría ningún condicionamiento ideológico para ello, entre líneas atacó con dureza las pretensiones de poderío de la URSS. En definitiva, el secretario de Estado expuso con toda claridad que era preciso un plan de recuperación de Europa, a esbozar por los propios países del Viejo Continente, y al cual EE.UU. daría, sin dudarlo, todo su apoyo.

5. Del Plan Marshall a la Alianza Atlántica (1949)

No es inexacto que el proyecto del Plan Marshall generase la máxima virulencia en las relaciones Este-Oeste. Sin embargo, como hemos visto con anterioridad, ya se apreciaban graves dificultades en el trato entre los antiguos aliados de guerra. Y más que Grecia y Turquía, el quid de la tensión radicaba en que EE.UU. y el Reino Unido asignaban una gran importancia a que Alemania se mantuviera en el área capitalista, sin ninguna posibilidad de que la URSS pudiera convertirla en un inmenso taller para sus designios de poderío mundial. En el fondo, Stalin seguía en la misma idea de Lenin de que solo una adhesión (o una incorporación forzosa) de Alemania a la causa del socialismo permitiría la revolución mundial.

Pero los proyectos anglosajones eran muy distintos. El rechazo de Roosevelt del Plan Morgenthau (que pretendía convertir Alemania en un país rural) y la recomendación de Churchill a los generales británicos −desvelada solo a la opinión pública en 1954− de que conservaran los stocks de armamento alemán en previsión de una posible confrontación con la URSS, fueron dos muestras de que la Guerra Fría estaba latente desde antes del Plan Marshall, incluso desde antes de terminar la guerra. Y esos primeros indicios no tardaron en confirmarse en el muy distinto giro que tomaron los acontecimientos en las dos Alemanias. En la Occidental, los desmantelamientos industriales se frenaron bien pronto y rápidamente se convocaron elecciones para dar a los Länder y a los municipios instituciones representativas. También, con notable celeridad, se crearon las condiciones para la unión económica de las zonas americana y británica (la Bizona), y poco después de la francesa (originándose de este modo la Trizona). En esa línea de actuación, no es extraño que el secretario de Estado norteamericano –predecesor de Marshall– James Byrnes anunciara, el 6 de septiembre de 1946, la aspiración norteamericana de consolidar la unión económica de toda Alemania.

Al año siguiente, en 1947, en la ya citada Conferencia de Moscú, se confirmó con toda nitidez la divergencia de puntos de vista sobre las dos Alemanias. En esas circunstancias, nadie se sorprendió de que poco después los soviéticos vieran en el Plan Marshall un instrumento de penetración del capitalismo norteamericano. Y desde un principio, no vacilaron en rechazarlo abiertamente «cerrando filas» en toda Europa Oriental y entre todos los partidos comunistas del mundo.

Los soviéticos, para contar con un dispositivo económico que abarcase a su área de influencia y que, por lo menos en apariencia, permitiera una similitud de la OECE –que ya funcionaba en París para la cooperación EE.UU-Europa Occidental–, se decidieron a promover el Consejo de Ayuda Mutua Económica (CAME), más conocido con el nombre de COMECON (véase el capítulo 9 de este libro), que desde 1949 y hasta 1989 garantizó el predominio del Kremlin frente a cualquier veleidad prooccidental en el Este.

6. El funcionamiento económico del Plan Marshall

En 1945, el más rígido bilateralismo imperaba en las relaciones económicas entre los países del Viejo Continente que, depauperados y endeudados por la guerra, se debatían entre la escasez de recursos y las inmensas necesidades originadas por la reconstrucción. 1946 y 1947 fueron años de transición entre el cese de las hostilidades y el comienzo de un vasto movimiento de cooperación internacional.

Entre 1945 y 1947 –Robert Triffin los llamó los «años del bilateralismo triunfante»– se firmaron más de doscientos acuerdos bilaterales de pagos o de *clearing* en Europa. Los acuerdos bilaterales diseñados en la forma que ya hemos visto en el apartado 1.4 llegaron a cubrir una parte muy importante del comercio intraeuropeo y mundial. La OECE estimó que, en 1948, los pagos realizados a través de convenios bilaterales cubrían el 61 por 100 del valor total del comercio exterior de Europa Occidental; los acuerdos de pago en libras esterlinas, entre los miembros del área de la libra, cubrían un 14 por 100; solo el restante 25 por 100 era reflejo del comercio pagado en dólares de EE.UU. o en monedas automáticamente convertibles.

En las circunstancias señaladas, Europa Occidental solo podía encontrar dos salidas: o la ayuda de EE.UU., único país en condiciones de concederla; o la planificación socialista, que al coste de una fuerte reducción temporal en el consumo permitiese incrementar la tasa de inversión. La primera de esas opciones fue la adoptada por Europa Occidental; la segunda la siguieron los países del Este, desde el punto y hora en que la URSS decidió que EE.UU. no interfiriera en su esfera de influencia con la ayuda Marshall.

La asistencia a Europa le interesaba a EE.UU. por dos razones esenciales. En primer lugar, porque ante la amenaza de una recesión de su propia economía, parecía del todo necesario mantener dentro de ella un nivel de actividad lo más elevado posible.

La segunda razón no era menos importante, y en parte ya nos hemos referido a ella: los avances electorales social-comunistas en Francia e Italia, y el propio proceso de nacionalización laborista en el Reino Unido, hacían meditar sobre la cada vez más difícil pervivencia del sistema capitalista.

Tras el discurso del 5 de junio de 1947 en Harvard, la reacción del otro lado del océano fue inmediata. El 27 de junio, los ministros de Asuntos Exteriores de la URSS, Francia y el Reino Unido tuvieron un intercambio de puntos de vista, quedando clara la decisión soviética (que actuaba como «portavoz» de los demás países del Este) de rechazar la ayuda norteamericana. Tras esa negativa de Moscú, el Reino Unido y Francia convocaron a los países de Europa Occidental (salvo España) a una conferencia en París, que se inició el 12 de julio y en la cual se constituyó un Comité Europeo de Cooperación Económica, embrión de la futura OECE.

El Comité trabajó durante todo el verano de 1947 para redactar un informe exponiendo y justificando las necesidades europeas de importación de la zona del dólar. Terminado el estudio –Informe de París–, la Conferencia se reunió nuevamente para examinarlo. Una vez aprobado, se remitió –el 22 de septiembre de 1947– a las autoridades norteamericanas.

El Congreso de EE.UU. trabajó rápido, y el 3 de abril de 1948, el presidente Truman firmaba la Ley de Asistencia al Extranjero (*Foreign Assistance Act*) de apoyo al Programa de Recuperación Europea. Así se inició oficialmente el Plan Marshall (también de manera oficial terminaría el 30 de septiembre de 1951, el mismo día en que se decretó la disolución de la Administración de Cooperación Económica, ECA, agencia federal de los EE.UU. creada para organizar la ayuda). El 16 de abril de 1948 se firmó en París el convenio constitutivo de la Organización Europea de Cooperación Económica, OECE, de la que solo quedaron excluidas España y Finlandia. Nació de ese modo la agencia europea del Plan Marshall y se puso en marcha el circuito del Plan, que se resume a continuación.

- Las empresas y entidades europeas interesadas solicitaban la consignación de dólares para sus respectivos proyectos con implicación de importaciones.
- Los proyectos eran examinados por las autoridades europeas y por la ECA. Para cada proyecto concreto que le parecía conveniente, la ECA daba su autorización y las autoridades europeas lo subautorizaban.
- Una vez subautorizado el proyecto, la ECA pagaba en dólares al exportador –casi siempre norteamericano–, y el titular de la subautorización depositaba el contravalor en su moneda nacional en el Banco Central de su país. Este, cuando la ECA se lo requería, hacía la correspondiente transferencia a la cuenta especial de contrapartida de la ECA.
- La contrapartida en moneda nacional así generada se distribuía en porcentajes variables y para fines diversos. De un 10 a un 15 por 100 se aplicaba a los gastos de las misiones norteamericanas en Europa. El resto se entregaba como donación al gobierno en cuestión, para la realización de obras públicas, mejora de ferrocarriles y carreteras, enseñanza técnica y otras actividades sobre las que la ECA hubiese dado su visto bueno. Entre 1946 y 1951 el Plan Marshall y algunos mecanismos complementarios facilitaron fondos por 30.000 millones de dólares: el 64 por 100 como donaciones, y el resto como préstamos.

Figura 23. Paul G. Hoffman (1891-1974), político y economista de EE.UU. que, desde la ECA (Administración del Plan Marshall desde Washington DC), preconizó la cooperación e integración económica en Europa Occidental. Lo hizo a base de liberalizar intercambios mediante la OECE y pagos mediante la Unión Europea de Pagos. También, con el impulso de los proyectos iniciales de unión aduanera como base ulterior de la CEE.

7. La declaración Schuman y después

Una de las facetas más importantes del Plan fue la de su incidencia en la cooperación intraeuropea. En este sentido, el convenio constitutivo de la OECE era algo más que un acuerdo para distribuir la ayuda Marshall. Y, aunque las actividades de la OECE durante sus primeros dieciocho meses de vida se polarizaron en esa función, ya durante la primera fase no faltaron declaraciones gubernamentales y presiones de EE.UU. en favor de una auténtica cooperación económica intraeuropea.

Pero fue solo en el último trimestre de 1949 cuando la ECA centró sus preocupaciones en la cooperación. El 31 de octubre de ese año, Paul Hoffman, jefe de la ECA, se expresó en términos muy claros ante el Consejo de la OECE: «Dos tareas tienen que afrontar Europa y la ECA durante la segunda mitad del Plan Marshall. Europa tendría que equilibrar sus necesidades y recursos en dólares, lo que implica un aumento de las exportaciones, así como el control de la inflación. Pero el cumplimiento de esta tarea no será significativo a menos que se logre una economía en expansión en Europa Occidental, mediante la integración económica. En sustancia, la integración sería la formación de un único y gran mercado, dentro del cual desaparecerían las restricciones cuantitativas a la circulación de mercancías y las barreras monetarias a los pagos; y eventualmente, los aranceles podrían ser suprimidos para siempre».

La propuesta de Hoffman tuvo un gran impacto. Trazó claramente el camino a seguir, dejando en un segundo plano el complejo problema de la Unión Aduanera. Los norteamericanos, que podían enjuiciar la situación de Europa más fríamente que los propios europeos, se dieron perfectamente cuenta de que cualquier clase de ayuda no sería suficientemente eficaz si desde el mosaico de pequeños mercados separados del Viejo Continente no se evolucionaba hacia una mayor libertad de tráfico entre sus múltiples componentes.

El solo anuncio del Plan Marshall puso en marcha el primer convenio intraeuropeo de pagos. Ulteriormente, la creación de la OECE permitió realizaciones tan importantes como la Unión Europea de Pagos y la liberación del tráfico de mercancías y de invisibles. A la postre, el Plan Marshall también permitió que funcionaran el Fondo Monetario Internacional y el Acuerdo General sobre Aranceles Aduaneros y Comercio (GATT). Sin los dólares que libró la ayuda, no habría habido liquidez para activar el comercio mundial y para hacer posible el juego de los dispositivos del FMI. Y sin esa expansión comercial, en el GATT apenas se habrían superado las primeras negociaciones arancelarias. Y en cuanto al BIRF, al resolver el Plan lo esencial de los problemas de los países de Europa Occidental, permitió que prestase su máxima atención a los PMD.

Por lo demás, la ayuda Marshall tuvo consecuencias muy importantes en la ulterior conformación económica de Europa. Así lo reconoció Jean Monnet, llamado «Padre de Europa» por haber sido el máximo inspirador de la política de integración. En 1963, Monnet manifestó que «desde el Plan Marshall [...] el apoyo americano para la unión de Europa jamás disminuyó [...] siendo el más grande valor en la acción que condujo al punto a que hemos llegado en la unificación de Europa». Con esto no se quiere decir que sin el Plan Marshall no hubiera habido primero cooperación y después integración económica (la CECA, la CEE y el Euratom). Lo que significa es, simplemente, que de hecho el verdadero comienzo de la cooperación europea fue resultado de las condiciones impuestas por EE.UU. en el momento de conceder su ayuda.

Dejemos constancia, por último, que en 1961 la OECE se transformó en la Organización de Cooperación y Desarrollo Econó-

Figura 24. Berlanga y Bardem, como guionistas de esta película (1953, dirigida por Berlanga), pusieron en escena las ilusiones y frustraciones de España en materia del Plan Marshall, que tuvo un más modesto remedo en los Pactos España/EE.UU. de 1953.

mico, incluyendo los previos socios europeos a los cuales se unieron EE.UU. y Canadá. Posteriormente fueron incorporándose otros países, que para ser admitidos hubieron de llegar a un cierto nivel de desarrollo y reunir condiciones como las de economía de mercado, libre empresa, etc. A la OCDE, que realiza trabajos de análisis económico, previsiones y coordinación de políticas, se la caracteriza generalmente como el club de los países más avanzados, que en el 2009 incluía un total de 31 países[6]:

Alemania	Finlandia	Noruega
Australia (*)	Francia	Nueva Zelanda (*)
Austria	Grecia	Polonia (*)
Bélgica	Hungría	Portugal
Canadá	Holanda	República Checa (*)
Com. Europea (*)	Irlanda	Reino Unido
Corea (*)	Islandia (*)	Suecia
Dinamarca	Italia	Suiza
Eslovaquia (*)	Japón (*)	Turquía
España	Luxemburgo	
EE.UU.	México (*)	

---

[6] Los países sin asterisco fueron los fundadores en 1961.

Capítulo 3
El Sistema Monetario Internacional del FMI[1]

1. Del patrón oro al Fondo Monetario Internacional (FMI)

Las relaciones económicas internacionales, ya sea comercio de bienes, intercambio de servicios, transferencias por los diversos conceptos (remesas de emigrantes, donaciones, etc.) o movimientos de capital, exigen la materialización de unos pagos en oro, en monedas aceptadas por ambas partes, que generalmente recibe el nombre de divisas, o en efectos (cheques, letras de cambio, pagarés, etc.).

En la era del librecambio, al encontrarse los principales países dentro del régimen de patrón oro (sus monedas eran convertibles en ese me-tal a un tipo de cambio fijo), los pagos internacionales no ofrecían, desde el punto de vista técnico, mayores dificultades. Las transacciones de todo tipo se liquidaban en cualquiera de las monedas convertibles en oro. En el caso de los países no insertos en el sistema, la realización de los pagos internacionales se hacía en divisas convertibles (generalmente dólares o libras esterlinas), adquiridas en los mercados locales o internacionales a cambio de la propia moneda nacional al tipo fluctuante al que se cotizaba en cada momento[2].

Con el abandono sistemático del patrón oro clásico durante el período de entreguerras, 1931-1939, la situación de fluidez en los pagos internacionales cambió radicalmente. Casi todas las monedas –excepto el dólar, y aun así con una serie de limitaciones– dejaron de ser convertibles en oro, y el comercio internacional pasó

---

[1] Capítulo 3 de *Estructura económica internacional* (Alianza Editorial, Madrid, 2009, 21.ª ed.).

[2] Para un estudio del sistema del patrón oro, puede verse la obra ya clásica de P. T. Ellsworth *Comercio internacional*, FCE, México, 1955 (la primera edición inglesa data de 1938), págs. 155-211. Para el período subsiguiente al abandono del patrón: J. B. Condliffe *La reconstrucción del comercio mundial*, Sudamericana, Buenos Aires, 1942.

a realizarse en buena parte a través del sistema de *clearings*, al que ya nos referimos en el capítulo 1 al ocuparnos del bilateralismo.

La rigidez de ese sistema de pagos comportó una fuerte contracción del comercio internacional, así como el uso sistemático de la devaluación (el cambio a la baja de la paridad teórica autodeclarada de cada moneda con respecto al oro o al dólar) como arma de uso doble: para aumentar el grado de competitividad en las exportaciones y para obstruir las importaciones.

Esa situación provocó un verdadero marasmo en las relaciones económicas internacionales entre 1929 y 1939, el período tan reiteradamente citado de la Gran Depresión, de la cual no podía salirse sino a través de dos vías: la vuelta a la convertibilidad oro de las monedas (restauración del patrón), o el establecimiento de algún tipo de disciplina monetaria internacional.

El primer camino no presentaba viabilidad a largo plazo, ya que de ensayarlo un país concreto por sí solo, como de hecho lo intentó el Reino Unido, entre 1926 y 1931, manteniéndose los demás al margen de la convertibilidad, el resultado sería (por las operaciones de conversión que hiciesen estos últimos) la liquidación de las reservas de metal amarillo del país con patrón oro.

El segundo camino, concebido como la instrumentación de una cierta disciplina monetaria internacional, empezó a plantearse, tímidamente, en 1936. Ese primer atisbo de reglamentación monetaria internacional fue el llamado «Acuerdo Tripartito sobre tipos de cambio», concluido el 25 de septiembre de aquel año por Estados Unidos, Reino Unido y Francia, justamente tras la devaluación del franco francés[3]. Con el Acuerdo Tripartito, al que más tarde se unieron Bélgica, Holanda y Suiza, se acordó mantener tipos de cambio fijos entre las monedas de los países adherentes al Acuerdo, así como no recurrir a la devaluación como arma competitiva. Se establecía de esta forma un primer registro internacional de las paridades, precedente del sistema que más adelante adoptaría el Fondo Monetario Internacional.

Los intentos de extender el Acuerdo Tripartito no tuvieron éxito, lo cual no resultó extraño en una época de tensiones internacionales como fue la que transcurrió entre 1936 y 1939, y que el 1

---

[3] L. B. Yeager, *International Monetary Relations*, 1966, págs. 317 y sigs.

de septiembre de ese último año se transformó en una contienda bélica generalizada. Fue precisamente a lo largo de esta, y sobre la base del núcleo anglosajón y de sus aliados, como empezó a prepararse algún tipo de cooperación monetaria internacional para la posguerra.

Figura 25. En su libro *La mitad del mundo que fue de España*, Ramón Tamames se ocupó del real de a ocho, la moneda española de plata que, durante los siglos XVI-XVIII, fue la más importante del mundo, al tiempo de origen del mismo dólar de EE.UU.

Esas conversaciones durante la Segunda Guerra Mundial sobre la cuestión monetaria fueron largas y prolijas[4], si bien en julio de 1944, tras el enfrentamiento de las tesis de John Maynard Keynes y Harry Dexter White (EE.UU.), se llegaba en Bretton Woods a un acuerdo para la creación del Fondo Monetario Internacional (FMI), que más tarde fue incluido en el sistema de las Naciones Unidas.

Desde entonces, el FMI, por su capacidad de adaptación a las circunstancias cambiantes, ha venido siendo el centro institucionalizado del sistema monetario internacional, que estuvo vigente hasta 1972, así como foro para cuestiones de financiación.

Todo ello referido al mundo capitalista porque, si bien la URSS participó en la Conferencia de Bretton Woods, no llegó a formar parte del FMI. Otros países de la órbita comunista, como Polonia

---

[4] Pueden verse excelentes resúmenes de estas conversaciones en el libro de M. Varela *El Fondo Monetario Internacional* (Guadiana de Publicaciones, Madrid, 1968, págs. 23 y sigs.), así como en el capítulo II de la obra de J. Sardá *La crisis monetaria internacional* (Ariel, Barcelona, 1968).

y Checoslovaquia, sí llegaron a ser miembros, aunque salieron de él ulteriormente: Polonia se retiró en 1950 y Checoslovaquia fue expulsada en 1954. Cuba lo abandonó en 1964 y la China Popular no llegó a ingresar en él. Así, pues, prácticamente todo el mundo socialista se encontró al margen del sistema del FMI hasta 1990[5]. Sus mecanismos de pagos con el mundo capitalista se basaban en sistemas de *clearings* bilaterales –los mismos que tan activamente funcionaron en Europa Occidental entre 1945 y 1947[6]– o, simplemente, en el empleo de oro o de divisas convertibles para la liquidación de operaciones.

El FMI es un organismo especializado de las Naciones Unidas que desempeña tres clases de funciones interrelacionadas: establecía las normas del sistema monetario internacional (hasta 1972), presta asistencia financiera en determinados casos a los países miembros y actúa como órgano consultivo de los gobiernos.

2. Las normas básicas del FMI

El sistema monetario internacional, tal como se configuró en el Convenio constitutivo del FMI –y en sus modificaciones, textos complementarios y relaciones diversas con otras unidades–, consistía teóricamente en un patrón de cambios-oro cuyas bases se regulaban por normas específicas sobre paridad de las monedas, su modificación (devaluaciones o revaluaciones), y especificaciones en lo relativo a las restricciones comerciales y controles monetarios. A continuación nos referimos a cada uno de estos aspectos[7].

---

[5] Realmente, la excepción fue Yugoslavia, que sí fue siempre miembro del FMI.

[6] Sobre los problemas monetarios europeos de esa época, obras básicas siguen siendo *El caos monetario*, de Robert Triffin (FCE, México, 1961) y *Los orígenes del desorden económico internacional*, de Fred L. Block (FCE, México, 1980).

[7] Las normas iniciales del FMI se modificaron sustancialmente en dos ocasiones. La primera en 1968, para introducir los Derechos Especiales de Giro que explicamos en la sección 3.5. La segunda, en 1978 para legalizar la flotación de las monedas y para desmonetizar el sistema monetario internacional (sección 3.13). A lo largo de las secciones 3.2 y 3.3 veremos las normas fundacionales del FMI; en las 3.4 a 3.9 las transformaciones habidas entre 1967 y 1971, y en las 3.10 a 3.12, los estudios preparatorios –en el contexto de la crisis monetaria y general– que, entre 1972 y 1976, condujeron a una revisión profunda del texto constitutivo del FMI (3.12).

- La fijación de la paridad de cada moneda nacional con el oro y el dólar. Cada país miembro del FMI venía obligado –salvo en circunstancias excepcionales– a declarar el valor de cambio de su moneda en términos de gramos de oro fino (es decir, puro al 100 por 100) y asimismo en relación con el dólar, cuya paridad en 1944 era de 35 dólares por una onza de oro fino (equivalente a 31,10 gramos). El establecimiento de la paridad, que implicaba la aspiración de mantener un cambio prácticamente fijo, comportaba además la obligación de adoptar y aplicar las medidas para sostenerlo efectivamente, de forma que el cambio real no se apartase, en más o en menos, del 1 por 100 del tipo central declarado.
- El cambio de paridad, por devaluación o revaluación, debía ajustarse a determinados requisitos, siempre previa consulta con el FMI. Hasta un 10 por 100 de modificación, el cambio de paridad podía hacerse sin que el FMI realizase objeciones. Pero, en caso de que la variación fuese superior a ese porcentaje, el país en cuestión debía comunicarlo al FMI, demostrando que no se encontraba en dificultades simplemente transitorias, sino que se enfrentaba con la necesidad de corregir un «desequilibrio fundamental» de su balanza de pagos.
- El artículo VIII del Convenio constitutivo del FMI, en congruencia con las aspiraciones de facilitar la expansión internacional, establece que, en principio, los Estados miembros deben garantizar el comercio multilateral libre, sin restricciones de ninguna clase, así como la convertibilidad exterior de sus monedas.

3. La actividad financiera del FMI[8]

Como ya hemos indicado de pasada, para mantener el sistema monetario internacional en funcionamiento era preciso contar con medios suficientes que permitieran resolver los diferentes

---

[8] Joaquim Muns Albuixech, *Un economista español en la arena internacional*, discurso de aceptación del Premio Rey Juan Carlos de Economía, Fundación José Celma Prieto, 2008.

tipos de problemas. En ese sentido, hasta 1969 funcionaron las reglas fundacionales de Bretton Woods, es decir, se intentó amortiguar los desequilibrios transitorios de balanza de pagos de los países miembros, contribuyendo a la cobertura de su déficit, para evitar el descenso del nivel de sus reservas de divisas por debajo de un punto de peligro que pudiera obligar a la devaluación.

En un plano no individual sino global, el FMI garantizaba una situación adecuada de liquidez internacional; en otras palabras, el volumen de medios internacionales de pagos debía expandirse en la medida en que lo exigían las necesidades de crecimiento del comercio internacional, al igual que en el plano nacional la circulación fiduciaria debe crecer a un ritmo adecuado para asegurar un nivel satisfactorio de actividad económica.

Para atacar los dos referidos problemas, el FMI trabajaba en un doble frente: facilitando recursos a los países miembros que los requerían, y preocupándose por la formulación de métodos con los cuales mantener un nivel correcto de liquidez. A continuación entramos en cada uno de ambos asuntos.

3.1. Recursos ordinarios y créditos *stand by*

La propia palabra *fondo* significa, precisamente, la constitución de un acervo común de recursos para la cooperación entre los distintos suscriptores del mismo, de manera que en el FMI cada país participa con una determinada cuota, fijada en función de una serie de magnitudes como son su renta nacional, las reservas de divisas que posee y el volumen de sus importaciones y exportaciones. Normalmente, en el momento de ingresar, queda señalada la cuota del nuevo socio. En el 2002, con 183 países miembros, las cuotas ascendían en total a 212.415 millones de DEG (268.703 millones de dólares)[9].

En esta sección estudiamos cómo funcionó el sistema de cuotas y de créditos del FMI hasta 1971 *de facto* y *de iure*, y entre 1971 y 1978 solo *de iure*. El sistema actual de cuotas, y la forma vigente de financiación a los países miembros, pueden verse en la sección 3.14.

Formalmente hasta 1978, pero de hecho solo hasta 1971, de su cuota cada país depositaba una cantidad en oro en uno de los

---

[9] Según el *Informe anual 2002* del propio FMI.

cuatro bancos depositarios del Fondo: el Banco de la Reserva Federal de Nueva York, el Banco de Inglaterra, el Banco de Francia y el Banco de la India. La cuota-oro equivalía al 25 por 100 de la cuota total; este «tramo-oro» podía quedar a niveles más reducidos, y concretamente al nivel del 10 por 100 de las reservas de oro y dólares del país en cuestión.

Figura 26. Harry Dexter White y John Maynard Keynes, representantes de EE.UU. y el Reino Unido, respectivamente, en la Conferencia de Bretton Woods (1944) para la configuración del Fondo Monetario Internacional (FMI) y el Banco Mundial. J. M. Keynes sostuvo la tesis de un banco emisor de una moneda mundial (el bancor). Pero, al final, predominó la idea de H. D. White del patrón cambio dólares-oro, y del predominio del propio dólar como referencia para los cambios fijos de cada moneda nacional con el oro y el dólar.

El resto de la cuota se depositaba en moneda nacional en una cuenta («cuenta número 1») abierta en el Banco Central del país miembro. En esa cuenta se registraban todas las operaciones relacionadas con el FMI.

La cuota así fijada servía de base para medir el poder de voto (250 puntos para cada socio, más un voto por cada 100.000 DEG de cuota), así como para determinar el máximo volumen de recursos del Fondo del que podían disponer los países miembros para resolver sus problemas de balanza de pagos.

Cualquier país socio del FMI podía obtener recursos –contra entrega siempre de un valor equivalente de su propia moneda– hasta por un 125 por 100 de su cuota. Esto en el supuesto de que el país beneficiario hubiese entregado previamente el 25 por 100 de su cuota en oro, ya que el FMI no podía tener nunca en moneda nacional de un país miembro una cifra superior al 200 por 100 de su cuota. De forma que, por ejemplo, si un país tenía una cuota de 250 millones de dólares (con un depósito en oro de 62,5 millones de dólares), el máximo de recursos de que en principio podía disponer era de 312,5 millones.

En el momento de ejercitar el derecho a obtener estos recursos –que estaba sometido a una serie de condiciones de tiempo, comisiones, etc., en cuyos detalles no vamos a entrar aquí– el país en cuestión tenía que comprometerse a recomprar el monto de su moneda nacional en un plazo previamente convenido.

Las posibilidades ordinarias de obtención de recursos del FMI que figuraban en su Convenio constitutivo se reforzaron, ulteriormente, con los llamados «créditos contingente» o «créditos *standby*». Conforme a este sistema, podían ser sobrepasados los topes antes mencionados sobre la base del sistema de cuota. Con la antelación suficiente, y a través de las oportunas conversaciones, un país miembro que previese dificultades futuras en su balanza de pagos podía obtener del FMI la garantía de poder girar, siempre entregando a cambio el contravalor en moneda nacional, por una determinada cantidad de divisas que previsiblemente fuera a necesitar.

En el acuerdo, que oportunamente se formalizaba, era fijada la cantidad de crédito, los intereses, crecientes en función del monto obtenido, y el plazo de recompra de la propia moneda, que podía llegar hasta los cinco años. Por tanto, los créditos *stand-by* eran un mecanismo que normalmente se utilizaba para dificultades no simplemente transitorias, sino más bien a plazo medio, como mínimo.

Este mismo caso era el de los llamados créditos *swap* y de los créditos obtenidos dentro del «Club de los Diez», que funcionaba en estrecha relación con el Fondo y que pasamos a analizar.

3.2. Créditos *swap* y el Club de los Diez

Los acuerdos bilaterales de crédito o créditos *swap* consisten, simple-mente, en la compra o venta de divisas al contado contra la venta o compra de esas mismas divisas a un plazo fijo. Son operaciones que se practican exclusivamente entre bancos centrales. Concertados por primera vez en 1962, alcanzaron una extraordinaria difusión como línea de liquidez complementaria del FMI.

Por otra parte, en octubre de 1962 entró en vigor el Acuerdo General de Préstamos (*General Agreement to Borrow*, o simplemente GAB), conforme al cual los bancos centrales del llamado «Grupo de los Diez» (Estados Unidos, Reino Unido, R. F. de Alemania, Francia, Italia, Japón, Holanda, Canadá, Bélgica y Suecia; Suiza se incorporó en 1963) acordaron otorgar, para los casos de emergencia, hasta un monto global de 6.000 millones de dólares de crédito al FMI, en sus respectivas monedas nacionales, para préstamos financieros a los cuales el Grupo de los Diez debía conceder previamente su visto bueno. Esta clase de créditos se utilizó por primera vez en 1964 para ayudar a la libra esterlina.

Figura 27. Fort Knox, Kentucky, instalación del Ejército de EE.UU., donde se custodia lo principal de las reservas de oro del país, que hasta 1972 servían de encaje metálico de los dólares papel en circulación en todo el mundo.

4. El sistema monetario internacional dirigido: el patrón dólar

Las líneas de liquidez mencionadas en el apartado 3.2 vinieron a dotar al sistema de consistencia suficiente para resistir los embates de desconfianza, que desde 1960 se acentuó por el crecimiento del peso del dólar dentro del patrón de cambios-oro. Concretamente, entre 1949 y 1968, los dólares-billete, en el exterior de EE.UU., pasaron de 6.400 a 35.700 millones, y durante el mismo lapso de tiempo, las reservas oro en poder de EE.UU. se contrajeron de 24.600 a 10.400 millones de dólares.

Esa expansión fiduciaria del dólar se vio consolidada por medio de una serie de acuerdos bilaterales de Estados Unidos con varios bancos centrales, en virtud de los cuales estos últimos renunciaron a reclamar la convertibilidad de sus reservas de dólares. Esas medidas fueron las que, en buena medida, permitieron la fuerte penetración norteamericana en todo el mundo capitalista a lo largo de las décadas de 1960 y 1970.

Ante una situación como la expuesta, de creciente desconfianza frente al dólar y de persistentes presiones en pro de su devaluación, las alternativas del Gobierno de Washington eran dos. Por un lado, elevar el precio del oro, aumentando con ello el valor nominal de su reserva oro –lo cual suponía devaluar el dólar–, para afianzar de esa manera la convertibilidad del dólar. De otro lado, EE.UU. podía tender a recrecer su reserva de oro, sin incrementar su precio, sobre la base de eliminar el déficit de su balanza de pagos.

La última solución no resultaba posible sin restringir de forma drástica las inversiones exteriores norteamericanas y sin variar el signo belicista de la política exterior de EE.UU. como gran gendarme internacional del capitalismo. La primera alternativa resultaba igualmente difícil, debido a la compleja estructura de la economía norteamericana, necesitada de amplias importaciones, y al propio tiempo ligada a las exportaciones de capital.

En síntesis, las dos alternativas eran igualmente poco deseables para el poderío norteamericano. La salida, pues, apenas ofreció dudas para EE.UU.: reforzar el FMI para inyectar en él un componente adicional (Derechos Especiales de Giro, DGE) que, en lo sucesivo, permitiese proseguir el funcionamiento del sistema monetario internacional basado en el patrón dólar de cambios-oro. Un patrón, por lo demás, más teórico que real, debido a los compromisos adquiridos por parte de un buen número de los bancos centrales occidentales de no reclamar a EE.UU. la conversión de sus reservas de dólares en oro.

Llegamos así a una doble conclusión: desde un principio, el sistema monetario internacional (SMI) estuvo gobernado por los intereses expansivos de EE.UU.; por otra parte, el FMI fue separándose de los es-quemas tradicionales del patrón oro, e ir transformando paulatinamente el sistema monetario internacional en un patrón fiduciario internacional con base en el dólar.

Con el instrumento de los DEG –que pasamos a estudiar– se entró en una nueva fase, la de un patrón monetario internacional dirigido. Dirigido también por EE.UU.

5. La reforma del FMI. Los derechos especiales de giro (DEG)[10]

La necesidad de plantear una revisión del sistema monetario internacional databa de los últimos años de la década de 1950, tanto por los problemas objetivos ya analizados, de recelo frente al dólar, como por las presiones francesas (tesis Rueff) de volver al patrón oro según los puntos de vista oficialmente expuestos en varias ocasiones por el general De Gaulle a partir de 1958.

El punto de arranque de los DEG podría fijarse cronológicamente en las propuestas hechas por el presidente Kennedy en 1961, sobre aumento de la liquidez a través de algún mecanismo nuevo, distinto de la producción de oro y de las monedas de reserva.

Se abrió de este modo un período de presentación de gran número de proyectos de reforma del sistema monetario internacional, dentro de los cuales cabía distinguir claramente entre los de carácter supranacional y aquellos con los que se aspiraba, simplemente, a un más intenso grado en la cooperación mantenida hasta ahora[11]. Entre los proyectos del primer grupo destacaron el de Robert Triffin (1962) y el de Maxwell Stamp (1964)[12].

El proyecto de Triffin, siguiendo las proposiciones ya hechas por Keynes en 1944, planteaba la transformación del FMI en un auténtico banco central supranacional, en el que se centralizasen las reservas de todos los países, y que tuviese capacidad para crear dinero. Propuesta muy ambiciosa que, a pesar de su gran interés teórico (y práctico a largo plazo), no fue tenida en cuenta. Otro tanto sucedió con la segunda propuesta de carácter su-

---

[10] Puede verse un análisis sintético de las diversas propuestas en el capítulo VI de la obra del profesor Sardá ya citada en la nota 3.

[11] Segunda parte del libro de R. Triffin ya citado en la nota 5.

[12] Su versión definitiva puede verse en «The Stamp Plan 1964 Version», en *World Monetary Reform-Plans and Issues*, lecturas compiladas por H. C. Grubel y publicadas por la Universidad de Stanford (California) en 1963. A esta compilación de textos nos referimos en lo sucesivo como *WMR*.

pranacional, la de Mawxell Stamp, según la cual el FMI debía pasar a conceder créditos a los PMD, con base en certificados oro a colocar entre los países miembros del Fondo con monedas más estables.

Las demás propuestas no tenían carácter «supranacional» y, en mayor o menor grado, contribuyeron a la solución final de los DEG. Así ocurrió, por ejemplo, con la propuesta de X. Zolotas, gobernador del Banco de Grecia, sobre la existencia de una multiplicidad de monedas de reserva (aparte de las tradicionales, la libra esterlina y, sobre todo, el dólar) que tuviesen una «supergarantía» de valor constante en términos de oro[13]. En esa misma dirección, aunque con diversos matices en los planteamientos, se presentaron las propuestas de R. V. Roosa, ex subsecretario del Tesoro de EE.UU.[14] y la de S. Posthuma, dirigida fundamentalmente a los bancos centrales de los países de la CEE[15].

Otra propuesta de interés fue la formulada por E. Bernstein, que lanzó la idea de una URC, «unidad de reserva compuesta», que estaría apoyada en las tenencias de oro de los países industriales, y que progresivamente iría sustituyendo a las tradicionales monedas de reserva[16].

Finalmente, el Grupo de los Diez, con carácter informal, designó al economista Ossola, del Banco de Italia, como presidente de un grupo de expertos al que se encargó preparar un informe de base para los trabajos ulteriores del FMI. Con ese dictamen en su poder, y después de muchas discusiones, el Fondo presentó un proyecto a los países miembros, con ocasión de la Asamblea Anual de 1967, celebrada en Río de Janeiro en el mes de septiembre. En esa ocasión quedó autorizado, en principio, el nuevo sistema de los DEG. Perfeccionado en algunos de sus detalles, se aprobó por la Junta de Gobernadores del FMI en su reunión del 31 de mayo de 1968.

---

[13] Xenophon Zolotas, «Towards a reinforced Gold Exchange Standard», en *WMR* (cit. en nota número 10).

[14] Robert V. Roosa, «Assuring the Free World's Liquidity», en *WMR* (cit. nota 10).

[15] S. Posthuma, «The International Monetary System», en la revista *Banca Nazionale del Lavoro* (Roma), septiembre de 1963.

[16] Edward Bernstein, «Proposed reforms in the International Monetary System», en *WMR* (cit. en nota núm. 10).

Figura 28. Jacques Rueff (1896-1978), economista francés, gran defensor de volver al patrón oro durante los años 40 y 50 del siglo XX, por el apoyo que tuvo de Charles de Gaulle. En ese sentido, contribuyó a la caída del sistema monetario internacional (SMI) del FMI al abandonarse su patrón de cambios oro-dólar por el ulterior sistema de cambios flotantes y al final... de verdadera hegemonía del dólar y no del oro.

Los DEG son simples partidas contables de una cuenta especial llevada por el FMI, que se asigna a cada país afiliado en proporción a su cuota en el Fondo[17]. Aunque los DEG figuran en las cifras oficiales de reservas de los diversos países, no pueden ser utilizados en la compra de bienes y servicios, y su utilidad estriba en que, mediante ellos, los países con situación de escasa liquidez pueden conseguir divisas utilizables transfiriéndolos a otros países miembros del FMI.

Los DEG solo pueden utilizarse por los socios del Fondo en situación de déficit de balanza de pagos y que estén perdiendo reservas. Comunicada la aspiración de utilizarlos, el director gerente del FMI designa un país en ese momento excedentario para que entre en el trueque de DEG por divisas convertibles en favor del país en déficit.

Las ventajas de los DEG sobre los recursos ordinariamente obtenibles del FMI consisten en su generalidad, ya que cualquier país en dificultades puede beneficiarse de su libramiento. Ventajas adicionales son su semiautomatismo y su no vencimiento a plazo fijo. Claro es que el país usuario de los DEG ha de adquirir el compromiso de que en un momento ulterior, cuando su situación de balanza haya cambiado de signo, aceptará DEG de otros países en situación de balanza de pagos por entonces adversa.

La importancia de los DEG estriba en que crean una nueva línea de liquidez internacional, basada en los excedentes de divisas de los países miembros, que de esta forma, sin perder su volumen

---

[17] Samuel Schweitzer, «Cómo funcionan los DEG», en *ICE*, núm. 434, octubre de 1969, págs. 173 y sigs.

contable de reservas, las ceden para paliar la situación de los países que se encuentran en déficit. Siendo el DEG un valor concreto, hasta 1974 se equiparó al dólar, y con la crisis de este en 1974 se pasó a un valor cesta (véase 12).

Precisamente ese carácter de moneda cesta (formada por dólar, 45 por 100; euro, 29; yen, 15; y libra, 11 por 100) hace que el DEG sirva de medidor estadístico más congruente (con menor inestabilidad cambiaria que las monedas individuales como el dólar, el euro u otra moneda). Y como veremos a lo largo del capítulo, China, que tiene grandes activos en dólares de EE.UU. muy desvalorizados en términos de euro, ya planteó en la Conferencia del G-20 de Londres (abril de 2009) una nueva moneda de reserva más estable, como podrá serlo el DEG.

6. El oro en la crisis monetaria internacional

Por primera vez, el 18 de octubre de 1960, en la Bolsa de Londres, el oro se situó por encima de la paridad de 35 dólares la onza –que estaba vigente desde 1944–, llegando hasta un nivel de 40. Lo cual se debía en parte a que fue por entonces cuando las reservas de Fort Knox se hicieron menores que las responsabilidades exteriores de EE.UU., respecto de su garantía de convertibilidad. En realidad, se trató de la primera señal de alerta seria y efectiva de que el sistema de Bretton Woods había sido objeto de graves abusos por parte de EE.UU.

Esa circunstancia de que en el mercado libre el oro, para usos industrial y atesoramiento, superase la paridad del dólar en el FMI, hizo que EE.UU. y los países más interesados en una estabilidad monetaria llegaran rápidamente a un acuerdo –dentro del mismo mes de octubre de 1960– que se denominó «Pool de Oro», concluido por el Sistema de la Reserva Federal y los bancos centrales más importantes de Europa, con aportaciones del 50 por 100 por EE.UU. y del 9 por 100 de Francia, por ser ambos socios los que tenían mayores reservas de metal[18]. El propósito del Pool consistía en

---

[18] Alexander Lamfalussi («El papel monetario del oro en los diez próximos años») y Fritz Machlup («La ambigua desmonetización del oro»), ambos publicados en *ICE*, núm. 434, octubre de 1969, págs. 93-103 y 107-111, respectivamente.

vender oro en el mercado libre cuando los precios superasen los 35 dólares la onza, y comprarlo cuando los precios cayeran por debajo de esa cotización; como es lógico, con la tendencia alcista que presentaba el mercado, esto último no sucedió prácticamente nunca.

No obstante su compromiso en el Pool del Oro, durante varios años Francia siguió cambiando sus dólares por oro, lo cual equivalía, con base en la tesis de Jacques Rueff, a apostar por la futura elevación del precio del metal. Tal actitud era evidentemente contraria a los propios intereses del Pool, por lo cual la Francia de De Gaulle –cada vez más antagónica de EE.UU. en política internacional, por la actitud de Washington DC frente a China y por su intervención en Vietnam– acabó por abandonar el Pool en junio de 1967, asumiendo su participación EE.UU. Por entonces, las reservas de metal en los sótanos del Banco de Francia[19] ya superaban el equivalente a 5.000 millones de dólares, lo que representaba nada menos que el 46 por 100 de las tenencias norteamericanas en el Fort Knox.

La situación a principios de 1968 podría haber permitido devaluar el dólar, o lo que es lo mismo, revaluar el oro, y así lo preconizaban una serie de expertos monetarios internacionales, entre ellos fundamentalmente Rueff. Tales argumentos se basaban no solo en una «filosofía de patrón oro», sino también en el hecho evidente de la fuerte sobrevaluación del dólar respecto de otras monedas, por comparación con sus respectivos poderes adquisitivos internos[20].

---

[19] Aunque solo tuviese efectos psicológicos, conviene subrayar que Francia era por entonces prácticamente el único país que tenía todas sus reservas oro en su territorio nacional. La mayoría de los demás las conservaban en los sótanos bajo la custodia del Banco de la Reserva Federal de Nueva York.

[20] Sobre este tema de la sobrevaluación del dólar, Paul Samuelson daba en 1974 su opinión respondiendo a la siguiente pregunta: «¿Es la crisis (monetaria) reflejo de la pérdida de poder económico de los Estados Unidos?». Su contestación fue esta: «Creo que el dólar americano se sobrevaloró por diversas razones entre 1959 y 1971. La razón principal de esa sobrevaloración fue que el tipo de cambio se estableció en 1949, cuando Alemania, Japón y los países aliados de Europa Occidental no se habían recobrado aún de la guerra. Si ese tipo de cambio de paridad era correcto en 1949, no podía serlo veinte años después, tras el milagro japonés, alemán y, en general, de Europa Occidental. Para mí, la crisis de 1971 se veía desde hace mucho tiempo, y de hecho la considero positiva. Es mejor una enfermedad grave y pasajera que una larga dolencia. Creo que la devaluación del dólar, ocurrida en 1971 y repetida en 1973, fue algo positivo para los Estados Unidos y también para los países con excedentes, porque obligó a nuestros productos a competir en el comercio internacional». Contestación a la entrevista realizada por M.ª José Ragué Arias para el libro *El sistema monetario internacional* de la colección «Grandes Temas» (núm. 20) de Salvat, Barcelona, 1974, pág. 9.

Sin embargo, tras la retirada francesa del Pool, no se fue a la revaluación del oro, sino que el 17 de marzo de 1968 se decidió la supresión del Pool y el establecimiento de un doble mercado internacional para el oro. En este habría un precio oficial de 35 dólares la onza, que sería el mantenido para las transacciones entre bancos centrales. El resto del mercado quedó completamente libre, y ello permitió que desde entonces los precios del oro se disparasen al alza sin controles de ningún tipo.

La especulación se desató ante las expectativas de una futura nueva paridad del dólar, y en consecuencia, la inestabilidad se acentuó. *De iure*, el FMI había abandonado el patrón de cambios-oro que *de facto* estaba en desuso desde mediados de los años 50. Ahora ya se trataba de un verdadero patrón dólar.

Desde el 17 de marzo de 1968, al crearse el doble mercado, el precio libre del oro se disparó. Descendió después casi hasta el nivel de 35 dólares/onza a principios de 1970, coincidiendo con la recesión de ese año; pero más tarde, desde mediados de 1971, los precios subieron en vertical, como consecuencia de la declaración de no convertibilidad del dólar. En 1974 llegaría a 190 dólares la onza, y en enero de 1980 superó los 850 dólares en el mercado de Londres, para luego caer de nuevo.

El acuerdo sobre un doble precio para el oro significó que las reservas de metal en poder de los bancos centrales quedarían prácticamente congeladas. Más aún, la decisión del mercado doble equivalía a la no convertibilidad del dólar *erga omnes*, pues resultaba absurdo pensar que EE.UU. vendería oro a 35 dólares a los bancos centrales, cuando en el mercado libre se situaba a cotas muy superiores.

Por otra parte, y para facilitar el funcionamiento del mercado libre, se llegó a un acuerdo entre EE.UU. y la República de Sudáfrica, según el cual esta última podría vender oro en el mercado libre cuando el precio fuera mayor de 35. Este acuerdo era completamente lógico, pues como primer proveedor mundial de «oro nuevo» Sudáfrica había tenido hasta entonces el compromiso con EE.UU. de no vender oro más que a 35 dólares la onza y de hacerlo con carácter prioritario a las autoridades monetarias norteamericanas. Así pues, al levantarse el compromiso, la producción sudafricana pasó al mercado libre, y las reservas metálicas de los bancos centrales del mundo dejaron de crecer.

Figura 29. Richard Nixon (1913-1994), presidente número 37.º de EE.UU. en dos mandatos, de los cuales no llegó a completar el segundo por su dimisión. Durante su gobierno, en 1971, se devaluó el dólar por dos veces, y al final se desmanteló el sistema monetario del FMI, que desde 1948 había sido el embrión, que funcionó, de una verdadera unión monetaria.

Como ya vimos en el capítulo 5, para evitar la revaluación del oro, que equivalía a la devaluación del dólar y por lo tanto a una disminución del prestigio internacional de EE.UU., en mayo de 1968 entró en vigor el mecanismo de los DEG que permitiría una nueva liquidez semiautomática controlada por el FMI –y en definitiva por EE.UU.– sin recurso al oro o a las monedas tradicionales de reserva (dólar y esterlina). Pero los DEG se revelaron pronto como insuficientes, ya que las primeras emisiones resultaron cortas para afrontar las necesidades de liquidez monetaria internacional. Pero, sobre todo, lo que agravó la situación fue el aumento del déficit de la balanza de pagos norteamericana (del que después nos ocuparemos), que inyectó en el SMI grandes masas de dólares, que hacían cada vez mayor la especulación en torno a esta moneda. Es bien explicable que el 15 de agosto de 1971 el presidente Nixon decidiera suspender formalmente la convertibilidad del dólar en oro.

De ese modo empezó a aceptarse la realidad de los hechos, al acabar con la ficción que se prolongaba desde finales de la década de 1960. La presión sobre el dólar se había hecho irresistible. Durante los siete primeros meses de 1971, los bancos centrales de Japón y de Europa Occidental –excepto Francia– habían realizado grandes compras de la moneda norteamericana para sostener su credibilidad y, en definitiva, apoyar su paridad oro de 35.

Seguir en esa política era inútil frente a la avalancha de dólares que las empresas multinacionales y los países árabes presentaban para su cambio en DM o yenes. Aparte de que el Bundesbank y el Banco de Japón se cargaban de dólares, la presión del dólar no cesaba, por la persistencia de rumores sobre una inevitable devaluación del mismo y de revaluaciones del DM y del yen.

Pero, en realidad, la inconvertibilidad del dólar por sí sola no resolvía nada. Significaba, por el contrario, una mayor dificultad en la cooperación de los bancos centrales europeos y de Japón, que ahora en ningún caso podrían convertir sus ingentes stocks de dólares.

7. La balanza de pagos de EE.UU. y sus efectos sobre el FMI

Abramos ahora un breve inciso en el hilo de los acontecimientos para subrayar que, si bien el signo más claro de la crisis monetaria de 1971 fue la declaración de no convertibilidad del dólar, esta tenía sus causas en la ya subrayada expansión del déficit de la balanza de pagos de los EE.UU.

Entre 1951 y 1971, la balanza se liquidó siempre con déficit, excepto en 1957 y 1968, con una media anual de 2.700 millones de dólares entre 1961 y 1970.

Tan ingentes salidas netas eran imputables a la inversión de capitales por parte de las multinacionales de EE.UU., y más que nada a los gastos militares ocasionados por la guerra de Vietnam, que Washington DC abonaba en dólares en el exterior, directamente por sus importaciones para el esfuerzo bélico. En el cuadro número 1 se resumen, año a año, los gastos militares exteriores y el déficit total de la balanza de pagos. La correlación entre ambas magnitudes es más que evidente[21].

Como resultado final de esta evolución de la balanza de pagos de EE.UU., en 1971 había unos 62.100 millones de dólares fuera del país, la mayor parte circulando en forma de eurodólares y eurobonos, frente a solo unas reservas de 10.500 millones

---

[21] Los datos del cuadro proceden del artículo de Max Ikle «La crise du système monétaire», del *Bulletin de l'Union de Banque Suisse*, Zúrich, septiembre de 1971.

de dólares en oro en el Fort Knox. No es extraño, por tanto, que creciesen los rumores sobre la futura devaluación del dólar, especialmente después de la declaración de su no convertibilidad en agosto de 1971, que se acompañó de un paquete de medidas económicas de defensa del dólar, lo que ponía más de relieve su crítica situación: fijación de una sobretasa para las importaciones en EE.UU. de un 10 por 100 de aumento de los derechos arancelarios, congelación de precios y salarios por tres meses, y petición al FMI de que acelerase los trabajos para la reforma del sistema monetario internacional. Sin embargo, todas esas medidas resultaron insuficientes por la intensa presión sobre el dólar a que antes hemos aludido. La decisión final, que estaba latente desde varios meses antes, se adoptó finalmente en diciembre de 1971.

Cuadro 1. Gastos militares de EE.UU. (Millones de dólares) y déficit de su balanza de pagos					
Años	Gastos militares	Déficit (−)	Años	Gastos militares	Déficit (−)
1961	1.998	−2.371	1966	3.764	−1.357
1962	3.105	−2.204	1967	4.378	−3.544
1963	2.961	−2.670	1968	4.530	168
1964	2.880	−2.800	1969	4.813	−7.012
1965	2.952	−1.335	1970	4.837	−3.848
Totales acumulados				36.218	−26.973
Fuente: elaboración propia					

8. Las devaluaciones del dólar de 1971 y 1973

Coincidiendo con la reunión del Grupo de los Diez en Washington, el 18 de diciembre de 1971 se decidió fijar la nueva paridad del dólar en 38 dólares la onza, lo que equivalía a la devaluación de un 7,89 por 100. Casi simultáneamente, se produjo una realineación general monetaria con revaluaciones en el caso del DM, del yen y del florín holandés.

No obstante, la decisión no resultó suficiente, pues a lo largo de 1972 prosiguieron la especulación contra el dólar y el déficit de la balanza de pagos de los EE.UU. Se hizo necesario un nuevo ajuste, que se produjo en febrero de 1973, con una segunda devaluación que, en este caso, fue de un 11,10 por 100, al pasar la paridad de 38 a 42,22 dólares la onza[22].

Consecuencia de ello fue la flotación de algunas monedas que por ese procedimiento, antes de fijar una nueva paridad del oro, aspiraban a encontrar su nivel más idóneo en función de las fuerzas del mercado. Y como el mercado estaba absolutamente distorsionado por las ingentes masas de eurodólares, el resultado no fue sorprendente: aunque los más optimistas pensaban que se trataría de flotaciones de breve duración, lo cierto es que se prolongaron indefinidamente, generalizándose a gran número de países.

En última instancia, la flotación vino a significar el virtual abandono de la regla básica del FMI: la estabilidad de los cambios. Y ello a pesar de que, coincidiendo con la primera devaluación del dólar, los directores del FMI acordaron, en diciembre de 1971, ampliar las bandas de fluctuación de las monedas respecto de su tipo de cambio central, pasando de 1 por 100 en más o menos (Convenio del Fondo) al 2,25 por 100 por encima o por debajo.

Con la medida indicada se pensó que podría resolverse en parte el problema de muchos países que, por el estrecho margen de fluctuación del 1 por 100, se veían continuamente acosados por el riesgo de devaluación o revaluación y en la necesidad de intervenir en los mercados monetarios internacionales para sostener un cambio tan «excesivamente rígido» de sus valutas. Con la holgura de 2,5 puntos más en la fluctuación –se afirmaba–, las necesidades de intervención serían menores.

Sin embargo, todas las medidas internacionales que hemos comentado no representaron una solución definitiva. La verdad es que los abusos de EE.UU. respecto de los pactos de Bretton Woods ha-

---

[22] En resumen, la devaluación «smithsoniana» de diciembre de 1971 (así conocida porque se discutió en la «Smithsonian Institution» de Washington, donde se reunía la Asamblea del FMI) y la de febrero de 1973, representan lo siguiente:

Fechas	Paridad $ onza	Onzas de oro/dólar	Porcentaje de devaluación
Diciembre 1970	35,00	0,0285714	—
Diciembre 1971	38,00	0,0263157	7,89 *
Febrero 1973	42,22	0,0236854	11,10 *
Total devaluación en febrero de 1973 respecto a diciembre de 1970			17,10 *

* Sobre paridad anterior.

bían sido demasiado graves como para resolverlos con unos simples reajustes. El precio del oro en el mercado libre, por primera vez en la historia, llegó a 134 dólares la onza troy en los primeros meses de 1973. Esto significaba una amenaza seria para el doble mercado del oro, establecido en 1968. La diferencia entre precios oficiales FMI y de mercado libre era demasiado grande para mantener la ficción. Y por ello, el 14 de noviembre de 1973 se adoptó la decisión final en el FMI de permitir a los bancos centrales liquidar sus reservas metálicas al precio libre, sin ninguna cortapisa. De hecho, con esta medida se daba un paso importante en la desmonetización del oro, en su abandono como patrón monetario[23].

Así pues, a partir del 14 de noviembre de 1973, las paridades oro fijadas en el FMI se convirtieron en puramente simbólicas, prevaleciendo los cambios flotantes. De ahí que se hiciera sentir con premura la necesidad de encontrar una nueva unidad de transacción a efectos internacionales de valor más estable que el oro o el dólar.

El primer precedente de ello hay que verlo en la solución ideada por una importante firma financiera británica[24] que, en noviembre de 1973, estableció –para sus emisiones y empréstitos en el área de la CEE– lo que se llamó la *European Composite Unit*, abreviadamente EURCO. Se formó el EURCO a base de una cesta de las nueve monedas de la CEE, lo cual suponía una unidad de cuenta menos vulnerable a las oscilaciones del oro o de una sola moneda de reserva como el dólar; el valor final del EURCO quedaba sometido a la variación conjunta resultante de las fluctuaciones al alza y a la baja de las distintas monedas integrantes de la «cesta»[25].

De ese modo surgió la idea de una unidad de cuenta, sobre la base de una cesta ponderada de monedas nacionales, que fue oficial e internacionalmente establecida en junio de 1974 por el FMI para fijar el valor del DEG, según veremos más adelante. Pero antes hemos de examinar por qué cauces discurrieron los intentos

---

[23] Relativamente, claro está. De hecho, el oro sigue sirviendo de referencia de mercado de la cotización del dólar.

[24] Nos referimos a N. M. Rothschild and Sons.

[25] Al referirse a la creación del EURCO, *Información Comercial Española* explicaba así su funcionamiento: «Existe, como es natural, un EURCO distinto cada día hábil del mercado de cambios, que refleja las variaciones registradas por la cotización de cada divisa integrante».

de encontrar soluciones de carácter global a la crisis monetaria internacional que se desató en el segundo semestre de 1971.

9. La reforma del FMI

Según vimos en la sección 9, coincidiendo con la devaluación del dólar en 1971, EE.UU. solicitó en la Asamblea del FMI que se acelerasen los trabajos de reforma del SMI. En esta línea de acción, en la siguiente Asamblea del Fondo, en septiembre de 1972, se decidió la creación del llamado «Comité de los Veinte», al objeto de estudiar efectivamente cuáles podrían ser las bases de un nuevo convenio del FMI[26].

El Comité tuvo su primera reunión coincidiendo con la propia Asamblea (28 de septiembre de 1972) y quedó presidido por Ali Wardhana, ministro de Hacienda de Indonesia. Constaba de 20 representantes de tantos otros países o grupos de países miembros del Fondo. Cada representante designó a su vez dos asociados y dos suplentes[27].

Las funciones del grupo quedaron razonablemente bien definidas: había que aconsejar e informar a la Junta de Gobernadores del FMI en todo lo relativo a la reforma del SMI, y en relación con la modificación del convenio constitutivo de la organización que databa de 1944[28].

Las reuniones de los suplentes que se constituyeron como verdadero equipo de trabajo se celebraron cada dos meses, entre septiembre de 1972 y septiembre de 1973, con vistas a que en la si-

---

[26] *IMF Surveys*, octubre de 1972, págs. 1-73. El nombre completo del grupo fue «Comité de la Junta de Gobernadores para la Reforma del Sistema Monetario Internacional y Cuestiones Afines».

[27] Los representantes eran del Reino Unido, India, Brasil, Marruecos, Suecia, Francia, Etiopía, Argentina, Italia, México, Holanda, Zaire, República Federal de Alemania, Estados Unidos, Australia, Canadá, Japón, Bélgica, Indonesia e Irak.

[28] El británico Jeremy Morse, director ejecutivo del Banco de Inglaterra, fue encargado de presidir el grupo de los suplentes, es decir, de los 38 miembros que eran quienes realmente habrían de llevar a cabo el trabajo por su carácter de expertos. Dentro de este grupo figuraban Rinaldo Ossola, del Banco de Italia, y Otmar Emminger, del Banco Federal de Alemania; ambos representaron un importante papel a lo largo de las sesiones del grupo, junto con Paul A. Volcker (subsecretario del Tesoro de los EE.UU.) y Kafka, del Banco Central de Brasil; los vicepresidentes del grupo eran Kafka y Solomon, este último de la Reserva Federal de los EE.UU.

guiente Asamblea del FMI estuviesen elaboradas las bases de la reestructuración del SMI.

Figura 30. La crisis económica internacional producida por el primer choque petrolero (1973) generó todo un largo periodo de estanflación, ya sin un verdadero sistema monetario internacional. En la foto, el coronel Gadafi, dictador de Libia, que insistió en el máximo precio para el crudo, desde el cartel de la OPEP. El barril de Brent (de 159 litros) pasó de 3,5 a 14 dólares.

El examen de las propuestas del Comité de los Veinte se hizo efectivamente en la reunión del FMI en Nairobi, que se celebró en septiembre de 1973. En la capital de Kenia se llegó a una serie de conclusiones que, no sin un cierto eufemismo, podemos agrupar en «puntos de acuerdo» y «puntos de desacuerdo»[29].

El primero de esos puntos de acuerdo, adoptado por unanimidad, consistió en una voluntad de llegar a un sistema monetario internacional, caracterizado por tipos de cambio fijos pero ajustables. Con ello se planteaba de cara al futuro la necesidad de evitar, como sucedió en el pasado, que un país hubiese de adquirir o perder demasiados activos de reserva por el hecho de mantener paridades excesivamente rígidas y en consecuencia poco realistas. Con un sistema de tipos de cambio fijos ajustables, como el propugnado, las modificaciones de paridad (en términos más estrictos, diríamos, del cambio central) serían utilizadas

---

[29] El detalle de estos acuerdos y desacuerdos puede verse en el *Bulletin de Conjoncture* de la Banque de Bruxelles, octubre 1973, págs. 9 y sigs. La versión completa y oficial de la situación y de las perspectivas tras la reunión de Nairobi es la del señor H. Johannes Witteveen, director gerente del FMI ante el ECOSOC, el 16 de octubre de 1973 (puede verse *Información Comercial Española*, boletín semanal núm. 1.387, págs. 2.939-2.941).

por lo normal como mecanismo corrector de los déficits o superávits importantes de la balanza de pagos, en tanto que para los desequilibrios transitorios bastaría con la ensanchada banda de fluctuación. Para las modificaciones de paridad se pensó en que habrían de establecerse una serie de criterios objetivos a fin de señalar la necesidad de revisión, en uno u otro sentido, del modo más automático posible.

También, entre los puntos de unanimidad, figuró el de convertir los DEG en la base del SMI, con una disminución progresiva de la función del oro y de las monedas de reserva, en línea con los antecedentes ya examinados antes. Recordemos que este propósito se enunciaba en septiembre de 1973 y que el mercado doble del oro no se suprimiría hasta noviembre.

Los puntos de desacuerdo resultaron numerosos. El primero de ellos fue el relativo a los criterios objetivos conforme a los cuales modificar las paridades. En este punto, EE.UU. estimó que el fundamental debería ser la posición de reservas, significando que el país cuyas reservas aumentasen de manera rápida debería revaluar automáticamente su moneda, en tanto que aquel en proceso de contracción importante se debía devaluar. Sin embargo, los socios de la CEE, encabezados por Francia, excluyeron cualquier clase de automatismo, considerando que además de la situación de la balanza de pagos y de las reservas monetarias, debía tenerse en cuenta la situación económica general del país. Igualmente, preconizaron la necesidad de realizar consultas en el marco del FMI antes de cualquier modificación de la paridad.

La vuelta a la convertibilidad fue otro problema delicado, por afectar especialmente al dólar. Para EE.UU. tal decisión habría de depender de la existencia de excedentes importantes en su balanza de pagos. Los países de la CEE insistieron en la posibilidad de convertir su stock de dólares en otros activos de reserva distintos del oro, entre ellos los DEG.

Al igual que se aspiraba a suprimir el dólar como moneda de reserva (decisión formal aceptada *ex ante* por EE.UU., pero sin ningún propósito de instrumentarla efectivamente) se propuso, por mayoría, limitar de manera gradual la función del oro en el SMI hasta retirarle toda utilización a efectos monetarios. Como era de esperar, Francia y Sudáfrica presentaron objeciones, por entender que el oro aún podría desempeñar un papel importante. Y de ahí surgió el problema de aclarar cuál podría ser en el futuro tal función, así como la relación entre el oro y los DEG.

Figura 31. Mohammad Reza Pahlaví, Sah de Irán, que hubo de abandonar su corona en 1979, en lo que fue el segundo choque petrolero. En esa ocasión, el barril de Brent pasó de 14 a 32 dólares el barril.

No hubo acuerdo tampoco sobre la creación de DEG y la ayuda internacional al desarrollo. Los países menos desarrollados estimaron que la reforma debería significar un aumento de la ayuda, en forma de emisiones complementarias de DEG. Pero algunos países ricos, EE.UU. entre ellos, no se alinearon con esta sugerencia, por temer que su aplicación pudiese significar una rápida depreciación de los DEG.

Por último, quedó sobre el tapete sin decidirse la cuestión –crucial en tantos aspectos– de qué habrían de ser realmente los DEG en el futuro: unidad de cuenta, moneda de reserva, medio de pago, o las tres cosas a la vez.

En resumen, puede afirmarse que los acuerdos logrados en la reunión en Nairobi del Fondo Monetario resultaron insuficientes para pasar a la fase de reelaboración de su convenio constitutivo. La decisión final consistió en crear, dentro del Comité de los Veinte, cuatro grupos de trabajo (ajuste de balanza de pagos, convertibilidad, liquidez internacional y ayuda al desarrollo) a fin de que estudiasen los puntos de desacuerdo. Con todo, los resultados de Nairobi daban pie para pensar en que había un camino difícil –pero camino al fin– para llegar a la reforma. Sin embargo, la crisis energética que se desencadenó el 16 de octubre de 1973 –a ella nos referimos, extensamente, en el capítulo 17– supuso un nuevo contexto en el cual la reforma del SMI se haría incomparablemente más difícil.

10. Las recomendaciones del Comité de los Veinte

Casi diríamos que inasequible al desaliento, el Comité de los Veinte, con sus cuatro nuevos subgrupos de trabajo, siguió laborando tras la reunión de Nairobi. De este modo, a mediados de junio de 1974 presentó su informe final, en el cual, además de una orientación general sobre el futuro SMI, propuso una serie de medidas inmediatas[30], insistiendo sobre todo en una anterior declaración[31].

Las recomendaciones del Comité de los Veinte (embrión del ulterior «bosquejo» de reforma a que después hemos de referirnos) es posible resumirlas como sigue:

- La creación de un «fondo petrolero» por valor de 3.000 millones de dólares, sobre la base de los aportes de ocho productores de petróleo: Abu Dabi, Canadá, Irán, Kuwait, Libia, Omán, Arabia Saudí y Venezuela. Podrían recibir préstamos de este fondo aquellos países que más hubiesen sufrido en sus balanzas de pagos la fuerte alza del precio del petróleo. La duración de los préstamos sería de siete años y el tipo de interés del 7 por 100. Este fondo (llamado Fondo de Transferencia) fue efectivamente creado pocos meses después.
- Una nueva valoración de los Derechos Especiales de Giro (DEG), basada en una «cesta» de 16 monedas y no en el valor oficial del oro. Actualmente, el cálculo se hace como muestra el cuadro 3.
- Creación de un «fondo dentro del FMI» dedicado a los países más pobres. De esta idea surgiría, en septiembre de 1974, el «Comité de Desarrollo» del que nos ocuparemos más adelante.
- Establecimiento de un código sobre la flotación dirigida de los tipos de cambio, con reglas de conducta precisas y detalladas.
- Invocación a los países miembros del FMI para no caer en prácticas de discriminación comercial y de proteccionismo,

---

[30] «Informe anual del FMI», *ICE*, núm. 1.435, 3 de octubre de 1974, pág. 2.703.
[31] Nos referimos a la de enero de 1974, en virtud de la cual el propio Comité subrayó la necesidad de evitar la escalada en las restricciones al comercio y los pagos.

y así evitar graves consecuencias que afectarían al conjunto del comercio internacional.

- Creación de un nuevo comité –el que luego se llamaría Interim Committee– a fin de sustituir el de los Veinte, y que tendría como objetivo proseguir los trabajos conducentes a la reforma del sistema monetario internacional; propósito que se llevó a cabo en septiembre de 1974.
- Puesta en marcha de un órgano conjunto del FMI y del BIRF, en-cargado de transferir recursos a los PMD no productores de petróleo más afectados por las crisis. Este comité llegó a dotarse formalmente con 25.000 millones de dólares («Fondo Kissinger»), pero tales consignaciones nunca fueron desembolsadas[32].

11. Las Reglas de Jamaica (1976)

Así las cosas, en la Asamblea del FMI celebrada en Washington del 30 de septiembre al 3 de octubre de 1974, se entró en un análisis del «bosquejo» preparado por el Comité de los Veinte, que andando el tiempo se traduciría en las «Reglas de Jamaica». Pero en realidad, la atención de la Asamblea se centró en el reciclaje de los petrodólares acumulados por los países de la OPEP, un asunto al que también hemos de aludir en el capítulo 17 por su trascendencia en la evolución de la crisis económica general. Para estudiar tales cuestiones, la Asamblea decidió constituir los dos nuevos comités mencionados:

- Al Comité de Desarrollo mixto del FMI y del BIRF se le asignaron dos tareas: a) prestar atención a los problemas de los países con menores ingresos y más afectados por el impacto de la elevación de los precios del petróleo, y b) estudiar las necesidades a largo plazo de los PMD[33].

---

[32] José Luis Mora, en *ABC*, 19 de septiembre de 1974.

[33] Al impacto de la crisis energética en los PMD se refirió en la Asamblea del BIRF su presidente, Robert McNamara, en términos dramáticos, afirmando que «los cambios registrados en los últimos doce meses (sept. 73-sept. 74) solo son comparables a las consecuencias de una gran guerra». Para afrontar la nueva situación, McNamara propuso un plan de emergencia del BIRF para invertir en cinco años 36.000 millones de dólares en los PMD.

- El Comité Interino de la Junta de Gobernadores del Sistema Monetario Internacional (el Interim Committee) pasó a actuar como continuador del Comité de los Veinte en la elaboración de los planes de reforma del Fondo, trabajos que en un ambiente de incertidumbre se prolongaron a lo largo del último trimestre de 1974 y los ocho primeros meses de 1975.

En la nueva reunión del FMI de septiembre de 1975 tampoco se alcanzaron soluciones definitivas. Quedó claro que la difícil reforma del sistema monetario internacional no podría ser realizada «de una vez por todas», sino lentamente, y configurándola en torno a dos ideas: la desmonetización del oro y el consiguiente fortalecimiento de los DEG. En concreto, los acuerdos alcanzados fueron tres:

- Aumento de las cuotas en un 32,5 por 100 como promedio, pasando de 29.200 a 39.000 millones de DEG[34]. Se introdujeron modificaciones en los porcentajes de los diferentes socios para atender a la nueva realidad de las grandes reservas acumuladas. Los aumentos fueron importantes para las cuotas de los países de la OPEP, en tanto que la participación relativa de EE.UU. disminuyó a un 20 por 100 del total. No obstante, como la proporción de votos necesarios para cambiar las reglas del FMI se elevó al 85 por 100, Washington siguió conservando la facultad de veto para las decisiones importantes.
- Abolición del precio oficial del oro, suprimiéndose definitivamente cualquier intervención del mercado por parte de los bancos centrales. La cotización se dejó a merced de las «libres» fuerzas de la oferta y la demanda, lo que para algunos significó un reforzamiento del oro como patrón efectivo, aunque en general tal decisión se entendió como el primer paso serio para la desmonetización del sistema.
- Reajuste en las reservas oro «propiedad» del FMI (918 millones de onzas), con tres medidas simultáneas: devolución de

---

[34] La decisión final del aumento de cuotas se adoptó en enero de 1976.

1/6 a los países que aportaron metal al formalizar su cuota; venta de otra sexta parte en el mercado libre para formar con su contravalor el Fondo Fiduciario de ayuda a los países menos desarrollados; y conservación del resto (2/3) como garantía de las operaciones del Fondo y para los fines que en lo sucesivo habrían de irse fijando.

- Los acuerdos de Washington de septiembre de 1975 pusieron las bases para la segunda reforma del Convenio del FMI (recordemos que la primera se había producido en 1968 al aprobarse el sistema de los DEG).

Cuadro 2. Los diez primeros Directores ejecutivos en el FMI, con los votos que les corresponde (5.VI.09)

Países o áreas con Director Ejecutivo	Votos por país	% s/total FMI
1. EE.UU	371.743	16,77
2. Japón	133.378	6,02
3. Alemania	130.332	5,88
4. Francia	107.635	4,86
5. Reino Unido	107.635	4,86
6. Bélgica (1)	113.969	5,14
7. Países Bajos (2)	105.937	4,78
8. España (3)	98.659	4,45
9. Italia (4)	90.968	4,10
10. Canadá (5)	80.636	3,64
13. DIEZ PRIMERAS POSICIONES	1.340.892	60,50
14. OTROS 171 PAÍSES	873.715	39,50
TOTAL	2.214.607	100,00

(1) Representante del grupo formado por: Austria, Bielorrusia Eslovenia, Hungría, Kazajstán, Luxemburgo, República Checa, República Eslovaca y Turquía.

(2) Representante del grupo formado por: Armenia, Bosnia y Herzegovina, Bulgaria, Croacia, Chipre, Georgia, Israel, Macedonia, ex República Soviética de Moldova, Rumania, y Ucrania.

(3) Representante del grupo formado por: Costa Rica, El Salvador, Guatemala, Honduras, México, Nicaragua, y Venezuela.

(4) Representante del grupo formado por: Albania, Grecia, Malta, Portugal y San Marino.

(5) Representante del grupo formado por: Antigua y Barbuda, Bahamas, Barbados, Belice, Dominica, Granada, Irlanda, Jamaica, Saint Kitts y Nevis, Santa Lucía, San Vicente y las Granadinas.

Fuente: FMI

Sobre la necesidad de una nueva revisión de las reglas de Bretton Woods había trabajado ampliamente el Comité de los Veinte, que en 1974 llegó a plasmar su consenso en el bosquejo antes mencionado, que desde el momento de hacerse público fue objeto de viva controversia[35]. El bosquejo se sometió a discusión en la conferencia especial celebrada en Jamaica en enero de 1976, de donde surgió el nuevo texto del Convenio, que se aprobó mediante voto por correo de los gobernadores del Fondo el 30 de abril de 1976. Ratificado el Convenio, entró en vigor el 1 de abril de 1978[36].

Las «Reglas de Jamaica» significaron la legalización del reajuste de las reservas oro propiedad del FMI y de la flotación de las monedas, el reconocimiento de la posibilidad de que cada país miembro pudiese decidir su propio régimen cambiario, y la previsión de que el Fondo, por mayoría de un 85 por 100 de votos, pudiese establecer regímenes cambiarios generales; de forma que EE.UU. seguiría contando con su derecho de veto al disponer de un 18 por 100 del poder de voto (véase cuadro 2).

Como es lógico, la desmonetización del oro y la consiguiente supresión del sistema de paridades obligaron a una formulación renovada sobre cómo hacer efectivas las cuotas. Para los nueve socios, en vez del sistema de cuota-oro por un 25 por 100 (recuérdese lo visto en el apartado 3.1), se determinó que la cuota se pagara en un 25 por 100 en monedas de otros países, conforme a lo que especificaba el FMI, en tanto que el 75 por 100 restante podía desembolsarse en la propia moneda del nuevo país miembro. En cuanto a los aumentos de cuota, el 25 por 100 ha de reembolsarse en DEG y el resto en moneda propia.

A partir de las Reglas de Jamaica, los créditos del FMI se conceden en DEG o en la moneda de uno o más países miembros, siempre a cambio de una cantidad equivalente de la moneda del socio que contrae la deuda (véase cuadro 3).

---

[35] A. Wardhana (presidente), *First outline of reform reported to Governors*, IMF, Washington, D.C., 1973. Existe versión española de M. y F. Varela Parache como apéndice a su libro *El sistema monetario internacional. Presente y futuro*, Editorial Planeta, Barcelona, 1974, págs. 213 y sigs.

[36] El texto completo del convenio constitutivo del FMI, tal como quedó tras su segunda enmienda de 1976, puede verse en versión española en el libro de Joaquín Muns *Organismos económicos internacionales. Documentos constitutivos*, CECA, Madrid, 1977, págs. 33-108.

Cuadro 3. Valoración del DEG (al 29 de junio de 2009

Moneda	Cantidad de moneda	Tipo de cambio (1)	Equivalente en dólares de EE.UU.
Dólar	0,6320	1,00000	0,632000
Euro	0,4100	1,40500	0,576050
Libra esterlina	0,0903	1,65460	0,149410
Yen japonés	18,4000	95,41000	0,192852
DEG			1,550312 (*)

(1) Por unidad monetaria, salvo en el caso de Japón, en que se trata de yenes por dólar.
(*) Por consiguiente 1 dólar = 0,788826 DEG.

Fuente: FMI

12. Cambios flotantes y fluctuaciones del dólar (1976-1990)

Nueve meses después de Jamaica, en la XXXII Asamblea del FMI celebrada en Washington en septiembre de 1976, se apreció que las nuevas reglas flexibles seguían siendo las únicas aplicables. Incluso el sistema de flotación conjunta adoptado transitoriamente por algunos países de la CEE –la «serpiente en el túnel» a que nos referimos en el capítulo 8– fracasó en buena medida por la continua especulación en torno a las monedas duras (DM, yen, florín, FS, etc.) y en contra del dólar.

Por lo demás, la política económica norteamericana no favoreció la vuelta a la estabilidad en los tipos de cambio y, desde luego, contribuyó negativamente a la cotización del dólar en términos de DM, yen o FS hasta 1981. Ese año, con la política económica de Reagan (*Reaganomics*) de impulso a la economía estadounidense, aumentando los gastos de defensa, fue el origen de altos tipos de interés para atraer capitales, lo cual –unido a una fuerte caída de la tasa de inflación y a una progresiva recuperación de la economía norteamericana– supuso una fuerte sobrevaluación del dólar respecto del DM y el yen durante el cuatrienio 1982-1985. El dólar, con esa firmeza, se consolidó como patrón monetario internacional (ya plenamente fiduciario) y las preocupaciones por la reforma del SMI se vieron relegadas.

Sin embargo, como no hay nada eterno, desde 1985 el dólar –ante las incertidumbres originadas por el creciente déficit comercial y fiscal de EE.UU.– comenzó un descenso considerable, que pronto amenazó con posibles nuevos problemas: caída de la exportación de los países suministradores de EE.UU. y graves consecuencias colaterales en los flujos financieros. Para impedir una posible crisis fueron produciéndose los tres acuerdos de apoyo al dólar que rápidamente reseñamos:

- Acuerdo de El Plaza, por el nombre del hotel neoyorquino en que se reunieron representantes del Grupo de los Cinco –EE.UU., Japón, Reino Unido, Francia y Alemania Federal– el 22 de septiembre de 1985, para frenar el alza del dólar, gracias a una actuación coordinada de sus bancos centrales.
- Acuerdo de El Louvre, por el nombre del palacio parisino en que se reunieron representantes de «Los Siete» (los Cinco más Italia y Canadá) el 22 de febrero de 1987, ante la caída del dólar, a la inversa de los del encuentro de El Plaza.
- Acuerdo «secreto» de los bancos centrales de los «Los Siete», logrado en diciembre de 1987 para impedir un verdadero colapso del dólar tras el lunes negro del 19 de octubre, cuando el índice Dow Jones de cotizaciones de la Bolsa de Nueva York cayó 502 puntos en una sola sesión, arrastrando tras de sí al dólar.

Las tres actuaciones reseñadas se hicieron de manera concertada. Después de 1987 ha habido más, en las que no vamos a entrar aquí, por tratarse de fenómenos frecuentes que se derivan del sistema de cambios flotantes introducidos en 1973; y no solo relacionados con episodios del dólar, sino también con otras monedas como el yen y ciertas divisas europeas. Estas últimas sufrieron una serie de turbulencias de 1992 a 1995, a las que haremos referencia en el capítulo 8 al ocuparnos del sistema monetario europeo.

Todo lo comentado, y las tendencias recientes que marcan el nacimiento del euro y su relación con el dólar, significan que los tiempos van estando maduros para hablar de la necesidad de un nuevo SMI y de una posible moneda mundial, tema al que volveremos en el epígrafe 18.

13. El actual funcionamiento del FMI

La labor cotidiana de gestión en el FMI (con 185 Estados miembros en 2009) corresponde al Directorio Gerente, en tanto que la máxima autoridad es la Junta de Gobernadores, en la que están representados todos los socios, cada uno a través de su propio gobernador –distinción que suele recaer en el ministro de Hacienda o el presidente del Banco Central– y de un suplente. La Junta se reúne una vez al año, con ocasión de las asambleas anuales del FMI y el BM.

El Directorio Ejecutivo lo forman veinticuatro directores presididos por el director gerente, y se reúne habitualmente tres veces por semana en la sede de la organización, Washington DC. Actualmente (2009), el Directorio lo forman los directores correspondientes a los cinco países con más poder de voto (EE.UU., Japón, Alemania, Francia y Reino Unido); adicionalmente, China, Rusia y Arabia Saudí tienen cada uno su propio director. Los dieciséis directores restantes son elegidos, para períodos de dos años, uno por cada uno de los grupos de países que se denominan jurisdicciones. En el cuadro 2 figuran los representantes de esas jurisdicciones.

A diferencia de algunos organismos internacionales cuyo sistema de decisión sigue el principio de «un país, un voto» (por ejemplo, la Asamblea General de las Naciones Unidas), en el FMI se utiliza un sistema ponderado.

13.1. Recursos

En su parte de capital, los recursos del FMI, como ya adelantamos en el epígrafe 12, son los procedentes de las cuotas suscritas por los países miembros al ingresar en la institución, más las nuevas aportaciones que se hacen al aumentarlas. Los socios pagan el 25 por 100 de su suscripción en DEG, o en una moneda principal, como dólar, euro o yen. El resto de la cuota se abona en la moneda del propio país miembro, si es que tal valuta se necesita por el FMI para efectuar préstamos. El monto de la cuota de cada país determina su número de votos, la magnitud del financiamiento que puede recibir automáticamente del FMI, y la participación que le corresponde en las asignaciones de DEG.

A EE.UU., la mayor economía del mundo, corresponde el mayor aporte, el 17,6 por 100 del total. Seychelles, la más pequeña, contribuye con el 0,004 por 100. La revisión más reciente de las cuotas (la undécima) entró en vigor en enero de 1999 y elevó el total, no modificado desde 1990, en aproximadamente un 45 por 100, llegándose de ese modo (2002) a 212.000 millones de DEG, 268.753 millones de US$ según el método de cálculo del valor del DEG que se explica en el cuadro 3.

El FMI cuenta con recursos adicionales a las cuotas, conforme a dos dispositivos permanentes a los que puede recurrir cuando lo estima necesario:

- Acuerdos Generales para la Obtención de Préstamos (AGP), establecidos en 1962 (lo vimos en 3.2) y revisados varias veces, y según los cuales los once países miembros, el Grupo de los Diez (los bancos centrales de la decena de países más industrializados más Suiza, véase 17.3) facilitan los fondos que proceda.
- Los Nuevos Acuerdos para la Obtención de Préstamos (NAP), configurados en 1997, y en los cuales están comprometidos veinticinco países y determinadas instituciones.

Conforme a tales acuerdos, el FMI dispone del total de recursos que se consignan en el cuadro 4.

Cuadro 4. Recursos Generales del FMI al 30 de abril de 2007, 2008 y 2009
(miles de millones de DEGs)

Conceptos	2007	2008	2009 DEGs	2009 Dólares
Moneda de los Estados miembros	209,6	209,8	209,6	314,0
Tenencias de DEG	2,6	2,0	2,1	3,2
Tenencias de oro	5,9	5,9	5,9	8,8
Activos varios, deducidos de pasivos	6,6	6,5	6,5	9,8
Total recursos	**224,6**	**224,1**	**224,1**	**335,7**
Menos: Recursos no utilizables	59,3	71,7	70,0	104,9
Igual: Recursos utilizables	165,4	152,5	154,1	230,8

Fuente: FMI

13.2. Formas de financiación

Se detallan en el cuadro 5, según las diferentes formas de financiación (filas) y objetivos, condiciones, etc. (columnas). La presentación es la propia del FMI en su informe de 2008, y a pesar de su aparente complejidad, es la más sencilla y omnicomprensiva que puede hacerse.

14. El futuro del FMI, EE.UU. y el euro

Desde el punto de vista institucional, el hecho más notable del FMI en la década de 1990 fue la ampliación del número de sus miembros, hasta lograrse la afiliación casi universal, con 183 países representados. El grupo más numeroso entre los nuevos miembros lo constituyeron las 15 repúblicas resultantes de la desintegración de la Unión Soviética. No menos significativa fue la incorporación de Suiza, tras un referéndum *ad hoc* celebrado en mayo de 1992.

La historia es bien ilustrativa. El Fondo Monetario Internacional fue, desde 1944 hasta 1971, el centro del sistema monetario mundial, y aun después de perdida la vigencia de sus términos convencionales como resultado de la grave crisis internacional, en 1971-1974, continuó funcionando como centro negociador para cuestiones monetarias y financieras. En ese sentido, el FMI es quizá la muestra más nítida de cómo un organismo compuesto por multitud de naciones puede servir fundamentalmente a los intereses hegemónicos de una de ellas (EE.UU.). Así, mientras el Gobierno de Washington DC tuvo bajo control stocks suficientes de metal amarillo, el FMI se basó en el llamado patrón de cambios oro, en el dólar plenamente convertible. Pero en el momento en que el oro comenzó a escasear en Fort Knox, y cuando, por consiguiente, la convertibilidad empezó a ofrecer dudas a plazo medio, se pasó de hecho a un patrón fiduciario, a la admisibilidad del dólar solo sobre la base de la confianza (*fidutia* es precisamente el término latino para expresar esa confianza). Se creía, o simplemente se aparentaba creer, que la convertibilidad se haría efectiva nuevamente tan pronto como se superasen las dificultades de la balanza de pagos norteamericana. Lo que desde luego estaba mucho menos claro es que EE.UU. tuviera la intención de desarrollar la política adecuada para hacer realidad tales objetivos.

Y a la postre, se llegó a la situación de hecho de la aceptabilidad del dólar, en la doble función de su poder de compra de productos norte-americanos o de su utilización como moneda internacional. Lo que equivalió a su reconocimiento como billete de banco de validez universal, y a la conversión del Sistema de la Reserva Federal de los EE.UU. en el banco central de todo el mundo.

Tal estado de cosas empezó a cambiar con el nacimiento del euro en 1999, de modo que las relaciones cambiarias del dólar se polarizaron con el nuevo signo monetario europeo, vigente ya para once países de la UE como moneda escritural desde el año indicado, y definitivamente en circulación desde el 1 de enero de 2002 para 12 Estados miembros.

El tipo de cambio entre las dos monedas ha evolucionado hasta ahora según los mercados, con plena libertad, salvo en breves intervenciones del BCE para frenar la bajada del euro. Más concretamente, los altibajos de esa relación fueron desde 1,19 dólares por un euro, en enero de 1999, a solo 82 centavos de dólar por euro en el año 2000, para luego, con el declive de la economía de EE.UU., comenzar en marzo de 2001 la recuperación del euro, que a principios del 2003 incluso superó la paridad para situarse en 1,09 dólares.

Frente a esos movimientos en función de las fuerzas de la oferta y la demanda, ya en 1999 hubo la propuesta del entonces vicecanciller de Alemania, Oskar Lafontaine, de ir a un sistema de zonas meta (vulgo banda de fluctuación). E incluso Robert Mundell propuso, en 2002, un tipo de cambio semifijo de paridad entre las dos monedas, con solo una oscilación del 0,5 por 100 del euro respecto al dólar.

Sin embargo, ni esas ni otras observaciones llegaron a prosperar. Si bien es cierto que entre el BCE y el Sistema de la Reserva Federal (el banco central de EE.UU.) hay permanente comunicación, con no pocas manifestaciones de cooperación en términos de evolución de los tipos de interés, etc. Lo cual va haciendo ya verosímil la idea de una futura moneda universal, tal como veremos en este mismo capítulo al referirnos a las uniones monetarias (19).

Cuadro 5. Servicios financieros del FMI

SERVICIO DE CRÉDITO (AÑO DE CREACIÓN)	OBJETIVO	CONDICIONES	ESCALONAMIENTO Y SEGUIMIENTO
TRAMOS DE CRÉDITO Y SERVICIO AMPLIADO DEL FMI[4]			
Acuerdos de Derecho de Giro (1952)	Asistencia a mediano plazo a los países para superar dificultades de balanza de pagos a corto plazo.	Adoptar medidas de política que infundan confianza en que el país miembro podrá superar las dificultades de balanza de pagos en un plazo razonable.	Compras trimestrales (desembolsos) con sujeción a la observancia de criterios de ejecución y otras condiciones.
Servicio Ampliado del FMI (1974) (acuerdos ampliados)	Asistencia a más largo plazo en respaldo de las reformas estructurales aplicadas por los países miembros para superar dificultades de balanza de pagos a largo plazo	Adoptar un programa trienal, con reformas estructurales, y un programa detallado de medidas de política que deberán adoptarse durante el primer período de 12 meses.	Compras trimestrales y semestrales (desembolsos) con sujeción a la observancia de criterios de ejecución y otras condiciones.
SERVICIOS ESPECIALES			
Servicio de Complementación de Reservas (1997)	Asistencia a corto plazo para superar dificultades de balanza de pagos relacionadas con una pérdida de confianza de los mercados.	Disponible solamente en el marco de un Acuerdo de Derecho de Giro o un Acuerdo Ampliado con un programa conexo y con medidas reforzadas de política a fin de recuperar la confianza de los mercados.	Servicio disponible durante un año; acceso concentrado al comienzo del programa con dos o más compras (desembolsos).
Servicio de Financiamiento Compensatorio (1963)	Asistencia a mediano plazo para hacer frente a una insuficiencia temporal de ingresos de exportación o un exceso de costo de la importación de cereales.	Disponible únicamente si la insuficiencia o el exceso están en gran medida fuera del control de las autoridades y el país miembro tiene en vigor un acuerdo al cual se aplica la condicionalidad de los tramos superiores de crédito, o si su situación de balanza de pagos, excluido el exceso/insuficiencia, es satisfactoria.	Generalmente los fondos se desembolsan a lo largo de un período de seis meses, de conformidad con el escalonamiento previsto en el acuerdo.

	Asistencia para superar dificultades de balanza de pagos relacionadas con:		Ninguno, aunque la asistencia en situación de posconflicto puede escalonarse en dos o más compras.
Asistencia de emergencia			
1) Catástrofes naturales (1962)	Catástrofes naturales.	Esfuerzos razonables por superar las dificultades de balanza de pagos.	
2) Situación de posconflicto (1995)	Las secuelas de disturbios civiles, tensiones políticas o conflictos internacionales armados.	Se centra la atención en el desarrollo de la capacidad institucional y administrativa con miras a lograr un acuerdo en los tramos superiores de crédito o en el marco del SCLP.	

SERVICIOS PARA PAÍSES MIEMBROS DE BAJO INGRESO

Servicio para el Crecimiento y la Lucha contra la Pobreza (1999)	Asistencia a más largo plazo para superar dificultades arraigadas de balanza de pagos de carácter estructural; tiene por objeto lograr un crecimiento sostenido para reducir la pobreza.	Adopción de un programa trienal en el marco del SCLP. Los programas respaldados por el SCLP se basan en un Documento de Estrategia de Lucha contra la Pobreza preparado por el país en un proceso participativo y comprenden medidas macroeconómicas, estructurales y de lucha contra la pobreza.	Desembolsos semestrales (o a veces trimestrales) sujetos al cumplimiento de los criterios de ejecución y a revisión.
Servicio para Shocks Exógenos (2006)	Asistencia a corto plazo para hacer frente a una necesidad transitoria de balanza de pagos atribuible a un shock exógeno.	Adoptar un programa a 1-2 años que incluya medidas de ajuste macroeconómico que permitan al país miembro hacer frente al shock y reformas estructurales consideradas como importantes para lograr el ajuste o mitigar el impacto de shock futuros	Desembolsos semestrales o trimestrales de cumplirse los criterios de ejecución y, en la mayoría de los casos, de completarse un examen.

[1] Con la excepción del SCLP, el crédito del FMI se financia con el capital suscrito por los países miembros; a cada país miembro se le asigna una cuota que representa su compromiso financiero. Los países miembros pagan una parte de su cuota en moneda extranjera aceptable por el FMI –o DEG (véase el recuadro 5.2)– y el resto en su propia moneda. El país prestatario efectúa un giro o se le desembolsan recursos mediante la compra al FMI de activos en moneda extranjera contra el pago en su propia moneda. El país prestatario reembolsa el préstamo mediante la recompra de su moneda al FMI con moneda extranjera. Los préstamos del SCLP y SSE se financian con cargo a la Cuenta Fiduciaria SCLP-SSE. (Hasta el momento, no se ha brindado financiamiento en el marco del SSE.)

[2] La tasa de cargos sobre los fondos desembolsados con cargo a la Cuenta de Recursos Generales (CRG) se fija en un margen por encima de la tasa de interés semanal del DEG. La tasa de cargos se aplica al saldo diario de todos los giros contra la CRG pendientes de recompra durante cada trimestre financiero del FMI. Además, se cobra una comisión de giro por única vez de 0,5% sobre cada giro contra los recursos del FMI en la CRG, salvo los giros que se giran en el tramo de reserva. Se cobra una comisión inicial (25 puntos básicos sobre los montos comprometidos hasta llegar al 100% de la cuota y 10 puntos básicos sobre montos superiores) sobre la suma que puede girarse durante cada período (anual) en el marco de un Acuerdo de Derecho de Giro o un Acuerdo Ampliado; la comisión se reembolsa proporcionalmente a medida que se efectúan los giros posteriores en el marco del acuerdo.

LÍMITES DE ACCESO[1]	CARGOS[2]	CONDICIONES DE RECOMPRA (REEMBOLSO)[3]		
		CALENDARIO DE REEMBOLSO (AÑOS)	CALENDARIO DE EXPECTATIVAS (AÑOS)	PAGOS
Anual: 100% de la cuota; acumulativo: 300% de la cuota.	Tasa de cargos más sobretasa (100 centésimas de punto porcentual sobre los montos superiores al 200% de la cuota, 200 centésimas de punto porcentual sobre sumas equivalentes al 300%)[5].	3¼-5	2¼-4	Trimestral
Anual: 100% de la cuota; acumulativo: 300% de la cuota.	Tasa de cargos más sobretasa (100 centésimas de punto porcentual sobre los montos superiores al 200% de la cuota, 200 centésimas de punto porcentual sobre los montos superiores al 300%)[5].	4½-10	4½-7	Semestral
No se aplican límites de acceso; este servicio se utiliza únicamente si el acceso en el marco de un acuerdo ordinario conexo supera el límite anual o acumulativo.	Tasa de cargos más sobretasa (300 centésimas de punto porcentual; aumento de 50 centésimas de punto porcentual al año a partir del primer desembolso y de cada semestre posterior al llegar a un nivel máximo de 500 centésimas de punto porcentual).	2½-3	2-2½	Semestral
45% de la cuota para cada uno de los dos componentes (exportación y cereales). El límite global para ambos componentes es 55%.	Tasa de cargos.	3¼-5	2¼-4	Trimestral

Se limita, en general, al 25% de la cuota, si bien pueden proporcionarse montos superiores en casos excepcionales.	Tasa de cargos; sin embargo, la tasa de cargos puede subvencionarse hasta un 0,5% anual, con sujeción a la disponibilidad de recursos.	3¼-5	No se aplica	Trimestral
140% de la cuota; 185% de la cuota en casos excepcionales.	0,5%	5½-10	No se aplica	Semestral
Anual: 25% de la cuota (la norma para el acceso anual); acumulativo: 50% de la cuota, salvo en casos excepcionales.	0,5%	5½-10	No se aplica	Semestral

3 En el caso de las compras efectuadas después del 28 de noviembre de 2000, se espera que los países miembros efectúen las recompras (reembolsos) de conformidad con el calendario de expectativas; a solicitud del país miembro, el FMI puede modificar el calendario de expectativas de recompra si el Directorio Ejecutivo conviene en que la situación de balanza de pagos del país en cuestión no ha mejorado lo suficiente como para efectuar las recompras.

4 Los *tramos de crédito* se refieren al monto de las compras (desembolsos) como proporción de la cuota del país miembro en el FMI; los desembolsos de hasta el 25% de la cuota se efectúan en el marco del primer tramo de crédito y requieren que el país miembro demuestre que está haciendo esfuerzos razonables por superar sus problemas de balanza de pagos. Las solicitudes para efectuar desembolsos superiores al 25% se denominan giros en el tramo superior de crédito; se efectúan en plazos a medida que el prestatario cumple ciertos criterios de ejecución. Por lo general, estos desembolsos están vinculados a un Acuerdo de Derecho de Giro o a un Acuerdo Ampliado. El acceso a recursos del FMI fuera de un acuerdo es muy poco frecuente y no está prevista ninguna modificación en ese sentido.

5 Las sobretasas se establecieron en noviembre de 2000.

15. Comités y grupos dentro del FMI

Para una mayor clarificación de la dinámica y las tensiones en el en-torno del FMI, recapitulamos lo referente a los comités y grupos que tienen una mayor o menor actividad colectiva en la escena monetaria.

15.1. Comité Interino

Su nombre oficial hasta septiembre de 1999 fue el de «Comité Interino de la Junta de Gobernadores sobre el Sistema Monetario Internacional» (Interim Committee). Como vimos en el apartado 12, se creó en octubre de 1974 para asesorar a la Junta de Gobernadores del Fondo en la supervisión del sistema monetario internacional, así como para determinar la estrategia ante las perturbaciones que pudieran amenazar el sistema; en realidad, fue la institucionalización del Comité de los Veinte (recuérdense los apartados 10 a 12) que había diseñado las primeras medidas de reforma tras las crisis de 1971-1973.

Tanto el Comité Monetario y Financiero como el que pasamos a ver –el de Desarrollo– son órganos oficiales del FMI, a diferencia de los grupos que consideraremos después.

15.2. Comité de Desarrollo

El «Comité Ministerial Conjunto de la Junta de Gobernadores del Banco y del Fondo sobre Transferencia de Recursos Reales a los Países en Desarrollo» –o simplificadamente Comité de Desarrollo– se creó en octubre de 1974, simultáneamente con el Comité Interino.

El Comité asesora e informa a la Junta de Gobernadores del Banco y del Fondo en todo lo relacionado a la transferencia de recursos a los países en desarrollo.

15.3. Grupo de los Diez

El Grupo de los Diez se creó en 1962, al ponerse en marcha el Acuerdo General de Préstamos (General Agreement to Borrow, o GAB), del que nos hemos ocupado en el apartado 3.2, y según el cual los gobiernos de ocho países miembros del FMI (Bélgica, Canadá, Francia, Italia, Japón, Países Bajos, Reino Unido y Estados

Unidos) y los bancos centrales de otros dos (República Federal de Alemania y Suecia) asignaron recursos al FMI para la concesión de créditos a otros socios en determinadas circunstancias. Suiza forma también parte del Grupo de los Diez (que, por consiguiente, tiene once socios).

15.4. Grupo de los Veinticuatro

Se creó durante la reunión que «Los Setenta y Siete» (los PMD) de la UNCTAD (véase el capítulo 6, apartado 3) celebrada en Lima en 1972, para así representar, con un colectivo menos numeroso, los intereses de los países en desarrollo en las negociaciones monetarias internacionales en el marco del FMI.

El Grupo de los Veinticuatro lo constituyen ocho Estados miembros de África, ocho de Asia (que a todos los efectos incluye a Yugoslavia), y ocho de Iberoamérica.

15.5. Grupo de los Cinco

El Grupo de los Cinco lo forman los Estados miembros del Fondo cuyas monedas eran parte fundamental del DEG: Francia, República Federal de Alemania (ahora los dos con el euro como moneda común), Japón, Reino Unido y Estados Unidos. Se trata, pues, de las cinco mayores potencias económicas de la OCDE y constituyen, por consiguiente, el club más selecto de los súper desarrollados.

16. El Banco de Pagos Internacionales

Incluimos, dentro de este capítulo sobre el FMI, una referencia, aunque sea breve, al Banco de Pagos Internacionales (BPI, Bank for International Settlements, o BIS), institución creada en 1930 (sus socios fundadores fueron Alemania, Bélgica, Francia, Italia, Japón y Reino Unido), con la finalidad de establecer la liquidación de las reparaciones de la derrotada Alemania con los aliados vencedores, tras la Primera Guerra Mundial, conforme a lo estipulado en el Plan Young. No obstante, ya desde el principio se acordó que el Banco también funcionaría para coordinar las políticas monetarias de sus seis socios constituyentes, lo cual sirvió de pauta para la pervivencia de la entidad más allá de la razón inicial de su creación. El BPI tiene su sede en Basilea y se rige por una convención intergubernamental, dentro de la cual Suiza le confiere un fuero especial.

Figura 32. Fachada del Banco de Pagos Internacionales, en Basilea, Suiza, considerado como el banco central de los bancos centrales. Desde hace varias décadas, redacta las Reglas de Basilea, para el buen gobierno de la banca a escala internacional.

Desde 1948 a 1955, el BPI fue agente de la Unión Europea de Pagos, y después de 1955 asumió la misma función respecto del Acuerdo Monetario Europeo. Todo lo cual resituó a la institución en la escena internacional con un papel relevante. Más tarde, al avanzarse en la integración europea, el BPI se convirtió en Secretaría del Comité de Gobernadores de los Bancos Centrales de la CEE, siendo asimismo depositario del Fondo Europeo de Cooperación Monetaria y oficina ejecutiva del propio sistema monetario europeo desde que empezó a funcionar en 1979.

Además de todas esas funciones, el BPI es agente de la OCDE, y actuó hasta 1993 como coordinador de los empréstitos emitidos por la CECA, siendo, por otro lado, lugar habitual de encuentro del Club de los Diez, que como hemos visto en el apartado 3.2, en este mismo capítulo, constituye el dispositivo del General Agreement to Borrow, GAB, o segunda línea de recursos disponibles por el FMI para la concesión de créditos.

Como Secretaría del G-10, el BPI se ocupa del análisis y de la búsqueda de soluciones a problemas financieros internacionales concretos, para lo cual realiza estudios y elabora propuestas de carácter muy diverso.

Los accionistas del BPI son los bancos centrales de los Estados de la UE y otros del resto del mundo, la mayoría de los países con estabilidad económica. Facilita a sus socios la gestión de créditos, anticipos con garantía y operaciones de dobles (*swap*); igualmente compra y vende oro, y toda clase de monedas, por cuenta de sus partícipes.

En el curso de las fluctuaciones económicas más recientes, y sobre todo a partir de 1960, el BPI ha ido adquiriendo una significación creciente como verdadero banco central de bancos centrales. Y de hecho, en su sede, los gobernadores de los institutos emisores de los principales países del mundo se reúnen para intercambiar toda clase de informaciones, analizar problemas e, incluso, entrar en concertaciones de políticas monetarias.

Especial importancia tiene de cara a la estabilidad financiera global el conjunto de normas que han ido emanando del BPI, respecto de la regulación de las instituciones financieras y de la subsiguiente supervisión, para garantizar su eficiencia; y sobre todo, su solvencia y responsabilidad en la administración de los recursos propios y ajenos. Como consecuencia de la crisis financiera de 1998, el BPI participa activamente en el diseño de la nueva arquitectura financiera internacional, en su faceta de regulación y supervisión, de cara a dar mayor respetabilidad y seguridad a los sistemas bancarios de los países emergentes, precisamente, los más afectados por la crisis.

17. Uniones monetarias

En la progresiva globalización –y según veremos en detalle en el capítulo 8– acabó por cumplirse un sueño utópico: la unión monetaria europea, intuida primero, preconizada después, y efectivamente configurada entre 1987 (Acta Única Europea) y 2002 se hizo efectiva ese mismo año, cuando la nueva moneda común entró en plena y definitiva circulación.

Figura 33. Primer dólar acuñado en EE.UU., todavía con los signos españoles.

Desde luego, las uniones monetarias no son un hecho nove-
doso, pues ha habido experiencias de ellas desde la antigüedad:
la más antigua, en el siglo III a.C., con las acuñaciones de la Liga
de Ciudades Griegas; o con la unión monetaria que en el siglo III
de nuestra era realizó el emperador Diocleciano para normalizar
el circulante en todo el Imperio; o, ya en la Edad Media, la más
celebrada de Carlomagno, que a caballo entre los siglos VIII y IX
materializó una nomenclatura de piezas metálicas que subsistió
hasta 1971, cuando en la operación *decimalizadora* de la libra esterlina se archivó definitivamente el sistema de una libra igual a
veinte chelines de doce peniques cada uno.

A esas uniones monetarias, o monedas de amplio uso en las
edades antigua y media, habríamos de agregar otros episodios no
tenidos tan en cuenta al historiar el tema. Entre ellos, la amplia
difusión de la plata española durante los siglos XVI al XIX, de las
cecas de los virreinatos; fundamentalmente del real de a ocho,
que circuló prácticamente en todo el mundo, incluida China, a
donde llegaba vía Filipinas a bordo del Galeón de Manila, desde
Acapulco, para entrar en la circulación, en el Celeste Imperio,
debidamente resellada.

Interesa también traer a colación que, a partir del siglo XIX,
en el contexto de la *Pax Britannica*, Inglaterra difundió el patrón
oro, asegurando la plena convertibilidad de la libra esterlina, que

pasó a convertirse en la moneda común de las transacciones internacionales; así hasta el definitivo abandono de su relación con el metal amarillo en 1931, momento en que el dólar tomó el relevo como circulante universal.

Figura 34. Hong Kong, desde antes de su reincorporación a China (1997), es una pieza esencial autónoma de la gran China. Mantiene su propia moneda (dólar de Hong Kong) y su Agencia Monetaria.

Por lo demás, la hegemonía de la libra durante todo el siglo XIX no debe oscurecer lo mucho que significó la formación de la unión monetaria alemana, que culminó en 1871 con el nacimiento del Reichsmark –de la mano de Bismarck, el Canciller de Hierro–, antecedente que fue del ulterior Deutsche Mark, el DM, surgido de la reforma monetaria de Ludwig Erhardt de 1948, y que en la década de 1970 se convirtió en la moneda ancla del sistema monetario europeo (1979) hasta desaparecer con el nacimiento del euro (1998).

Tampoco debe dejarse en el olvido la unión monetaria latina (UML), ideada por Napoleón III para compensar políticamente, en el sur de Europa, lo mucho que para el norte significaba la primera reunificación alemana del II Reich. O la unión monetaria escandinava, que agrupó a los países nórdicos durante la segunda mitad del siglo XIX, hasta la separación de Noruega y Suecia en

1901. Ambos fueron intentos que, de una u otra manera, fusionaron un largo número de signos monetarios de los países europeos: entre ellos –de facto, aunque no de iure– la propia peseta española, en 1868, a imagen y semejanza de la UML.

Ya en el siglo XX, y con dos guerras mundiales en su historia, los propósitos de contar con un sistema monetario internacional adquirieron una perspectiva verdaderamente global, que se tradujo en la creación, en 1944, del Fondo Monetario Internacional (FMI), con su patrón de cambios oro/dólar. Un sistema que funcionó –ya lo hemos visto a lo largo del presente capítulo– como verdadera unión monetaria de hecho, con un tipo de cambio virtualmente fijo entre las monedas de los socios de la entidad, basada en la garantía de convertibilidad que a paridades predeterminadas tenían los bancos centrales respecto del dólar y el oro.

18. Simplificación monetaria y moneda universal[37]

El euro es una moneda que no solo será la de la eurozona, sino que sobrepasará ampliamente ese ámbito. Lo cual apoya todavía más la idea de que el proceso de convergencia del dólar y el euro en la senda de una moneda universal (recuérdese lo visto en el apartado 15) es algo que ofrece toda la verosimilitud. Porque si todo se globaliza en nuestra era, ¿cómo no va a suceder lo propio con lo más importante del entorno económico, que son precisamente los medios de pago? En esa perspectiva, estamos en un claro proceso de simplificación monetaria, por medio de la dolarización y la eurización.

18.1. Clases de dolarización
Cabe distinguir, por lo menos, cuatro casos diferentes que seguidamente detallamos.

---

[37] Para cuestiones conexas con los mercados monetarios y financieros, son de interés los artículos que se citan: *The Economist*, «Magnets for money. A special report on financial centres», 15-IX-2007. Pablo Bustelo Gómez, «Progreso y alcance de la globalización financiera. Un análisis empírico del periodo 1986-2004», *Boletín Económico del ICE*, núm. 2.922, 1-10-X-2007. Antonio Calvo Bernardino y Jesús Paúl Gutiérrez, «El mercado mundial de divisas. Evolución, volumen y composición», *Boletín Económico del ICE*, núm. 2.938, 16-V-2008.

• *Dolarización total*

Fue y es el caso de Panamá, desde la fundación de la República en 1904, tras la separación de Colombia, que se produjo por inducción de EE.UU., a fin de posibilitar la construcción del canal a través del istmo centroamericano. Y si bien es cierto que Panamá tiene oficialmente su moneda propia, el balboa (1 ¥ 1 con el dólar), solo se utiliza como unidad de cuenta en los informes y documentos oficiales y para los pequeños pagos fraccionarios en piezas metálicas.

Además de Panamá, toda una serie de pequeñas repúblicas y territorios, tienen el dólar como su moneda oficial. Es el caso de Liberia, islas Marshall, Marianas, Puerto Rico, islas Vírgenes y otras áreas con mayor o menor dependencia de EE.UU.

• *Dolarización integral reciente*

Es el caso de Ecuador, que en el 2000, tras numerosos avatares, y en medio de una fuerte crisis económica, decidió sustituir totalmente su moneda nacional, a un cambio de 25.000 sucres por dólar.

Ulteriormente, hay que citar otras dolarizaciones como las de El Salvador y Guatemala, a las que con toda seguridad seguirán otros países de Centroamérica. Ya hay propuestas en la misma línea, por parte de México y Colombia, además de Venezuela, donde se han hecho recomendaciones formales, como la debida al economista José Luis Cordeiro.

• *Agencia monetaria de Hong Kong*

Fue el primer espécimen de esta clase de esquemas monetarios, y se adoptó en 1983 por las autoridades británicas, cuando el cambio se fijó en 7,80 dólares de Hong Kong por uno de EE.UU.; un tipo que se ha mantenido desde entonces.

En esa agencia monetaria (*currency board*), los dólares emitidos por la Autoridad Monetaria de Hong Kong (AMHK) están respaldados por los de EE.UU. que la antigua colonia británica tiene en su reserva. Y como la circulación de los primeros puede estar en el tenor de 12.000 millones de equivalentes a dólares de EE.UU., y la reserva de estos en la AMHK se sitúa en algo más de 90.000 (datos de finales del 2000), obviamente no existe ningún riesgo de inconvertibilidad, como tampoco de devaluación.

• *La Agencia Monetaria de Argentina (1991-2001)*

Fue creada en 1991 por el tándem Menem-Cavallo, con el objetivo primordial de frenar la inflación crónica, que por entonces se traducía en una depreciación continua del peso, lo cual en la práctica ya había conducido a una dolarización de hecho. Ante ese estado de cosas, y permaneciendo el Banco Central, se estableció la convertibilidad pe-so/dólar a la par, en el marco de una caja de conversión.

Teóricamente inspirado en la AMHK, el sistema argentino presentaba dos particularidades. La primera, que el tipo de convertibilidad del peso se fijó a un nivel muy sobrevaluado. La segunda, que por la evolución de los hechos, las reservas de dólares del Banco Central se vieron sometidas a los continuos vaivenes de la coyuntura, aumentando al mejorar las exportaciones y producirse entradas masivas de capitales en razón a las inversiones extranjeras (proceso de privatización de las empresas previamente estatales). En cambio, cuando la economía pulsaba negativamente, como sucedió desde 1998, todo funcionó a la inversa: hasta el declive final, el inevitable abandono de la convertibilidad y la casi simultánea pesificación en diciembre del 2001.

18.2. Eurización

Para terminar la referencia a las agencias monetarias, recordemos brevemente que la referenciación de monedas nacionales al euro ya está en marcha en varios países: Estonia, Bulgaria, Bosnia-Herzegovina y Montenegro, en Europa, así como en catorce Estados de África Occidental y Ecuatorial que se integran en la Comunidad Financiera Africana en torno al franco CFA. Todo lo cual se verá con mayor detalle en el capítulo 8.

En el ambiente descrito de creciente difusión del dólar y del euro, se evidencia lo que puede ser una auténtica convergencia hacia la moneda mundial sin ignorar que, para ello, hay desde luego numerosos obstáculos que superar. Aparte de la coordinación macroeconómica ya en marcha en cierto modo entre los bancos centrales de EE.UU., la UE, Japón, etc., está la cuestión del señoreaje, que contribuye a proporcionar a EE.UU. su inmenso poderío económico basado en el dólar.

La moneda universal que podría resultar del proceso que se intuye actualmente ya fue propuesta por John Maynard Keynes en 1944, en la hora fundacional del FMI (*bancor* fue el nombre que planteó), o por *The Economist* en 1987, con el nombre de *fénix*. En ese sentido, después de haberse dado a luz el euro, nos atrevemos a anticipar para la futura valuta mundial el nombre de *cosmos*, que además de significar «universo» en la Grecia clásica, era el término que servía para expresar la belleza del todo.

Cuadro 6. Simplificación monetaria

Área del dólar	Uniones monetarias				PAÍSES EN AGENCIAS MONETARIAS (5)
dólar	Eurozona (1)	UEMAO (2)	CEMAC (3)	CARIBE (4)	
EE.UU.	Alemania	Benín	Camerún	Antigua y Barbuda	Hong Kong
Islas Marshall	Austria	Burkina Faso	Chad	Dominica	
Micronesia	Bélgica	Costa de Marfil	Congo	Granada	Bosnia
Palau	España	Guinea-Bissau	Rep. del Gabón	St Kitts y Nevis	Bulgaria
	Finlandia	Malí	Guinea Ecuatorial	Santa Lucía	Estonia
Panamá	Francia	Níger	R. Centroafricana	San Vicente y las Granadinas	Lituania
Ecuador	Grecia	Senegal			Yibuti
El Salvador	Irlanda	Togo			
Guatemala	Italia				Kiribati
	Luxemburgo				
	Países Bajos				Lesoto
	Portugal				Namibia
	Chipre				Suazilandia
	Malta				
	Eslovenia				
	Eslovaquia				

(1) Además: Andorra, Mónaco, Vaticano, y San Marino.
(2) Países con Franco CFA, de la Comunidad Financiera Africana, Unión Monetaria de África Occidental, referenciada al euro.
(3) Países con Franco CFA, Unión Monetaria de África Central, también referenciada al euro.
(4) Países del Mercado del Caribe, cuya moneda común es el dólar del Caribe Oriental (East Caribbean Dollar).
(5) Agencias monetarias referenciadas al dólar (Hong Kong), al euro (de Bosnia a Yibuti inclusive). Kiribati está referenciada al dólar australiano y los tres restantes países al rand sudafricano.

Fuente: FMI y elaboración propia.

Cuadro 7. Proporción de distintas monedas en las tenencias oficiales de divisas, al 31 de diciembre de cada año (1)

Países	1992	1993	1994	1995	1996	1997	1998	1999	2000	2001
Dólar	55,3	56,7	56,6	57	60,3	62,4	65,9	68,4	68,1	68,3
Yen	7,6	7,7	7,9	6,8	6	5,2	5,4	5,5	5,2	4,9
Libra esterlina	3,1	3	3,3	3,2	3,4	3,7	3,9	4	3,9	4
Franco suizo	1	1,1	0,9	0,8	0,8	0,7	0,7	0,7	0,7	0,7
Euro	---	---	---	---	---	---	---	12,7	13	13
DM	13,3	13,7	14,2	13,7	13,1	12,9	12,2	---	---	---
FF	2,7	2,3	2,4	2,3	1,9	1,4	1,4	---	---	---
Florin neerlandés	0,7	0,7	0,5	0,4	0,3	0,4	0,4	---	---	---
Monedas no especificadas	6,5	6,6	6,4	8,9	8,3	8,4	9,3	8,8	9,1	9

(1) En este cuadro sólo se incluyen los países miembros del FMI que ofrecen datos sobre sus tenencias oficiales de
Fuente: FMI

Ese futuro que ya se dibuja con el posible nacimiento del cosmos –o como se llame– en tiempos no tan distantes será la máxima garantía de estabilidad en el planeta azul. Porque, como en 1795 anunciara Immanuel Kant, en su *Ensayo sobre la paz perpetua*, las grandes contiendas bélicas solo desaparecen cuando los vínculos económicos y comerciales son tan fuertes que ya no puede correrse el riesgo de romperlos.

El cuadro 6 es una síntesis del proceso de simplificación monetaria y de la situación actual, fundamentalmente respecto al dólar y al euro, en tanto que el cuadro 7 expresa la proporción de distintas monedas en las tenencias oficiales de divisas.

19. El FMI y las conferencias del G-20

A partir de la Conferencia de Washington, el G-20 (noviembre de 2008), su Grupo de Trabajo, que durante el primer semestre de 2009 conformaron Brasil, Reino Unido y Corea del Sur, se ocupó de plasmar en concreciones y calendarios los compromisos asumidos en el encuentro en la capital de EE.UU., con el mandato expreso de identificar las medidas prioritarias antes del 31 de marzo del 2009 conforme a las bases del Plan de Acción acordado[38].

Otros trabajos de la Conferencia de Washington se encomendaron al Foro de Estabilidad Financiera (FSF), poco conocido y con sede en Basilea, como el BIS. Esta entidad nació en 1999 a propuesta de Hans Tietmeyer, presidente por entonces del Bun-

---

[38] Pedro Rodríguez, «El G-20 se limita a pedir más esfuerzos contra la crisis y mejores regulaciones», *ABC*, 16-XI-2008.

desbank, y que fue comisionado en 1998 por los ministerios de Finanzas y los bancos centrales del G-7, para estudiar, tras la crisis cambiaria asiática de 1997, si el FMI necesitaba de algunos refuerzos a efectos de su futuro[39].

Y fue como resultado de ese encargo como se creó el Foro, con el en-cargo de «coordinar el trabajo de las autoridades financieras, para evitar los crecientes riesgos sistémicos derivados de la integración de los mercados». En ese sentido, en octubre de 2007, unos meses después de iniciarse la crisis financiera, el G-7 confió al FSF la misión de «precisar sus causas y extraer las primeras lecciones de la misma». En función de esto, en abril de 2008 presentó un amplio documento con tres recomendaciones: reducir el nivel de endeudamiento; ponderar mejor los riesgos asumibles en cada momento; e inmunizar el sistema contra incentivos perversos del tipo especulación. Conclusiones estas que, en gran medida, sirvieron de trasfondo para preparar los acuerdos de la Conferencia de Washington antes examinados.

Hasta mediados de 2009, el FMI no pudo avanzar en su pretensión de impulsar una nueva asignación de Derechos Especiales de Giro como pretendía, ni de lanzarse a una nueva revisión general de cuotas para ver acrecentados sus medios. Pero sí que logró aprobar una Enmienda a su Convenio Constitutivo (resolución 63-2 de 5 de mayo de 2008) autorizándole la venta de 403 Tm de oro (aprovechando que el oro alcanzó los 1.030 dólares la onza el 17 de marzo), para, con tales recursos, crear un fondo de inversión que le proporcione rentabilidad frente a su pésima situación financiera[40].

Consciente, además, de los problemas que deben afrontar muchos países, el FMI creó dos nuevas líneas de apoyo financiero a finales de 2008. El primero, un Fondo de Rescate a favor de Islandia, Hungría, Pakistán, Ucrania y Bielorrusia. El segundo, un nuevo Servicio de Liquidez a Corto Plazo en el FMI.

Por su parte, el director gerente del FMI, Strauss-Khan, poco antes de la Cumbre de Washington de noviembre de 2008, manifestó estar preocupado por la desaceleración de la economía

---

[39] www.swissinfo.ch

[40] Francesc Granell Trías, «El sistema económico internacional en 2008», *Boletín Económico de ICE*, núm. 2.957, del 16 al 31 de enero de 2009.

Figura 35. Robert Mundell (1932-2021), Premio Nobel de Economía por sus trabajos sobre los efectos de la unión monetaria. El autor de estas *Obras selectas* le entregó personalmente, en Astaná (Kazajistán), un proyecto de moneda mundial, *cosmos*, de la que se trata en este capítulo (carta al senador Obama).

mundial y sus consecuencias sociales, concretando que «el FMI no puede contentarse con ser el bombero apagafuegos que simplemente ayude a recuperar las balanzas de pago de unos pocos países: hemos de reivindicar el papel de arquitecto que ayude a reconstruir el crecimiento»[41].

En la Conferencia del G-20 en Londres, se decidió fortalecer el FMI con amplios recursos (500.000 millones más por cuotas, reajustándola para mejorar la representación de los BRIC), 250.000 millones más en DEG, 100.000 de aportación de Japón, y otras medidas que especificamos:

- Luchar contra los paraísos fiscales y el secreto bancario.
- Crear un Consejo de Estabilidad Financiera, CEF, que será el sucesor del Fondo de Estabilidad Financiera.
- Presentar un informe a la reunión del G-20 en Pittsburg, en septiembre de 2009.
- Agilizar el funcionamiento del FMI, de modo que los gobiernos de los Estados miembros tengan una mayor participación en las decisiones.

20. Una carta al senador Obama (febrero de 2008)

Un tema que apenas se trató en el G-20, en sus conferencias de Washington y Londres, fue la de la moneda global ya comenta-

---

[41] Alain Faujas, entrevista a Dominique Strauss-Khan, «Propondré al G-20 un plan de nueva gobernanza mundial», *El País*, 31-X-2008.

da antes en este mismo capítulo. Una cuestión que desde hace tiempo preocupa al autor de este libro, lo cual se tradujo en una carta abierta al senador Obama, en febrero de 2008, de la que se incluye a continuación la parte, por así decirlo, más operativa[42]:

Senador Obama:

La propuesta que aquí se hace consiste en que, si Vd. llega a la presidencia de EE.UU., considere la idea de contribuir a crear una moneda global, para todos los países del mundo que quieran adoptarla.

Un objetivo como el enunciado puede parecer utópico, al suscitar una meta difícil de alcanzar pero no imposible, pues la historia nos muestra que es enteramente razonable, ya que todos los signos monetarios importantes que ha habido y que hay, se formaron a través de uniones monetarias [a continuación se citaban la normalización del dólar en 1972 por la *Hamilton Coinage Act*, la creación del marco alemán en 1871, el esquema de Bretton Woods/FMI de 1944 y el nacimiento del euro en 1998]...

Por lo demás, la moneda global que se propone –y para la cual podría adoptarse el nombre de «Cosmos», como expresión de la belleza del universo en griego clásico– ya está encarrilada de hecho. Primero, por la simplificación monetaria, al hacerse más del 80 por 100 del comercio mundial vía dólares o euros. Y segundo, por los avances de la globalización, pues si todo se globaliza –transacciones de bienes y servicios, movimientos de capitales, remesas por migraciones, derechos de propiedad, tecnologías de la información y comunicación (TIC), y servicios financieros–, ¿cómo no habrá de globalizarse lo más importante, que son precisamente los medios de pagos hoy existentes?

Pero algunos dirán que un proyecto así nunca será posible, porque EE.UU. se opondría a perder su poderoso dólar y su *American way of life*. Pero si se contempla el pasado reciente, ese argumento no tiene demasiado peso, pues al margen de las circunstancias en que se encuentra el «billete verde», y de la creciente cooperación de la Reserva Federal con el Banco Central Euro-

---

[42] Ramón Tamames, *La Razón*, 19-II-2008.

peo, lo cierto es que en contra de ese mismo tipo de argumentos, en 1998, en Europa, Alemania aceptó avenirse a una unión monetaria, y nació así el euro. A ese respecto la moneda global podría surgir del entendimiento de una relación estable de tipos de cambio euro/dólar, a partir de lo que podría ser una nueva conferencia mundial, análoga a la de Bretton Woods en 1944, pero en un mundo casi con tres veces la población de entonces, mucho más complejo y más necesitado de integración.

Lo importante es percibir que una moneda común, que gradualmente podría establecerse para todo el planeta, comportaría grandes ventajas. Entre ellas, evitar nuevas crisis cambiarias que tantas y tan prolongadas dificultades crean. Como también supondría el máximo incentivo internacional a favor de la estabilidad de los mercados y la lucha contra la inflación, reduciendo además los fuertes costes de transacción que hoy soportan los países con monedas más débiles y que jun-tos abarcan más de la mitad de la población mundial.

Por último, a todo lo ya mencionado ha de agregarse que la moneda global sería una acción decisiva en el designio que el filósofo Immanuel Kant planteó en su *Ensayo sobre la paz perpetua* en 1795: al ponerse en común las políticas económicas de los países, se irían alejando los fantasmas bélicos de tantos siglos. Línea en la que también se pronunciaron dos personas de alta calidad moral y probada generosidad intelectual, que pronto podrían ser sus predecesores: Woodrod Wilson, quien en 1918 planteó una organización mundial «para acabar con todas las guerras», y el presidente Franklin D. Roosevelt, que tanto hizo por crear efectivamente ese organismo que se consagró con la Conferencia de San Francisco en 1945, donde se elaboró la Carta de las Naciones Unidas. Ahora está llegando su turno, senador Obama, en lo que sería un gran paso adelante como futuro presidente de EE.UU. y en favor de tantas cosas (13-II-2008).

La carta, parcialmente transcrita, tuvo inmediato acuse de recibo y al tiempo, el candidato, inquieto de momento por otras cosas, solicitó ayuda para su campaña, a la que el autor de este libro respondió con cien dólares, que fueron rápidamente agradecidos, quedando además abierta una senda de futuro.

En relación con la misma cuestión de la moneda global, Robert Mundell –Premio Nobel de Economía en 1999 por sus trabajos sobre las áreas monetarias óptimas– continúa en su posición habitual en pro de un signo monetario universal, como puede verse por algunos extractos de una entrevista que le hicieron en 2009, en el curso de la cual a la pregunta «¿de qué naturaleza es esta crisis?», dio la siguiente respuesta: «Se trata de una crisis muy, pero que muy diferente a la que siguió a la época del colapso del mercado accionarial en Nueva York en el mes de octubre de 1929 [...] La crisis actual presenta mayores analogías con las crisis del colapso del sistema monetario internacional de comienzos de los setenta. Todo esto tiene que ver con las fluctuaciones del valor cambiario del dólar. Dado que el dólar es, de hecho, la divisa mundial, las profundas fluctuaciones a las que se ve sometido influyen sobre todo el sistema monetario internacional[43]».

Ulteriormente, al interrogarle sobre «¿qué hay que hacer para evitar que se vuelva a repetir otra crisis similar?», Mundell contestó muy significativamente: «Lo más importante es volver a una versión mejorada del sistema Bretton Woods de tipos de cambio fijos; es necesario encontrar una unidad de valor global, y la mejor solución sería establecer un conjunto formado por las principales divisas unidas entre sí. Idealmente, todo esto debería comenzar con la cooperación entre la FED y el BCE, para estabilizar en el marco de ciertos parámetros al dólar y al euro».

El tema irá *in crescendo*, y la moneda universal –*cosmos* o con otro nombre– llegará, seguramente en el segundo decenio del siglo XXI. Y si no llega, mala señal: ello significaría que las más graves tensiones subsistirían en la economía mundial. Y no con precisamente las mejores expectativas políticas para un desarrollo pacífico, financieramente estable y ecuménicamente solidario.

---

[43] Bruno Peirini, «El mundo irá al desastre si la FED no corrige sus errores» (entrevista a Robert Mundell), «Il Sole 24 Ore», *El Economista*, 1-XII-2008.

Capítulo 4
La Unión Monetaria Europea[1]

1. Antecedentes previsibles de la unión monetaria

El economista belga Robert Triffin fue el primer autor en detallar cuáles deberían ser los pasos que en Europa podrían conducir a la integración monetaria[2]:

1. Planificación *ex ante* de la ayuda mutua (para atender a desequilibrios de balanza de pagos), especificándose los recursos aportables por cada país.
2. Creación de un fondo de reserva que, inicialmente, se integraría por cuotas del 10 por 100 de las respectivas reservas nacionales. Ulteriormente se ampliarían y, en paralelo, el manejo del fondo se haría supranacional.
3. Otras medidas de transición: nuevas monedas nacionales en los países miembros, de valor igual a la Unidad Monetaria Europea (ECU), y circulables en todo el territorio de la Unión, así como la creación de una Autoridad Monetaria Europea, con una fórmula similar al Sistema de la Reserva Federal de EE.UU.

Desde 1964, los estudios para la Unión Monetaria Europea adquirieron una cierta notoriedad, siguiéndose en todos ellos, más o menos, el esquema de Triffin. Una Unión que tal vez podría haberse implantado gradualmente, sin grandes dificultades por entonces, en lo que fue un período, los años 1959-1967, de comparativa estabilidad monetaria internacional.

---

[1] Capítulo 13 de *La Unión Europea*, Alianza Editorial, Madrid, 2002, 5.ª ed.
[2] Robert Triffin, *El oro y la crisis del dólar*, FCE, México, 1962, págs. 159 y sigs.

Pero la idea de ir rápidamente a la Unión tropezó con renuencias varias, especialmente de parte de la Francia de De Gaulle, quien, asesorado por Jacques Rueff, se manifestó por la idea de la vuelta al patrón oro, al tiempo que se resistió a poner en común la soberanía monetaria francesa. Más adelante, como veremos, la crisis del sistema monetario internacional (SMI) del FMI significaría una seria dificultad adicional.

2. Los proyectos de unión

A pesar de todo, la unión monetaria continuó estando entre los objetivos de la Comunidad, aunque no figurara en la lista de sus prioridades.

Así, en el informe que el primer ministro de Luxemburgo Pierre Werner elaboró por encargo del Consejo de las Comunidades en 1970 (Plan Werner), se puso de relieve que, sin una efectiva armonización de las políticas económicas, no cabría esperar sino crecientes tensiones dentro del aún problemático mercado común. Para evitarlo, en el Plan Werner se especificaron los principales elementos de la posible unión monetaria, entre ellos, la «total e irreversible unión» de las monedas de la Comunidad.

Sin embargo, los progresos previstos por el Plan Werner –que se cifraban en llegar a la unión monetaria en 1980–, se vieron bloqueados por nuevos avatares en 1971: la inconvertibilidad del dólar y su primera devaluación.

Frente a esa situación –y ya en plena flotación cambiaria desde 1972, al quebrarse los cambios fijos del FMI–, las aspiraciones europeas se constriñeron a un propósito bien modesto: vincular entre sí las monedas de los países de la Comunidad dentro de ciertos márgenes de fluctuación. En representación diagramática –de cotizaciones máximas y mínimas día a día– ese propósito ofrecía una imagen que, en la jerga monetaria internacional, acabó recibiendo el nombre de *serpiente monetaria*, o serpiente dentro del túnel, definido por las dos líneas de la banda.

Los esfuerzos de fluctuación conjunta –con referencia al dólar, y de un 2,5 por 100 en más o en menos (y con márgenes máximos, pues, del 50 por 100)– no tuvieron mayor éxito. Italia, Gran

Bretaña e Irlanda no llegaron a considerarse en condiciones de integrarse en 1972, mientras que Francia la abandonó en 1974. Prácticamente, la *serpiente monetaria* acabó limitándose al DM, a las monedas del Benelux, y a algunas escandinavas. De hecho, de esa y otras circunstancias surgiría el gran predicamento del Bundesbank y del DM, así como la idea de una zona monetaria dura en Europa Central, que luego pudiera servir de núcleo de la Unión[3].

Figura 37. Robert Triffin (1911-1993), economista belga. En su célebre libro *El caos monetario*, propuso la creación de una verdadera unión monetaria a escala europea. Profesor en la Universidad de Lovaina, ejerció gran influencia en la efectiva creación de la moneda común subsiguiente, que se configuró en 1998 como el euro.

A pesar de todo, los esfuerzos comunitarios por hacer algo en medio de la crisis del SMI prosiguieron. En esa línea de as-

---

[3] Sobre el tema de la unión monetaria hubo pronto abundante bibliografía, así como documentos muy diversos, recogidos en el dosier «Le système monétaire européen», publicado por *Diffusion Europe* en abril de 1979. Debe citarse, además, el trabajo de la Dirección General de Asuntos Económicos y Financieros de la Comisión «Système Monétaire Européen. Partie A: Commentaire. Partie B: Documents», de julio de 1979. Como síntesis posterior de la cuestión, es de interés el documento número 5 de la serie de 1980, publicado por la Comisión Europea, con el título «El sistema monetario europeo». Para bibliografía española ulterior, el trabajo de Juan Zurdo, Emilio Bonet y Román Ortiz «Política fiscal», en el libro *Aspectos económico-financieros de las Comunidades Europeas*, Cámara de Comercio, Madrid, 1985, págs. 563-651. También la obra de Joaquín La Llave, *El sistema fiscal europeo*, Editorial Trivium, Madrid, 1986. Y el pequeño pero utilísimo libro de Ramón Boixadós, *El ECU y el SME*, Gestión 2000, Barcelona, 1990. También son de interés estos trabajos del FMI sobre el SME: Horst Ungerer, Owen Evans, Thomas Mayer y Philip Young, *International Monetary Fund Occasional Paper*, Washington, D.C., diciembre de 1986; David Folkerts-Landau y Donald J., «Integration of European Financial Markets», *International Monetary Fund Occasional Paper*, Washington, D.C., octubre de 1989; Horst Ungerer, Jouko J. Hauvonen, Augusto López-Claros y Thomas Mayer, «The European Monetary System: Development and Perspectives», *International Monetary Fund Occasional Paper*, Washington DC, noviembre de 1990.

piraciones nació el Fondo Europeo de Cooperación Monetaria (FECOM), creado el 6 de abril de 1973, y que está regido por la Comisión Monetaria de la CE. Con personalidad jurídica propia, y con sede en Luxemburgo, el Fondo había de promover la reducción progresiva de los márgenes de fluctuación de las divisas comunitarias entre sí, con la intervención en los mercados de cambios. Igualmente, tenía entre sus cometidos facilitar los acuerdos entre bancos centrales para una política de reservas concertada.

Sin embargo, las actividades del Fondo no colmaron las esperanzas puestas en él. Para empezar, la *serpiente monetaria* no era ni oficial ni general. A lo cual se agregaron la crisis energética, a partir de octubre de 1973, y el marasmo monetario subsiguiente que se derivó de las grandes corrientes de petrodólares.

El verdadero relanzamiento de la idea de la unión monetaria aún se demoró unos años. De hecho, cabe decir ahora que hubo de esperarse al final de los efectos del primer choque petrolero (1973-1974), y se aprovechó un espacio de tiempo muy breve antes del segundo (1979-1980).

El caso es que la iniciativa –en el fondo fruto de la asociación francoalemana de Giscard d'Estaing y Helmut Schmidt– se debió formalmente al británico Roy Jenkins, por entonces presidente de la Comisión Europea.

Jenkins, en un discurso pronunciado en Florencia el 27 de octubre de 1977, definió con nitidez las posibles ventajas de una primera aproximación a un sistema que se configuraría como una *serpiente nueva*, con la particularidad de que se independizaría del dólar (para sustituirlo surgiría luego el ECU) y que tendría un sistema común –desde el FECOM– de apoyo a los tipos de cambios declarados. Lo cual permitiría estrechar la banda de fluctuación del 5 por 100 de la serpiente a lo que luego sería el 2,25 en el SME.

Un mes después de la alocución de Jenkins, la Comisión Europea, con el impulso de su vicepresidente, el francés François Xavier Ortoli, hizo pública una «Comunicación sobre las perspectivas de la Unión Económica y Monetaria». Y tras intensas negociaciones a lo largo de año y medio, el 12 de marzo de 1979, el Consejo

Europeo, reunido en París, autorizó definitivamente la puesta en marcha del SME, que entró en vigor al día siguiente[4].

3. Las bases del Sistema Monetario Europeo (SME)

Desde un principio, se dijo que el objetivo prioritario del SME consistiría en estabilizar las relaciones de cambios entre las monedas partícipes del mismo, a fin de garantizar un correcto funcionamiento del mercado común, así como para contribuir a la confianza de los inversionistas.

A tales efectos, pueden sintetizarse los elementos principales del SME en cuatro: fijación de las paridades, ECU, indicador de divergencia y sistema de financiamiento comunitario de las intervenciones en los mercados cambiarios. Veremos con algún detalle esos cuatro puntos.

3.1. La paridad monetaria: los «pivotes bilaterales»

Cada país miembro del SME había de declarar su paridad para con las demás monedas nacionales que participaban en el *mecanismo de cambios* (MDC) del SME. O dicho de otra forma, fijaba sus cambios, llamados «pivotes bilaterales», con las otras monedas del MDC. Esos cambios se basaban en la experiencia previa de los mercados.

Aunque en principio todos los pivotes bilaterales tenían un mismo significado, desde el comienzo el definido frente al DM tuvo el carácter de *verdadera paridad*. Es algo similar a lo sucedido en el FMI hasta 1971, cuando la paridad se establecía doblemente: frente al oro (en el SME, el ECU) y frente al dólar (en el SME, el DM).

---

[4] El principal asesor técnico de la Comunidad en la elaboración del SME fue el economista belga Jacques van Yperseele, profesor de la Universidad de Lovaina. Sobre la fase final de diseño del SME es de interés el artículo de Gonzalo Gil y Luis A. Rojo «Aspectos monetarios y financieros», en *ICE*, junio-julio de 1979, págs. 35 y sigs.; y asimismo el de Santiago Eguidazu «El sistema monetario europeo», también en *ICE*, junio-julio de 1979, págs. 45 y sigs. De ese mismo autor, «El proceso de unificación monetaria europea», en el libro *Aspectos económicos-financieros de las Comunidades Europeas*, Cámara de Comercio, Madrid, 1985, págs. 375-442.

La fijación de los pivotes bilaterales se hacía con tres referencias. Suponiendo la relación, por ejemplo, FF/DM, se establecían: un *cambio central* (C.C); un *tipo de cambio inferior* o suelo, equivalente a un 2,25 por 100 más del C.C.; y un *tipo de cambio superior*, o techo, un 2,25 por 100 por debajo del C.C. De modo que el FF dentro del MDC podía oscilar respecto del DM entre el 0,9775 (máxima apreciación) y el 1,0225 de su C.C. (máxima depreciación).

La relación cruzada de esos tres tipos de cambio o pivotes bilaterales de cada moneda en el MDC del SME era la denominada «parrilla de paridades».

Habiendo una banda de fluctuación, era evidente que el SME no era un sistema de cambios fijos, sino flexibles, con la particularidad de que la banda del 2,25 por 100 no era la única posible. Para casos especiales, se fijaban otras *bandas de fluctuación*. Así, se estableció un 6 por 100 para Italia, España y Portugal, y Reino Unido. Y en 1993, durante la gran crisis general del SME, la banda se amplió al 15 por 100 según veremos más adelante.

La oscilación máxima de una moneda en el MDC del SME se medía por la relación de la más débil respecto a la más fuerte. Suponiendo que la más fuerte fuese el DM, y el FF la más débil, este último no podría caer por debajo del 1,0225 del valor de su C.C. frente al DM (lo que antes hemos llamado «máxima depreciación»).

Si la apreciación o depreciación era menor del 2,25 por 100 (o del 6, o del 15 por 100 en su caso), la obligación de intervenir no existía teóricamente. Pero, como es lógico, en la práctica, las autoridades intervenían antes de que se alcanzara el límite. Luego lo veremos en el apartado 3.4.

3.2. El ecu, algo más que moneda cesta

La base teórica del sistema era el ecu (European Currency Unit o Unidad Monetaria Europea). El ecu era la unidad de cuenta a todos los efectos del SME, y en ese carácter, como ya pusimos de relieve, radica una de las grandes diferencias con la *serpiente monetaria*, que fluctuaba con referencia al dólar. De este modo, el ecu marcó un comienzo de independencia europea frente al «billete verde».

Además, el ecu servía para todos los cálculos presupuestarios dentro de la CE. Y desde 1980 se empleaba en emisiones de capital (empréstitos de los países comunitarios, etc.) y para otros usos muy diversos: cuentas del comercio exterior, tarjetas de crédito y actividades financieras de todas clases.

Figura 38. Roy Jenkins (1920-2003), economista británico, galés, presidente de la Comisión Europea entre 1977 y 1981, cuando fue aprobado por la CE el sistema monetario europeo (SME), precedente del euro. La divisa ancla del SME fue el Deutsche Mark (DM), con una oscilación de 2,5% de las monedas del sistema. El SME funcionó en numerosas vicisitudes entre 1977 y el 2 de mayo de 1998, al entrar en vigor el euro y crearse el Banco Central Europeo (BCE).

En el momento de entrar en vigor el SME, el ecu se definió por una *cesta de monedas* (véanse cuadros 2 y 3), cifrada en la suma de los importes de las cantidades fijadas *ad hoc* de las doce monedas de los Estados miembros de la CE en esa época. Esa cesta del ecu se revisaba periódicamente (cada cinco años) para adaptarla al peso comparativo de los países de la CE en función de tres elementos: PIB, comercio intracomunitario y cuota en el FECOM. En el cuadro 2 puede verse cómo evolucionó la participación de las distintas monedas en la cesta del ecu.

Cuadro 2 Composición de la cesta del ecu			
Países (y monedas)	Del 13.3.1979 al 16.9.1984	Del 17.9.1984 al 20.9.1989	Desde el 21.9.1989
BFR (franco belga)	3,66	3,71	3,301
DKR (corona danesa)	0,217	0,219	0,1976
DM (marco alemán)	0,828	0,719	0,6242
DR (dracma griega)	—	1,15	1,44
ESC (escudo portugués)	—	—	1,393
FF (franco francés)	1,15	1,3	1,332
HFL (florin neerlandés)	0,286	0,256	0,2198
IRL (libra irlandesa, o punt)	0,00759	0,008781	0,008552
LFR (franco luxemburgués)	0,14	0,14	0,13
LIT (lira italiana)	109	140	151,8
PTA (peseta española)	—	—	6,885
Ukl (libra esterlina)	0,0885	0,0878	0,8784

FUENTE: CE.

El valor del ecu –véase cuadro 4– se calculaba multiplicando los C.C. de los pivotes laterales declarados de la moneda de que se trataba, por la cantidad de cada una de esas monedas en la cesta. El sumatorio de los 12 sumandos resultantes de las 12 multiplicaciones era el valor del ecu en la moneda en cuestión (pivote ecu). Por ejemplo: 133,631 ptas./ecu al ingresar España en el SME, en junio de 1989, como nos dice el cuadro 4.

En el cuadro 5 figura, además, el cálculo en un día concreto, del valor del ecu en pesetas, según las cotizaciones de mercado, en ese mismo día, de las diversas monedas comunitarias (estén o no en el MDC). Había, pues, para el ecu, una divergencia entre el cambio oficial y el corriente de cada día.

Cuadro 3. Evolución de la participación de las divisas que componen la cesta ecu (en porcentaje)

	Sept. 1979	Jun. 1981	Jun. 1983	Jun. 1984	Jun. 1985	Sep. 1985	Dic. 1985	Dic. 1988	Sept. 1989
Marco	33,00	32,80	36,50	37,00	31,80	32,00	32,90	34,8	30,10
Franco fr.	19,80	19,10	16,80	16,80	19,10	19,00	19,50	18,5	19,00
Libra e.	13,30	16,30	15,20	14,90	15,50	15,00	14,30	13,5	13,00
Lira	9,50	8,70	8,00	7,90	9,80	10,20	9,40	9,2	10,15
Florín	10,50	10,20	11,30	11,40	10,10	10,10	10,40	10,9	9,40
Franco b.	9,60	8,80	8,10	8,00	8,20	8,20	8,30	8,4	7,60
Franco l.	0,30	0,30	0,30	0,30	0,30	0,30	0,30	0,30	0,30
Corona	3,10	2,70	2,70	2,60	2,70	2,70	2,80	2,7	2,45
Libra irl.	1,20	1,10	1,10	1,10	1,20	1,20	1,20	1,1	1,10
Dracma	—	—	—	—	1,30	1,30	0,90	0,6	0,80
Escudo	—	—	—	—	—	—	—	—	0,80
Peseta	—	—	—	—	—	—	—	—	5,30
	100	100	100	100	100	100	100	100	100

FUENTE: R. Boixadós, ob. cit., pág. 28.

El pivote ecu de cada moneda del SME se modificaba al devaluarse o revaluarse esa moneda. Su nuevo valor se calcula siguiendo el procedimiento ya visto en los cuadros 4 y 5.

3.3. Indicador de divergencia y divergencia máxima

En la búsqueda de la estabilidad cambiaria, cada país miembro del SME se comprometía a mantener la cotización del mercado de su moneda dentro de los márgenes definidos por los «pivotes bilaterales». Para ello, su banco central procedía a vender o comprar divisas en la medida necesaria, según tendiese a apreciarse o depreciarse su valuta, respectivamente.

Los pivotes bilaterales, naturalmente, no eran fijos para siempre. Cabía modificarlos para devaluar o revaluar, según las circunstancias que iremos viendo. Esas modificaciones necesitaban de la autorización del Comité Monetario, para evitar «devaluaciones competitivas», es decir, provocadas para mejorar por esta vía la competitividad de un país. La supervisión del Comité servía también para incentivar la disciplina de cada país con políticas adecuadas.

Cuadro 4. Cálculo de la cotización oficial del ECU en pesetas

	Estructura del ECU (Ai)	Tipos de cambio centrales bilaterales o pivotes bilaterales en pesetas (Bj)	(Ai × Bj) = Ptas.
dem	0,624200	65,0000000	40,573000
frf	1,332000	19,3806000	25,814959
gbp	0,087840	191,7500000	16,843320
itl	151,800000	0,0868726	13,187261
nlg	0,219800	57,6883000	12,679888
bef	3,301000	3,1514300	10,402870
ptas	6,885000	1,0000000	6,885000
dkk	0,197600	17,0405000	3,367203
iep	0,008552	174,1310000	1,489168
grd	1,440000	0,6508000	0,937100
pte	1,393000	0,7476000	1,041400
luf	0,131000	3,1514300	0,412800

$$i=j\sum_{\substack{i=1 \\ j=1}}^{\substack{i=12 \\ j=12}} (Ai \times Bj) = 133,631 \text{ ptas/ECU}$$

O sea:

$$i=j\sum_{\substack{i=1 \\ j=1}}^{\substack{i=12 \\ j=12}} (Ai \times Bj) = (0,6242 \text{ dem} \times 65 \text{ ptas/dm}) + (1,332 \text{ frf} \times 19,3806 \text{ ptas/frf}) + (0,08784 \text{ gbp} \times 191,75/\text{gbp}) + (151,8 \text{ itl} \times 0,0868726 \text{ ptas/itl}) + (0,2198 \text{ nlg} \times 57,6883 \text{ ptas/nlg}) + (3,301 \text{ bef} \times 3,15143 \text{ ptas/bef}) + (6,885 \times 1 \text{ pts}) + (0,1976 \text{ dkk} \times 17,0405 \text{ ptas/dkk}) + (0,008552 \text{ iep} \times 174,131 \text{ ptas/iep}) + (1,44 \text{ grd} \times 0,6508 \text{ ptas/grd}) + (1,393 \text{ pte} \times 0,7476 \text{ ptas/pte}) + (0,131 \text{ luf} \times 3,1543 \text{ ptas/luf}) = 133,631 \text{ ptas/ECU}$$

FUENTE: R. Boixadós, ob. cit.

El *indicador de divergencia* es la diferencia entre los pivotes bilaterales y los tipos de cambio efectivos del día a día en el mercado de cambios. Ese margen reflejaba cuándo y cuánto se debilitaba o se apreciaba una moneda con respecto a las otras. Y por tanto –entre otras muchas cosas–, daba la señal para que la autoridad monetaria tomara medidas en caso necesario.

Cuadro 5. Cálculo de la cotización del ecu en pesetas según valores de mercado (21-11-1989, según el fixing de Madrid)

	Composición del ECU (Ai)	Tipos de cambio a 21-11-1989 (Ck)	(Ai x Ck) = Pts.
dem	0,624200	63,8787	39,8731
frf	1,332000	18,7829	25,0188
gbp	0,087840	183,3772	16,1078
itl	151,800000	0,0869	13,1914
nlg	0,219800	56,6097	12,4428
bef	3,301000	3,0436	10,0468
pts	6,885000	1,0000	6,8850
dkk	0,197600	16,4482	3,2502
iep	0,008552	169,1397	1,4465
grd	1,440000	0,7115	1,0246
pte	1,393000	0,7415	1,0329
luf	0,131000	3,0436	0,3987

$$i=k \sum_{\substack{i=1 \\ k=1}}^{\substack{i=12 \\ k=12}} (Ai \times Ck) = 130,7186 \text{ ptas/ECU}$$

FUENTE: R. Boixados, ob. cit., págs. 30 y 31.

El porcentaje máximo de depreciación autorizado de la moneda respecto de la más débil dentro del MDC, ya lo vimos antes, era del 2,25 por 100 (o del 6 o el 15 por 100). Eso es precisamente lo que se llama «divergencia máxima», el más alto valor que el indicador de divergencia puede alcanzar.

En el cuadro número 6 puede comprobarse la evolución entre 1989 (media anual) y agosto de 1992 de la peseta en el SME en términos de márgenes, cambios efectivos nominales y cambios efectivos reales. Es muy fácil apreciar, a partir de agosto de 1992

LA UNIÓN MONETARIA EUROPEA

–comienzo de las grandes turbulencias en el SME–, la gradual depreciación respecto al conjunto de la CE.

Cuadro 6. Tipos de cambio de la peseta en el SME									
Años y meses	La peseta en el SME (a)			Tipo de cambio efectivo nominal de la peseta frente a			Tipo de cambio efectivo real de la peseta con precios de consumo frente a		
	Margen disponible (b) respecto a la moneda más		Posición respecto al DM (c)	Países desarrollados	CE	SME banda original	Países desarrollados	CE	SME banda original
	Débil	Fuerte							
	Porcentajes			Base 1985 = 100					
1989	3,98	–5,84	2,49	106,0	101,2	96,2	119,4	114,3	114,8
1990	5,44	–4,84	3,07	111,2	102,3	95,7	127,3	117,6	118,3
1991	4,56	–5,48	3,77	110,9	103,1	96,7	128,6	120,1	122,5
1992	3,47	–4,30	1,42	108,9	100,4	92,5	129,3	119,2	120,1
1993	7,13	–7,97	–0,10	86,6	88,2	83,0	90,9	92,8	88,6
1994	12,21	–12,97	–4,16	80,9	82,7	76,9	86,6	88,5	84,0
1995 Ene	11,34	–13,45	–8,58	78,7	80,1	73,7	85,6	87,0	82,0
Feb	11,06	–13,44	–8,95	79,2	80,5	73,6	86,1	87,4	81,9
Mar	8,18	–13,46	–7,75	77,6	78,9	70,5	84,6	85,8	78,9
Abr	8,36	–13,34	–5,44	78,9	80,3	71,2	86,2	87,6	79,9
May	9,46	–13,32	–2,67	80,6	82,1	73,6	87,9	89,4	82,4
Jun	9,97	–13,30	–2,03	81,0	82,5	73,8	88,4	89,8	82,8

(a) Calculado a través de los cambios frente al DM.
(b) Porcentaje de apreciación (+) y depreciación (–) máxima de la peseta antes de llegar a los límites de intervención obligatoria. (Hasta agosto de 1993 eran de un 6 por 100; a partir de entonces pasaron a ser del 15 por 100.)
(c) Apreciación (+) o depreciación (–) respecto al tipo de cambio bilateral.

FUENTE: Banco de España.

Antes de que una moneda del SME se encontrara en divergencia máxima –también antes hemos dicho algo al respecto–, las autoridades monetarias correspondientes estaban obligadas a tomar las medidas necesarias para evitar el máximo de fluctuación. En cualquier caso, la intervención debía producirse, inexcusablemente, cuando el diferencial entre los pivotes y el cambio corriente de la moneda alcanzaba ya el 75 por 100 de la «divergencia máxima». En ese momento, las autoridades monetarias habían de actuar para corregir la situación, comprando su divisa (depreciación) o vendiéndola (apreciación).

Esa marca del 75 por 100 se llama *umbral de divergencia*, y pone en marcha el mecanismo de intervenciones del mercado para corregir la situación y evitar así la modificación de las paridades. Pero todo tiene un límite, y si la presión sobre la moneda propia era ya insoportable, podía decidirse la modificación de los pivotes bilaterales, es decir, la *revaluación* (solo se dio en algunos casos para el DM y el FH) o la *devaluación* (casi todas las demás monedas alguna vez).

Se acababa recurriendo a devaluar, por la sencilla razón de que utilizados los recursos que el SME ponía a disposición de sus Estados miembros –veremos en el apartado 3.4 cuáles son–, en caso de intentar mantenerse la anterior banda de fluctuación, se llegaría a la *fusión de las reservas*, en defensa de una paridad que a todas luces estaría reflejando un estado de sobrevaluación absolutamente insostenible ante las fuerzas del mercado (y los manejos de los operadores de los que nos ocuparemos en la sección 13).

Debe observarse que, cuando se devaluaba oficialmente una moneda en el seno del SME, su tipo de cambio «corriente» podía incluso «mejorar». Porque lo que se modificaba eran los tipos de cambio «oficiales», el suelo y el techo de la banda. Así, podía ocurrir que en el mercado una moneda valiera más después de la devaluación, porque se situaba *baja* dentro de su nueva banda de fluctuación, a un nivel inferior al muy alto que ya tenía en la anterior banda.

3.4. Intervenciones

Ya hemos visto que cuando una divisa tendía a la baja, las autoridades monetarias cumplían con su obligación en el SME, comprando su moneda a base de vender divisas de otros países. Ahora bien, ¿qué pasaba si un país no tenía bastantes reservas como para seguir procediendo así? Para resolver tal situación el hoy extinto FECOM contribuía con sus ayudas. Para eso estaba.

El FECOM concedía créditos hasta el total aportado por cada país (el 20 por 100 del oro y el 20 por 100 de las divisas de sus reservas internacionales), con cargo a la «cuenta de reservas de ecus» que cada Estado miembro tenía abierta en el propio FE-COM. Esos eran los «ecus públicos», que los bancos centrales podían utilizar como desearan en sus intervenciones.

Pero, además, había otros mecanismos de crédito y de apoyo financiero recíproco, entre los Estados participantes del SME, para reducir las tensiones monetarias. Eran los siguientes:

- *Créditos a plazo muy corto*, reintegrables lo más tarde dentro de los setenta y cinco días, salvo si se convertían en créditos a corto plazo. En principio, no tenían limitación de volumen, porque se suponía que eran recursos de tesorería.
- *Créditos a corto plazo*, reintegrables dentro de los tres meses, salvo renovación. Tales créditos eran para problemas transitorios de balanza de pagos.
- *Créditos a plazo medio*, que se otorgan entre sí los bancos centrales, condicionándolos, en común y en el seno del Consejo de Ministros de la CE, a la fijación de objetivos económicos que el país beneficiario se comprometía a alcanzar en el contexto de sus serios problemas de balanza.

Naturalmente, las tres clases de créditos entre socios se concedían a la vista de la situación de la moneda amenazada. Si la cosa iba a peor, diríamos, llegaría un momento en que no habría más créditos, salvo que se tratase de la estrecha relación mantenida, hasta agosto de 1993, entre el Banco de Francia y el Bundesbank para mantener el FF.

Lógicamente, además de devaluar, si el panorama parecía insoluble incluso con esa medida por las múltiples incertidumbres, un país miembro podía abandonar el mecanismo de cambios a fin de que su moneda se situara, sin más corsés, donde la colocase el mercado. Eso es lo que hicieron Italia y el Reino Unido el 15 y el 16 de septiembre de 1993, respectivamente.

4. La experiencia del SME

En principio, en 1979, al crearse el SME, se previó que tras dos años de funcionamiento el sistema podría consolidarse, de tal modo que para entonces pudiera constituirse el Fondo Monetario Europeo. Así las cosas, los depósitos monetarios y en oro de cada país en el FECOM pasarían a constituir verdaderas reservas comunitarias, confirmándose plenamente el ecu en su doble rol de activo de reserva, y de instrumento de liquidación de saldos entre bancos centrales y para toda clase de operaciones. En ese momento se habría dado un paso decisivo hacia la unión económica y monetaria. Pero las consideraciones políticas nacionales y el segundo choque petrolero, en 1979-1980, impidieron llegar tan rápidamente al propósito señalado.

Diez años después, al comienzo de los años 90, la situación seguía más o menos igual, aparte de las previsiones hechas en el Acta Única Europea (1987), a las que nos referimos en la siguiente sección.

La experiencia del ecu entre 1979 y 1992, cuando empezaron las grandes turbulencias[5], hacía recomendable:

1. Admitir una mayor frecuencia de modificación de los cambios de los pivotes bilaterales (devaluaciones y revaluaciones).
2. Establecer márgenes de fluctuación más amplios para las monedas con mayores problemas.
3. Arbitrar algún mecanismo regulador de la salida temporal y voluntaria del MDC del SME –que no del SME–[6] para las monedas con dificultades.

---

[5] Sobre el tema: Michèle Fratianni, «El sistema monetario europeo ¿hasta qué punto ha funcionado?», *ICE*, mayo de 1989, págs. 39-56; y Miguel A. Arnedo Orbañanos, «La contribución del ECU al desarrollo del mercado europeo de capitales», *ICE*, mayo de 1989, págs. 107-116.

[6] Será interesante destacar que los británicos siempre hablan de «salirse del MDC» (Exchange Rate Mechanism o ERM), y no del SME (EMS), por la sencilla razón de que un país que se sale del MDC sigue en el SME. Su moneda persiste en la cesta del ecu, su cuota se mantiene en el FECOM, continúa utilizando las facilidades crediticias del sistema y no abandona el Comité Monetario del FECOM, ni las reuniones del Comité de Gobernadores de los bancos centrales europeos.

4. Desarrollar una política de cooperación monetaria más estrecha SME/EE.UU./Japón[7].

5. Política monetaria más homogénea de los Estados miembros como paso imprescindible para progresar en la senda de la convergencia económica.

6. Y lo último, y no lo menos importante, ir dando los pasos necesarios para pasar del SME –un sistema transitorio e inestable– a la unión monetaria.

5. El comienzo de la Unión Monetaria Europea (UME): Acta Única Europea y Maastricht[8]

¿Por qué la UM? ¿Y por qué solo desde 1987 y no antes? La explicación podría ser muy larga, pero lo cierto es que la disponibilidad de una moneda única para la CEE no fue necesaria mientras funcionó el sistema de cambios fijos del Fondo Monetario Internacional (FMI), hasta que en 1973 este se vino abajo, tras la inconvertibilidad oro del dólar y las dos devaluaciones que siguieron de la moneda norteamericana. Así fue como se abrió paso a los *cambios flotantes* en las cotizaciones del día a día.

Fue entonces cuando en la CEE se ideó la *serpiente monetaria* –una fluctuación conjunta frente al dólar que duró de 1973 a 1978– y el sistema monetario europeo (SME), que nació en 1979, básicamente, como mecanismo de cambios, como ya hemos visto en las secciones 2 a 4 de este mismo capítulo.

Pero el empuje decisivo en pro de la moneda común se haría esperar años, y solo se produciría con el Acta Única Europea (AUE, recuérdese lo visto en el apartado 6 del capítulo 3), suscrita el 17 de febrero de 1986 en Luxemburgo, y que entró en vigor el 1 de julio de 1987, con un temario que incluía el objetivo

---

[7] En este pasaje, no estará de más recordar la propuesta de *The Economist*, formulada en 1987 –y que se suponía podría ser una realidad en treinta años, en el 2017– de llegar a contar con una moneda mundial común (el *fénix*), a base de una cooperación creciente del dólar, el yen y el ecu.

[8] Desde esta sección 5 al final del capítulo 13, la redacción es completamente nueva para la 3.ª edición. Básicamente, todo el texto procede de una obra de Ramón Tamames sobre el mismo tema: *Unión monetaria y euro: la recta final*, Espasa-Calpe, Madrid, 1998, con 360 páginas y abundante bibliografía a la que aquí nos remitimos.

de una Europa sin fronteras, el ya mencionado Mercado Interior Único (MIU).

Dentro de la AUE se incluyó un pasaje para garantizar la convergencia de las políticas económicas de los Estados miembros: equilibrio de la balanza de pagos, estabilidad de precios, confianza en la moneda y alto nivel de empleo. Se trataba de una declaración, en apariencia, sin nada nuevo pero que subrayó algo muy importante: *en la medida de lo necesario*, se aplicarían las disposiciones del artículo 236[9] del Tratado de Roma, según el cual, el gobierno de un Estado miembro, o la propia Comisión, estarían facultados para someter al Consejo de Ministros de la CEE los necesarios proyectos de revisión de los tratados.

En esa referencia al artículo 236 se asentó el ulterior acuerdo para convocar una conferencia de representantes de los países miembros, para formular el proyecto de unión monetaria. Y como elemento básico de preparación de esa conferencia, se encargó un estudio previo a un grupo de trabajo, que pasó a dirigir el presidente de la Comisión Europea.

El resultado fue el Informe Delors, hecho público el 13 de abril de 1989, y que se debatió en el Consejo Europeo de Madrid de la primera presidencia española de la CE, los días 26 y 27 de junio de 1989. Fue entonces cuando realmente se decidió ir a la unión monetaria, para lo cual se convino abordar definitivamente los trabajos preparatorios de la Conferencia Monetaria Intergubernamental Comunitaria, con sede en la misma ciudad holandesa de Maastricht.

A pesar de la traumatizante crisis del Golfo –desencadenada en julio de 1990–, se cumplieron los plazos previstos. Y en menos de un año, el 11 de diciembre de 1991, se concluía el Tratado de la Unión Europea (TUE), cuya firma se llevó a cabo el 7 de febrero de 1992 en Maastricht (la plaza fuerte que Lope de Vega evocara en *El asalto a Mastrique,* del triunfo de los Tercios de Flandes frente a los *rebeldes* holandeses). El Tratado se ratificó en octubre de 1993, con vigencia desde el 3 de noviembre de ese mismo año (recuérdese lo visto en el apartado 8 de este capítulo) con la pre-

---

[9] El artículo 236 del Tratado Constitutivo de la Comunidad Europea fue derogado por el TUE y su contenido fue subsumido por el artículo N, que tras la renumeración es el artículo 48 del TUE.

visión de tres fases sucesivas para construir la unión monetaria según veremos.

Figura 39. Jacques Delors (1925), europeísta francés, fue presidente de la Comisión Europea entre 1985 y 1995, periodo de fuerte impulso de la Unión Europea por medio del Acta Única para hacer funcionar la Unión con más eficacia. Con el Tratado de Maastricht de 1991 nació la Unión Monetaria del Euro. Su mandato al frente de la Comisión se tiene por el más provechoso de la historia de la integración europea.

6. Política de convergencia e Instituto Monetario Europeo

La primera fase quedó cumplimentada, de hecho, entre 1990 y 1992, al decidirse la libre circulación de capitales (LCC), restringirse el crédito al sector público para frenar los déficits –poniéndose de ese modo en marcha la política de convergencia– y proclamarse la independencia de los bancos centrales respecto de los gobiernos de los Estados de la UE.

6.1. Los cinco criterios de Maastricht

La política de convergencia se instrumentó con la aplicación de los célebres criterios de Maastricht, que pasamos a examinar.

Déficit público. Este fue siempre el verdadero anclaje, *la madre de todos los criterios,* de manera que el déficit público no debería superar el 3 por 100 del PIB para evitar más inflación, tipos de interés elevados, acumulación de deuda pública e inestabilidad monetaria.

Inflación. El segundo de los criterios se concretó así: no más de 1,5 puntos de porcentaje por encima de la media de los tres países de la UE con menor crecimiento de precios. Junto con el déficit público, este indicador tiene una gran influencia en el nivel efectivo de los *tipos de interés* a largo plazo.

La exigencia de reducir la inflación se basó, desde luego, en razones de equilibrios macroeconómicos, pero también en la idea de que en realidad constituye un impuesto regresivo que castiga, sobre todo, a las capas de población de menores ingresos.

Tipos de interés a largo plazo. Este criterio se precisó de manera bien sencilla: no sobrepasar la media de intereses de los mismos tres países con la inflación más baja, más un techo cifrado en dos puntos adicionales.

Para ese objetivo se requería un referente, que no se cifró ni en los tipos de crédito preferenciales de los bancos, ni en los de consumo; ni tampoco en el precio base del dinero del Banco Central, ni en el interbancario. Para referente se tomó el tipo de emisión de los bonos del país miembro a plazo de diez años; el *Bund,* en el caso alemán, y la obligación del Estado, también a diez años, en el de España.

Deuda pública. El stock de deuda, de todo el sector público, según Maastricht, no podría superar el 60 por 100 del PIB: un indicador generalmente citado en la jerga de los expertos como *stock de deuda a producto,* haciendo así referencia al porcentaje de endeudamiento en relación con el PIB, a fin de no lastrar los presupuestos con cargas insoportables en el medio y largo plazo.

De hecho, ese parámetro del 60 por 100 no se aplicó para los países que lo superaban, y la interpretación del criterio pasó a ser la tendencia, para apreciar si realmente se estaba en el proceso de disminuir el volumen de deuda. En el caso de España, por ejemplo, el *stock de deuda a producto* evolucionó, en 1997, del 70 al 68,3 por 100, sobre la base de amortizar deuda por un importe de 1,7 puntos del PIB (unos 1,36 billones de pesetas) con recursos procedentes de las privatizaciones.

Estabilidad monetaria. Inicialmente, la condición de Maastricht consistía en mantenerse en una banda de fluctuación estrecha del sistema monetario europeo (SME), del 2,25 por 100 (entre las monedas más y menos apreciadas), durante por lo menos un período de dos años antes de entrar en la UM.

Sin embargo, con la decisión del SME, de agosto de 1993, de ampliar el margen del 2,25 al 15 por 100 entre la moneda más débil y la más fuerte, también este criterio perdió importancia. Aunque es bien cierto que, desde finales de 1996, todos los países candidatos se resituaron sin más problemas dentro del diferencial del 2,25; salvo Irlanda, que, para hacerlo, revaluó su moneda en un 3 por 100 el 14 de marzo de 1998.

En cuanto a los denominados criterios de carácter real, no se aceptaron en el TUE, por razones de dificultad de medición; y también, por pertenecer al área de la subsidiariedad de la política económica. A pesar de lo cual, componen todo un cuadro complementario de la convergencia nominal, en la búsqueda del desarrollo y el bienestar.

6.2. El Instituto Monetario Europeo

Pieza fundamental para la política de convergencia fue el Instituto Monetario Europeo (IME), que nació el 1 de enero de 1994 (comienzo de la segunda fase de la UM) en la ciudad germana de Fráncfort del Meno, como embrión del Banco Central Europeo (BCE), para llevar a cabo todos los preparativos conducentes a la unión monetaria. Consiguientemente, el IME se disolvió el 1 de julio de 1998, al nacer el BCE.

Los servicios prestados por el Instituto a favor de la causa del euro resultaron impagables, por su extensa y minuciosa labor, que dejó poco fundamento a la frase, tan frecuente, de que la UM *es una cuestión política*. En realidad, los detalles económicos analizados y previstos por la dirección y todo el equipo del IME en sus cuatro años y medio de ejecutoria superaron todo lo imaginable de cara a la puesta en marcha de la UM.

7. La recta final a la moneda común

En el avance final hacia la UM, a partir de las prescripciones de Maastricht, resultó decisiva la reunión del Consejo Europeo de diciembre de 1995, en el que adoptaron las prescripciones para la tercera fase de la UM (Calendario de Madrid), con sus tres etapas –A, B y C–, desde el 1 de enero de 1998 al 30 de junio de 2002, según iremos viendo en los términos de efectiva aplicación.

7.1. Etapa A. Lista de socios fundadores

De duración de un año como máximo, a partir de *lo antes posible* en 1998 (Calendario de Madrid), a lo largo de la etapa A (1 de mayo-31 de diciembre de 1998) se decidieron los siguientes extremos:

- La lista de los *Estados definitivamente partícipes en la UM después del examen* de mayo de 1998.
- Hecha la lista, se constituyó el Sistema Europeo de Bancos Centrales (SEBC) y el BCE, que empezaron a funcionar el 1 de julio de 1998; en ese momento, como ya vimos antes, desapareció el IME, al asumir el BCE todas sus funciones. Los bancos centrales de los Estados miembros pasaron a ser piezas *regionales* del SEBC.
- Se empezaron a fabricar los billetes y las monedas en euros; el nombre fue propuesto por el canciller Kohl, y finalmente adoptado por el Consejo de la UE en Madrid, en diciembre de 1995, para sustituir el de ecu.

7.2. Etapa B. Conversión irrevocable

Duró tres años (del 1 de enero de 1999 al 1 de enero de 2002), en los que se llevaron a cabo las siguientes actuaciones:

- El 1 de enero de 1999, vigencia de los *tipos de conversión irrevocable* de las monedas de los socios de la UM en términos de euros.

  Los tipos de conversión irrevocable entre el euro y las monedas nacionales son los siguientes:

1 euro	=	40,3399 francos belgas
	=	1,95583 marcos alemanes
	=	166,386 pesetas españolas
1 euro	=	6,55957 francos franceses
	=	0,787564 libras irlandesas
	=	1936,27 liras italianas
	=	40,3399 francos luxemburgueses

= 2,20371 florines neerlandeses
= 13,7603 chelines austriacos
= 200,482 escudos portugueses
= 5,94573 marcos finlandeses

- También, desde el 1 de enero de 1999, el BCE pasó a ocuparse de la política monetaria y cambiaria, cifrándose ya en euros todas las operaciones en los mercados monetarios y de capitales, y en el interbancario.
- Cambio de los sistemas contables e informáticos para el paso al euro.
- Adaptación de los antiguos cajeros automáticos –y preparación de los nuevos–, así como de las diversas máquinas (de estacionamientos, autopistas, venta al público, etc.), a fin de ponerlos en funcionamiento en la etapa C, en el momento de canjearse las monedas nacionales por euros.

7.3. Etapa C. Canje al euro

Esta etapa tuvo una duración máxima de seis meses, del 1 de enero al 30 de junio de 2002, convirtiéndose, pues, en la *puerta final* para, al abrirla, entrar en la UM ya de manera indefinida, irreversible para la etapa C; se previeron las siguientes operaciones:

- Canje de las viejas monedas nacionales por los billetes y las piezas metálicas en euros, en toda la red de entidades de crédito bajo control de los bancos centrales nacionales.
- En la fecha predeterminada (el 1 de julio de 2002 a más tardar), se finalizó la operación de retiro de las monedas nacionales; y en definitiva, la UM pasó a funcionar ya con el euro como único papel moneda, esto es, de curso legal forzoso.

8. La Eurocumbre de Bruselas (29 abril-4 de mayo de 1998)

La Eurocumbre de efectiva puesta en marcha de la UM se desarrolló a lo largo de cuatro días, según la reseña que figura a continuación.

8.1. 29 y 30 de abril de 1998: Comité Monetario

Los preparativos finales para la definitiva inauguración de la UM –principio de su tercera y última fase– empezaron el miércoles 29 de abril de 1998, a las 18:00 horas, con la reunión del Comité Monetario (CM), que habría de pronunciarse sobre una serie de temas cuyo debate se dilató hasta el jueves 30, ya reservado de antemano para esa eventualidad de prolongación de los trabajos.

El CM, el mismo que gestionó las devaluaciones y revaluaciones dentro del sistema monetario europeo (SME) entre 1979 y 1998, trabajó activamente en el avance hacia la UM, como órgano adscrito al Ecofin. De hecho, la actuación del CM es la propia de un Comité de Representantes Permanentes (COREPER) ceñido a cuestiones económicas y pagos internacionales, con continuidad desde el 1 de enero de 1999 al entrar en vigor el Tratado de Ámsterdam, en el denominado Comité Económico y Financiero[10].

En su sesión del miércoles 29, los grandes temas de que se ocupó el CM se relacionaron con la sostenibilidad del Pacto de Estabilidad y Crecimiento (PEC), al que nos referimos en la sección 10 de este mismo capítulo. Se trataba de llegar a algún acuerdo sobre los controvertidos planteamientos hechos al respecto por el ministro alemán de Economía y Finanzas, Theo Waigel. Concretamente, se discutieron las tres cuestiones que pasamos a examinar:

1. Fijar o no *estabilizadores automáticos,* para así evitar que los incrementos de ingresos presupuestarios no previstos de los Estados miembros se apliquen a actividades no favorables para la estabilidad monetaria. Francia, aspirante a dedicar al menos una parte de tales recursos a promover empleo en el sector público (Plan Jospin), se negó en redondo a aceptar cualquier condicionamiento más allá de cumplir el déficit público fijado en el PEC, inicialmente fijado en el 3 por 100 del PIB.

2. Enunciar o no un *plan de convergencia especial* para Italia y Bélgica, de forma que ambos países hubieran de practicar

---

[10] Los representantes de España en el CM en la Cumbre del Euro de mayo de 1998 fueron el director general del Tesoro, Jaime Caruana, y el subgobernador del Banco de España, Miguel Martín, en comunicación permanente con el ministro de Economía y Hacienda, Rodrigo Rato, y el gobernador del Banco de España, Luis Ángel Rojo, respectivamente.

una *amortización acelerada* de su deuda pública, a fin de situarla, en no más de un decenio, al nivel del 60 por 100 del PIB (criterio de Maastricht). Italia (donde se calcula que se necesitarán unos 17 años para esta operación) y Bélgica rechazaron de plano la idea teutona por considerarla conminatoria.

3. Hacer una declaración *ad hoc*, para dejar bien claro que la Comunidad no podrá hacer transferencias adicionales a ningún Estado miembro por compensación de dificultades presuntamente ocasionadas por la UM.

8.2. 1 de mayo: el Ecofin

A las 6:30 de la tarde del mismo viernes 1, se reunió el Ecofin, para pronunciarse sobre las siguientes cuestiones:

Lista final de candidatos. Siguiendo lo previsto en el artículo 121 del TCE, se había de tomar en consideración si los once candidatos a la unión monetaria cumplían o no los criterios de Maastricht, teniendo en cuenta para ello los informes previamente emitidos por la Comisión y el Instituto Monetario Europeo (IME). Ambas entidades ya se habían pronunciado positivamente acerca de los indicadores registrados en el cuadro 7.

Por consiguiente, la decisión del Ecofin fue afirmativa para los once países candidatos: Alemania, Austria, Bélgica, España, Finlandia, Francia, Holanda, Irlanda, Italia, Luxemburgo y Portugal. Previamente, el Reino Unido y Dinamarca confirmaron su decisión de autoexcluirse (*opting out*) a efectos de la *primera velocidad* de la UM. Y Suecia, por su parte, decidió no participar en la lista de socios fundadores por tener pendiente su prometido referéndum, utilizando, además, la débil excusa de no haber cumplido el quinto criterio de Maastricht, de estabilidad monetaria, por no haber llegado a ingresar en el SME. Por último, Grecia, al no satisfacer los criterios, tampoco ingresó en la UM en aquel momento, pero sí ingresó el 1 de enero de 2001.

Confirmación del Comité Ejecutivo del BCE. El segundo tema a tratar por el Ecofin era la selección de las personas destinadas a ocupar los seis cargos ejecutivos del BCE. Como no fue posible llegar a un acuerdo, la cuestión se dejó para el nivel superior, el Consejo Europeo, que se reuniría el siguiente sábado 2 de mayo.

Cuadro 7. Convergencia 1997: examen de marzo de 1998				
Países que cumplen	Inflación %	Déficit Público	Deuda Pública	Tipos de Interés
España	1,9	2,6	68,3	6,4
Bélgica	1,5	2,1	122,2	5,8
Alemania	1,5	2,7	61,3	5,7
Francia	1,3	3,0	58,0	5,6
Irlanda	1,2	0,9	66,3	6,3
Italia	1,9	2,7	121,6	6,7
Luxemburgo	1,4	−1,7	6,7	5,7
Holanda	1,9	1,4	72,1	5,6
Austria	1,2	2,5	66,1	5,7
Portugal	1,9	2,5	62,0	6,4
Finlandia	1,2	0,9	55,8	6,0
Cumplen pero no se incorporan				
Gran Bretaña	1,9	−1,9	53,4	7,0
Dinamarca	2,0	−1,3	67,0	6,2
Suecia	1,9	1,9	77,4	6,6
No cumplen				
Grecia	5,4	4,2	108,7	11,3
Límites de Maastricht	2,7	3,0	60,0	8,0

FUENTE: Comisión Europea.

Declaración de sostenibilidad. Hecha con base en lo discutido previamente por el Comité Monetario, sirvió para concretar toda una serie de pormenores de cara al futuro, como complemento de lo que ya estaba comprometido en el PEC. Aunque sea con brevedad, veremos lo esencial de los nueve puntos de ese documento:

1. Consagración del euro el 1 de enero de 1999.
2. El euro permitirá más empleo y mayor nivel de vida.
3. Habrá que estrechar la coordinación de la política económica de los Estados miembros.
4. Ha de mantenerse el PEC, a fin de garantizar la sostenibilidad de la convergencia.
5. Tendrá que reforzarse el control presupuestario con las siguientes precisiones:

- Mantenimiento de los parámetros establecidos para las cuentas públicas del 98.

- Urgente toma en consideración por el Ecofin de los presupuestos para 1999, a la luz del PEC, con un seguimiento comunitario permanente. En esa línea, se tratará de ir reduciendo el déficit público del 3 por 100 a un monto cada vez menor.

- Si las condiciones económicas evolucionan mejor de lo previsto, los recursos adicionales disponibles se dedicarán prioritariamente a conseguir el equilibrio, o incluso el superávit presupuestario, y en manera alguna a incurrir en nuevos gastos.

- Cuanto mayor sea la relación deuda pública/PIB, más habrá que esforzarse en reducir el *stock de endeudamiento*. En definitiva, este punto, y el anterior, es lo que queda –y no es poca cosa– de los *estabilizadores automáticos* planteados por Alemania en el Comité Monetario.

- Para finales de 1998, todos los socios de la Unión Monetaria (UM) quedaron obligados a presentar *programas de estabilidad* recogiendo las anteriores precisiones.

6. La Comunidad no se hará responsable de compromisos financieros de los Estados miembros.

7. Celebración de un encuentro del Ecofin con los protagonistas económicos y sociales de los Estados miembros para juntos asumir las iniciativas de creación de empleo.

8. La inmediata expansión del empleo solo se conseguirá sobre la base del crecimiento del PIB conforme a toda una serie de principios.

9. Fijación ulterior de unas líneas maestras (*guidelines*) sobre política económica, de cuyo alcance todavía no existe una clara idea.

En resumen, la Declaración del Ecofin del 1 de mayo fue todo un *código de conducta* de los Estados miembros, que vino a reforzar el PEC; se salió así del automatismo de los indicadores que se utilizaron para entrar en la UM, proporcionando una mayor flexibilidad y cohesión a la política económica común.

8.3. 2 de mayo: el Parlamento Europeo

A las diez de la mañana se reunió en Bruselas el pleno del Parlamento Europeo para emitir dictamen, preceptivo pero no vinculante, sobre la candidatura de los once países a la *primera velocidad*. Previamente, a las 8:30 horas, el representante del Ecofin, Gordon Brown, informó a la Comisión de Asuntos Económicos y Monetarios del Parlamento, del cual obtuvo el necesario respaldo.

El Parlamento en pleno votó por abrumadora mayoría el definitivo nacimiento del euro, en un ambiente de solemnidad y emoción. En esa histórica reunión –a la que uno de los autores de este libro tuvo el honor de asistir desde la tribuna de prensa[11]–, el primero en tomar la palabra, a invitación del presidente, el español José María Gil-Robles, fue Gordon Brown, canciller del Exchequer, quien –ya lo hemos adelantado–, durante el primer semestre de 1998, fue presidente del Consejo de Ministros de la UE, por el turno rotatorio correspondiente al Reino Unido.

El discurso de Brown fue vibrante, lo cual era de esperar por su representación del más alto órgano decisorio de la UE. Pero lo más significativo fue lo que representó como muestra del cambio del Gobierno británico, desde el punto y hora en que el jefe de ese gabinete, Tony Blair, ya se había manifestado a favor del euro, aunque todavía sin fijar la fecha final de entrada del Reino Unido, que podría ser para el año 2003. Brown fue el primer británico de alto nivel político a quien se oyó decir no *el continente*, sino *nuestro continente*.

8.4. 2 de mayo: el Consejo

A las 14:00 horas comenzó la reunión definitiva del Consejo «en formación de jefes de Estado y de Gobierno», según lo previsto en el artículo 121 del TCE. No fue, pues, una reunión ordinaria del Consejo de Ministros, ni tampoco del Consejo Europeo, aunque se pareció más a este último, con una especie de configuración extraordinaria debido a la importancia del evento.

---

[11] Lo hizo Ramón Tamames como enviado de la COPE por especial propuesta de Antonio Herrero, director del programa *La Mañana*. El propio Antonio pensaba asistir también, pero a última hora decidió irse a Marbella, donde el sábado 2 de mayo murió practicando submarinismo.

Figura 40. Gordon Brown (1951), político británico, escocés, fue ministro de Hacienda del Reino Unido con el *premier* Tony Blair (1997-2007) y primer ministro él mismo entre 2007 y 2010. El 2 de mayo de 1998 presidió, en el Parlamento Europeo, la constitución del BCE y la puesta en marcha del euro como moneda común europea de once países (entre ellos España), quedando la libra esterlina al margen del euro en virtud del *opting out* británico.

Lo esencial del encuentro del Consejo era la votación formal de la lista de Estados miembros de la UM en *primera velocidad*. Para ello resultaba necesaria la mayoría cualificada de 62 votos de los 87 que en conjunto tienen los quince países de la UE. En realidad, no fue necesaria la votación. Los quince países aprobaron –diríamos que por aclamación– la entrada de los once candidatos en la UM.

El Consejo también había de ocuparse de nombrar definitivamente a los seis miembros del Comité Ejecutivo del BCE, conforme al artículo 123 del TCE, y el número 50 de su protocolo número 3 (Estatutos del BCE). Esos nombramientos originaron graves problemas, y la reunión, que se reveló muy ardua, no terminó hasta la madrugada del domingo 3 de mayo, cuando se alcanzó el arreglo, un tanto espurio, de que Wim Duisenberg sería el presidente del BCE desde su fundación hasta una fecha indeterminada del año 2002; entonces, le sucedería Jean Claude Trichet, hasta terminar el primer período de ocho años. El referido acuerdo, al conocerse al día siguiente, provocó toda clase de protestas y muestras de indignación, en el Parlamento y en la Comisión Europea.

La solución actual de la composición del Comité Ejecutivo del BCE es la que figura en la siguiente relación:

Presidente: Win Duisenberg (Países Bajos). Designado por ocho años pero que, conforme a lo indicado, podría renunciar antes de la mitad de su mandato. De 62 años, el Sr. Duisenberg fue ministro de Hacienda de Holanda, y gobernador del Banco Central de dicho país. El 1 de julio de 1997 fue designado presidente del IME, el Instituto precursor del BCE.

Vicepresidente: Lucas Papademos (Grecia), que sustituyó en junio del 2002 al francés Christian Noyer, fue gobernador del Banco Central de su país, y profesor de Economía en la Universidad de Atenas.

Vocales: Sirrka Haemaalaseinen (Finlandia). Mandato de cinco años. De 58 años, su último destino ha sido el de gobernadora del Banco de Finlandia, donde ganó celebridad por sus actitudes de banquera rigurosa. Se habló de ella como posible alternativa en caso de no llegarse a un acuerdo Duisenberg/Trichet.

Eugenio Domingo Solans (España). Mandato de seis años. De 52 años, es catedrático de Hacienda Pública de la Universidad Autónoma de Madrid y, desde 1994, consejero ejecutivo del Banco de España.

Tomaso Padoa Schiopa (Italia). Mandato de siete años. 57 años, economista, muy crítico de la unión monetaria en su primera fase. En el momento de su nombramiento para el BCE ocupaba el cargo de presidente del Consob, la entidad que regula el mercado bursátil en Italia. Anteriormente, trabajó en el Banco de Italia, y entre 1968 y 1979 fue director general de Asuntos Económicos y Financieros de la Comisión Europea.

Otmar Issing (Alemania). Mandato de ocho años. Hasta ahora consejero del Bundesbank, es un académico prestigioso, sin filiación política, y se presume que será el economista jefe del BCE, con gran poder político dentro del mismo. A sus 62 años, se considera que tiene una brillante carrera por delante.

Para evitar que el Comité Ejecutivo se sustituya por entero en un momento dado, se ha seguido el criterio (basado en el artículo 50 de los Estatutos del BCE, incluidos en el Protocolo número 3 del Tratado de Maastricht), de realizar cambios anuales desde el cuarto año (2002) para que haya una renovación paulatina, de modo que en el año 2007 la composición del Comité Ejecutivo sea completamente distinta de la de 1999.

Figura 41. Helmut Kohl (1930-2017), político alemán, renano, cristianodemócrata, canciller de la República Federal de Alemania entre 1982 y 1988. Además de ser el gran impulsor de la reunificación de las dos Alemanias (1990), fue uno de los grandes promotores de la Unión Monetaria Europea. En 1995, en reunión del Consejo Europeo en Madrid, planteó el nombre de euro para la moneda común.

8.5. 2 de mayo: últimos trámites

Al terminar el Consejo, nuevamente se reunió el Ecofin, de modo que una vez confirmada la definitiva puesta en marcha de la unión monetaria, aprobó una serie de disposiciones legales sobre el euro, aplicables en los once países socios de la UM. Esa reglamentación se envió de inmediato al Parlamento Europeo, para su estudio a mediados de mayo, en una sesión rápida, de modo que el texto legal resultante pudiera volver al Consejo de Ministros para su aprobación definitiva, como así fue.

A las 18:00 horas del mismo sábado 2, se reunió un cuerpo decisorio –sin nombre específico–, formado por los once gobernadores de los bancos centrales nacionales de la UM, una representación del Instituto Monetario Europeo, miembros de la Comisión y los ministros de Economía y Finanzas de los once Estados de la *primera velocidad* del euro. En este encuentro se adoptaron formalmente los tipos de cambio bilaterales entre las once monedas de los países de la UM, para que desde el lunes 4 de mayo estuvieran en el mercado. De ese modo, se preanunció la conversión irrevocable al euro, a hacer el 30 de diciembre, y entrar en vigencia desde el 1 de enero de 1999.

En materia de *cambios bilaterales* no hubo sorpresas, puesto que ya se habían decidido, el 14 de marzo de 1998, que fueran las tasas correspondiéndose a los tipos centrales acordados en el SME. Son los que se reflejan en el cuadro 8, en pesetas por cada moneda.

Cuadro 8. Tipos de cambio entre las once monedas de la UM durante el período transitorio de 4 de mayo al 31 de diciembre de 1998 (en pesetas)			
Moneda	Tipo central	Moneda	Tipo central
Marco alemán	85,07220	Franco belga	4,12462
Franco francés	25,36540	Chelín austríaco	12,09180
Libra irlandesa	211,2670	Marco finlandés	27,98420
Florín holandés	75,50300	100 liras italianas	8,59313
100 Escudos port.	82,99290	Franco luxemburgués	4,12462

Para dar una idea de la conversión irrevocable al euro el 1 de enero de 1999, en el cuadro 9 figuran los tipos respecto al ecu, también el 14 de marzo de 1998, e igualmente en unidades de cada moneda nacional por ecu.

Cuadro 9. Valor del ecu al 14 de marzo de 1998			
Moneda	Unidades por ecu	Moneda	Unidades por ecu
Franco belgo-luxemb.	40,7844	Escudo portugués	202,692
Corona danesa	7,54257	Marco finlandés	6,01125
Marco alemán	1,97738	Corona sueca	8,69918
Dracma griega	357	Libra esterlina	0,662397
Peseta española	168,22	Dólar estadounidense	1,0917
Franco francés	6,63186	Dólar canadiense	1,55632
Libra irlandesa	0,796244	Yen japonés	139,006
Lira italiana	1.957,61	Franco suizo	1,60534
Florín holandés	2,22799	Corona noruega	8,21993
Chelín austriaco	13,9119		

FUENTE: *Negocios*, 13.III.98.

8.6. 4 de mayo de 1998: los mercados responden

Por último, tras la apretada agenda de las reuniones bruselenses, la reapertura de los mercados financieros, el lunes 4, permitió apreciar que la actitud de los grandes operadores frente al euro fue de absoluto respeto, con una fuerte revalorización de las divisas de la UM, con la obvia caída del dólar y la libra esterlina.

Figura 42. Presidentes del BCE. De izquierda a derecha y de arriba abajo: Win Duisenberg (1998-2003), Jean Claude Trichet (2003-2011), Mario Draghi (2011-2019), Christine Lagarde (2019-hoy). Los cuatro primeros presidentes del Banco Central Europeo (EBC), con las fechas de sus respectivos mandatos. Duisenberg, holandés, puso en marcha todo el mecanismo del euro. Trichet afrontó la primera crisis económica de la Gran Recesión (2008). Draghi defendió el euro de las más graves turbulencias y Lagarde afrontó las consecuencias económicas de la pandemia.

9. El Sistema Europeo de Bancos Centrales (SEBC) y el Banco Central Europeo (BCE)

El BCE se constituyó de hecho tras fijarse la lista de los socios de la UM, al nombrarse sus seis puestos ejecutivos de dirección. Con un capital fundacional de 5.000 millones de euros, del que España tiene casi un 9 por 100, empezó a funcionar el 1 de julio de 1998, para actuar como agente ejecutivo del Sistema Europeo de Bancos Centrales (SEBC), que se compone del conjunto de los bancos centrales de los Estados miembros y del propio BCE. Señalemos aquí que, a diferencia del SEBC, el BCE sí tiene personalidad jurídica.

El objetivo esencial del SEBC es mantener la *estabilidad de precios* en una «economía de mercado abierta y de libre competencia, favoreciendo una eficiente asignación de recursos». El SEBC es el *órgano monetario federal,* al modo del Sistema de la Reserva Federal (el FED) de EE.UU. Actúa como poder regulador, y cuenta con capacidad para coordinar la emisión de los billetes y la acuñación en euros de los países integrados en la UM. El SEBC y el BCE tienen idénticos órganos de gobierno: Comité Ejecutivo, Consejo de Gobierno y Consejo General.

El Comité Ejecutivo (ya vimos que lo integra un presidente, un vicepresidente y cuatro directores ejecutivos) se nombró de común acuerdo por los Estados de la UM, sobre la base de una recomendación del Consejo, y previa consulta al Parlamento Europeo. Sus miembros, ya lo hemos visto en el apartado 8.4, se eligieron de entre personalidades de reconocido prestigio y experiencia profesional en asuntos monetarios y bancarios.

En cuanto al Consejo de Gobierno, lo forman los vocales del Comité Ejecutivo, más los gobernadores de los doce bancos centrales nacionales de la UM. Toman sus decisiones por mayoría simple, exigiéndose un quórum de dos tercios de sus componentes. Para ciertas decisiones estructurales (capital del Banco, etc.), funciona el voto ponderado, según las participaciones de cada socio en su capital social.

El Consejo General está integrado por el presidente y el vicepresidente del BCE y los rectores de los bancos centrales de todos los países de la UE, incluyendo, pues, los de los Estados todavía no miembros de la UM. A sus reuniones pueden asistir los cuatro directores ejecutivos del Comité, pero sin derecho de voto. El Consejo General, entre otras cosas, se ocupa de las relaciones entre el SEBC y los países UE que estén fuera de la UM, así como del nuevo Mecanismo de Tipos de Cambios al que nos referiremos después.

El SEBC/BCE, tal como corresponde a una institución supranacional, tiene un funcionamiento relativamente descentralizado en bastantes aspectos, por comparación con los modelos del banco central al uso. Se ocupa de regular la emisión de euros y, asimismo, de todo lo relativo a política monetaria, con la fijación del precio del dinero o tipo básico, que es el mismo para los doce países de la unión monetaria. Las decisiones tomadas por el BCE se trasladan, para su ejecución, a los bancos centrales nacionales de la UM, merced a un complejo mecanismo que los interconecta.

El gran poder del BCE suscitó muchos recelos, sobre todo por parte de los franceses que fueron tenaces en sus propósitos de compensarlo con un sistema compensador. Y fue el 14 de octubre de 1997 cuando Alemania y Francia llegaron a un acuerdo, tras una larga polémica, sobre la forma de un organismo informal, que sin ir contra la independencia del futuro BCE actuará como contrapeso del mismo. Algunos optimistas aseguran que el *Euro-X* –así se denomina informalmente– es el embrión de un futuro Súper-Ministerio de Economía de los países de la UM.

En el Euro-X (Consejo del Euro) solo están los Estados miembros de la UM, si bien toda una serie de cuestiones se tratan con los *otros tres*, de fuera del euro, vía Ecofin.

10. Pacto de Estabilidad y Crecimiento (PEC)

Inicialmente, el PEC lo propusieron los alemanes, aunque era previsible con base en el Tratado de Maastricht. Y fue en la Cumbre de Ámsterdam, del 16-17 de junio de 1997, cuando se adoptaron los acuerdos decisivos para asegurar la *sostenibilidad de la convergencia*, conforme al siguiente esquema:

1. Los países no serán penalizados si su desbordamiento de déficit se debe a una calamidad natural, o si han experimentado una caída en su PIB de más del 2 por 100 en un año.
2. En el supuesto de una caída entre el 0,75 y el 2 por 100 del PIB, el Ecofin, discrecionalmente, decidirá si debe imponerse sanción, según el declive sea más o menos súbito, etc.

171

3. Todos los países que infrinjan las reglas de estabilidad, en el contexto de una caída máxima de *solo* el 0,75 por 100 de su PIB, serán sancionados automáticamente.

4. La estructura de sanciones del Pacto acordada en la reunión del 16-17 de junio de 1997, en Ámsterdam, quedó como sigue:

- El primer año, el país incumplidor tendrá que hacer un depósito con una parte fija del 0,2 del PIB y una variable, de forma que el *techo* máximo no pase del 0,5 del PIB.
- Si no se corrige ese déficit, el segundo año tendrá que hacerse un nuevo depósito, más leve, sin parte fija.
- Al cabo de dos años, si el país *enjuiciado* no ha cumplido, el depósito se convierte en multa pura y dura.
- Si continúa sin corregir su déficit, seguirá siendo castigado con nuevos depósitos y multas.

Durante el año 2002, fueron muchas las voces que se escucharon en pro de modificar las normas del PEC. Además, varios países, entre los cuales se encuentran los dos con más peso en la UE, Francia y Alemania[12], sufrieron en 2002 serias dificultades para mantener su déficit público por debajo del 3 por 100. Finalmente, el 28 de julio, Portugal fue amonestado oficialmente por la Comisión, para adoptar las medidas conducentes a la reducción de su déficit que ya había roto la barrera del 4 por 100 del PIB.

11. Nuevo Mecanismo De Tipos De Cambio (NMTC)

Naturalmente, en la perspectiva del euro había que situar la posibilidad, muy verosímil, como luego se demostró, de que no todos los Estados de la UE pudieran formar parte de la UM desde el comienzo, al no presentarse, o por no *pasar el examen* en 1998.

En definitiva, tenía que haber un *SME-bis,* y en ese sentido, en el Consejo Europeo de diciembre de 1995 se acordó encar-

---

[12] A este respecto, la Comisión estuvo a punto de notificar la alerta previa del PEC a Alemania; sin embargo, el país teutón logró que el Ecofin ignorara esta propuesta de la Comisión, algo que está dentro de sus competencias.

gar al IME un estudio sobre cómo renovar el viejo SME para los países que no quisieran o no pudieran entrar de inmediato en la UM. Con vistas a ello, ya se decidió que los tipos de cambio centrales y las bandas de fluctuación tendrían como referencia el euro. El SME-bis se consolidó definitivamente en la Cumbre de Ámsterdam, del 16 y 17 de junio de 1997, conforme al siguiente esquema:

1. Al iniciarse la tercera fase de la UM, el SME fue sustituido por un Nuevo Mecanismo de Tipos de Cambio (NMTC). Sus modalidades de funcionamiento se establecieron en un acuerdo entre el Banco Central Europeo y los bancos centrales de los Estados miembros que no formaron parte de la zona euro.

2. El NMTC vincula las monedas de los Estados miembros que no forman parte de la UM con los de esta, siendo el euro la referencia.

3. El NMTC contribuye a asegurar que los Estados miembros de la UE de fuera de la zona euro asumen políticas de estabilidad y convergencia, lo que les ayuda en sus esfuerzos de acceder finalmente a la moneda común.

4. Se fijó un tipo central respecto del euro para la moneda de cada Estado que participa en el NMTC, con una banda de fluctuación *normal* de ±15 por 100 en torno a los tipos centrales. Las intervenciones para que en los mercados se mantenga la moneda dentro de esos márgenes son, en principio, automáticas e ilimitadas, y se dispone para ello de financiación a muy corto plazo. Sin embargo, el BCE y los bancos centrales de los otros participantes pueden suspender la intervención si un socio del NMTC contraviene un objetivo fundamental.

5. Cuando un Estado miembro interesado no perteneciente a la zona euro así lo solicita, y considerando cada caso en particular, pueden fijarse bandas de fluctuación más estrechas que la normal del ± 15 por 100.

6. Las decisiones referentes a los tipos centrales y a la banda de fluctuación normal las adoptan, de mutuo acuerdo, los ministros de los Estados miembros de la zona euro, el BCE

y los gobernadores de los bancos centrales de los Estados miembros no pertenecientes a la zona y que participan en el nuevo mecanismo.

Figura 43. Billetes de euro de mayor valor facial. El primero de ellos, el de 500, en proceso de retirada por su alto valor, que facilita la economía sumergida y el blanqueo de capitales.

12. El euro en acción

Lógicamente, ni los más partidarios del euro pueden ver en él, panglosianamente, el «mejor de los mundos posibles». Por mucho dinamismo que la nueva moneda imprima a la economía de la UE, está claro que los ciclos no van a desaparecer, y que seguiremos enfrentándonos a ellos en su inevitable secuencia: recuperación, auge, *boom*, ralentización, declive, recesión... y vuelta a empezar.

En definitiva, lo que en el futuro pase con la economía de los países de la UM no va a ser un resultado directo y exclusivo del euro, sino fundamentalmente de la política económica que se practique. Aunque también es verdad que ya es posible prever un ciclo económico europeo más homogeneizado para los diversos países; como también cabe esperar que el BCE utilizará los resortes considerables de que dispone para influir en la evolución económica de manera adecuada, con la particularidad de que –sin por ello coartarse el principio de subsidiariedad– las políticas económicas nacionales se están coordinando más estrechamente.

Figura 44. Luis de Guindos, técnico comercial del Estado, vicepresidente del Banco Central Europeo (BCE) desde 2018. Fue uno de los primeros en mostrarse partidario de una fuerte alza de los tipos de interés desde 2022 para combatir la estanflación.

12.1. La transición

En Maastricht se dejó implícita una cierta idea de cambio gradual tras la conversión irrevocable, al establecerse que «el Consejo adoptará las medidas necesarias para la pronta introducción del euro como moneda única». Así, en el Consejo Europeo de Madrid de diciembre de 1996, se optó por un lapso transitorio de tres años (1999-2001) –en lugar del *Big Bang* de seis meses recomendado por el IME–, por considerarse que solo con un tiempo relativamente largo podrían *aclimatarse* los agentes económicos y sociales.

El sistema de *transición lenta y gradual* significó, por tanto, un intervalo 1999-2001, en el que coexistieron las antiguas monedas y la nueva. Hasta que a partir del *día D* (1 de julio del año 2002), el euro quedó en solitario con pleno carácter liberatorio. Los bancos centrales comenzaron a retirar las monedas nacionales el 1 de enero de 2002, y transcurrido el tiempo de canje (aunque estaba previsto que fuera un período de seis meses, en casi todos los Estados fue menor), estas dejaron de ser medios de pago utilizables. Para asegurar la circulación paralela de las dos clases de expresiones monetarias durante la etapa C, hubo que duplicar los programas contables, con el euro ya funcionando, y las monedas nacionales todavía de curso legal.

12.2. Funciones del SEBC/BCE

Con la reconversión irrevocable al euro (1999), los BCN perdieron lo esencial de sus competencias en esa materia, para ser asumidas por el SEBC, coordinado por el BCE. No obstante, los BCN siguen siendo los prestamistas en última instancia (*lenders of last resort*) a escala regional (los Estados nacionales), para los bancos y demás entidades del propio sistema crediticio, concediendo así liquidez al sistema; dentro, claro está, de las directrices de SEBC y bajo la inspección del BCE.

Desde el 1 de enero de 1999, el BCE fija periódicamente el tipo básico de interés o *precio del dinero*, sustituyendo por completo en esta función a los bancos centrales nacionales. Y para inyectar o retirar liquidez el SEBC actúa, «adquiriendo y cediendo directamente (al contado o a plazo), o con arreglo a pactos de recompra, valores y otros instrumentos negociables». Simultáneamente, el BCE, con el tipo de interés básico, tiende a aumentar o reducir la creación de dinero. En cualquier caso, el BCE siempre trata por igual a todas las instituciones financieras, al margen de cuáles son sus dimensiones y su ubicación geográfica.

Además de operar en los mercados financieros nacionales –a través de los BCN–, el SEBC tiene capacidad para intervenir en el mercado de divisas. Para ello utiliza los fondos de activos en moneda extranjera que le son transferidos desde los BCN para su manejo centralizado. Inicialmente hubo una disponibilidad de 50.000 millones de euros.

12.3. Nuevos mecanismos de transferencias

Los dispositivos de liquidación de operaciones han resultado muy afectados por la entrada en funcionamiento del euro, tanto en el espacio global de los países de la UM como en el ámbito interno de cada Estado.

A escala UM, la reorganización del sistema era un requisito *sine qua non*, para lo cual se ideó el TARGET (Trans-European Automatic Real-Time Gross Settlement Express Transfer System, o Sistema Automático de Transferencias Urgentes Transeuropeas con Liquidación Bruta en Tiempo Real).

El TARGET lo integran los Sistemas de Liquidación Bruta en Tiempo Real (SLBTR), que funcionan dentro de cada uno de los Estados miembros participantes. Las órdenes se canalizan una a una, y su liquidación es inmediata siempre que existan fondos suficientes o estén autorizados los descubiertos oportunos.

12.4. Continuidad de los contratos

Con vista a la entrada en vigor del euro, el Consejo de Ministros de la UE reguló la continuidad de los contratos celebrados con anterioridad a la UM; fundamentalmente, los concertados en moneda nacional de un Estado miembro participante en la UM debieron convertirse en contratos en euros.

Por lo demás, el Consejo reguló la utilización indistinta del euro y las unidades monetarias nacionales durante el período de transición, es decir, desde el 1 de enero de 1999 al 1 de enero del 2002, precisándose los principios de *equivalencia legal* y de *no obligación, no prohibición*, así como la contratación extra-UE.

13. Consecuencias de la UME

Será bueno apreciar lo que en lenguaje convencional se denominan consecuencias de la UM.

13.1. Cultura de estabilidad

La UM favorecerá el objetivo fundamental de la *estabilidad de precios*, pues la supervisión del BCE, desde su independencia institucional, implica para los gobiernos una *disciplina presupuestaria* adecuada, al exigirse bajos déficits (por el PEC ya estudiado); esto lleva a una fuerte contracción de la deuda pública respecto al PIB, en un efecto realimentador de la disminución de las tradicionales inercias deficitarias.

13.2. Tipos bajos, inversión y empleo

Con la UM, los tipos de interés son muy parecidos en toda la zona euro, con lo cual desaparece la prima de riesgo que ha venido castigando hasta ahora a las monedas más débiles respecto al DM, entre ellas significadamente la peseta. El BCE es el que para todo el espacio de la UM fija el precio del dinero, y hay un tipo interbancario común, el Euroibor. Se alientan así las inversiones, y es posible la reducción del paro por medio de la creación de nuevo empleo.

13.3. Desaparición del riesgo de cambio

Con el euro desaparece el riesgo de cambio en las emisiones de activos por los Estados de la UM. No obstante, subsiste un cierto diferencial, por la circunstancia de que los emisores siguen teniendo distintos niveles de solvencia. Por ello, cabe suponer que durante algún tiempo al menos, Alemania continuará en cabeza.

13.4. Costes de transacción, y competencias y comercio

Con el euro como moneda única para todos los países socios, desaparecen las llamadas *barreras cambiarias*, que se manifestaban en la necesidad de pagar comisiones de cambio a los bancos y a otras entidades financieras a la hora de importar bienes y servicios, o en el momento de cambiar los ingresos obtenidos por exportaciones. La supresión de esas comisiones se estima que representa para las empresas y consumidores un importante ahorro anual. La supresión de los costes de transacción también supone una mayor internacionalización de las entidades financieras que ganan en dimensión y permite un fuerte aumento del comercio intrazona euro.

13.5. Moneda de reserva

Sin ningún género de dudas, con el tiempo el euro va a ser mucho más que un simple negocio europeo, pues se convertirá en un medio de pago de los más importantes del mundo, que podría llegar al nivel del dólar, y que con toda seguridad va a ponerse por encima del yen. Pasará a ser moneda de reserva, de refugio y de denominación de precios. Papeles, los tres, que internacionalmente hoy están reservados sobre todo al billete verde de EE.UU.

13.6. Realización de reformas

Con la UM en marcha, para asegurar su competitividad, los países menos competitivos de la UE tienen que introducir importantes reformas en sus sistemas de organización, empezando casi siempre por el mercado de trabajo –más flexibilidad de contratación, regulación de empleo más económico, prestaciones más controladas a la desocupación–, un asunto este en el que, de manera inevitable, hay un fuerte desacuerdo entre empresarios y sindicatos.

13.7. Estado de bienestar y solidaridad internacional

Los avances económicos y la favorable influencia en los cambios políticos que implica la UM permiten el mantenimiento y la mejora de los derechos humanos y sociales, y en un contexto de ampliación de la UE, más allá del año 2004, a los países candidatos del centro y del este de Europa (PECO). Por otro lado, el euro también permitirá a la UE consolidarse como el mayor bloque económico del mundo, muy de lejos, con más de 500 millones de ciudadanos, casi el doble que EE.UU., tres veces Rusia, y el quíntuplo de Japón. Europa se convierte así en un poder más respetado en todos los órdenes, por su contribución a la paz y a la estabilidad del conjunto mundial. Y puede reforzar sus ya importantes instrumentos de solidaridad con el Tercer Mundo (la UE es el primer donante en cooperación al desarrollo, con el 0,40 por 100 de su PIB global, frente a Japón y EE.UU., con solo el 0,35 y el 0,32 por 100 de su PIB).

14. La revolución de la UME: premonición y declaración de independencia

Como síntesis de todo lo expuesto en el recorrido explicativo de por qué la unión monetaria es tan importante, podríamos decir que estar en el momento de nacer el euro en la primera velocidad significó la consagración de cualquier país como uno de los más avanzados, en la cúspide de la unión económica más importante del mundo, con capacidad para ofrecer a sus ciudadanos un futuro de prosperidad, y con la posibilidad de contribuir a un mayor esfuerzo solidario internacional para quienes más lo necesitan[13].

Todo lo comentado hasta aquí es suficiente para apreciar que la UM supone una verdadera revolución en todos los ámbitos, al modificar las estructuras mentales propias de los mercados estrechos propios de las débiles monedas tradicionales.

La UM ya no es un *futurible*, producto de una imaginación que pudiera ser rica en creatividad, pero poco fundada en el sentido práctico. Igualmente, cabe decir, empleando el concepto en sus justos términos, y no como tantas veces se utiliza a la ligera, que la *utopía* está haciéndose realidad.

Por lo demás, y análogamente a lo que preconizó John Maynard Keynes cuando, en 1944, en Bretton Woods, propuso un Banco Central para el mundo, y una moneda única con el nombre de *bancor*, hoy estaríamos –con necesidad incomparablemente mayor por la fuerza del globalismo– ante la exigencia de un nuevo sistema monetario internacional. Y cabe imaginar, con las perspectivas esbozadas, que lo lógico será la tendencia hacia una relación más estable de tipos de cambio entre las monedas más importantes: dólar, yen y euro; un nuevo Bretton Woods.

Definitivamente, el euro no es un asunto europeo, sino también mundial. En ese sentido, junto con el dólar y el yen, el euro podrá servir de base para la futura moneda mundial, el *fénix* (*The Economist dixit* en 1987, de cara al año 2017), que un día podría corresponderse con la economía altamente integrada del planeta en que vivimos.

El euro, por último, es para la UE algo parecido a lo que el franco suizo es desde hace mucho tiempo en la Confederación Helvética, como país con gran diferenciación en sus partes –tanto por las distintas culturas como por los idiomas diversos–, y que, como repetidas veces se ha dicho, se hallan unidas *por un ejército conjunto y una moneda común*. Después del euro, la UE, ya con moneda única, necesita de una verdadera *política de defensa propia* en favor de la paz. *Fiat lux*, ayer; *fiat money*, hoy; *fiat pacem*, mañana.

---

[13] Con esta línea coinciden J. M. García de la Cruz y S. M. Ruesga, en *El euro, mucho más que una moneda*, Acento Editorial, Colección Flash, Madrid, 1998.

15. El éxito del euro y sus próximas incorporaciones

Las previsiones más optimistas en cuanto al canje al euro, y la ulterior utilización de la nueva moneda por los ciudadanos, se vieron desbordados por la realidad. Todo fue más rápido y mejor que de cualquier cosa imaginable. La noche del 31 de diciembre de 2001 al 1 de enero de 2002 se vivió en un ambiente casi de euforia y millones de comunitarios entraron ya en la utilización del euro. Cada Estado miembro eligió su propia forma temporal de hacer el canje, pero solo Alemania optó por el *Big Bang*, es decir, privar al DM de curso legal desde el mismo 1 de enero de 2002.

El éxito de la adopción de la nueva moneda por parte de 300 millones de personas, dentro de la eurozona, y muchos más fuera de ella, ha significado mucho para el Reino Unido, Suecia y Dinamarca: países que están dispuestos a convocar consultas populares sobre la adopción del euro. En ese sentido, la opinión pública de las tres naciones citadas, según datos de una encuesta que se encargó por la Comisión en el mes de marzo de 2002, ve inevitable la introducción de la nueva moneda. Concretamente, así lo estima el 75 por 100 de los daneses, y un 61 por 100 de los británicos. En cuanto a los porcentajes de quienes les gustaría unirse a la zona euro, no son tan positivos: un 50 por 100 de daneses (frente al 38 en contra), el 56 de los suecos (frente a un 33 contrario) y solo el 35 de británicos (con un 54 por 100 de oposición).

Con relación al comportamiento del euro en los mercados internacionales, conviene destacar que, inicialmente, el efecto psicológico de la introducción física de la nueva moneda no hizo mejorar su cotización frente al dólar. Sin embargo, al llegar el verano de 2002 ya alcanzó la paridad con el dólar. Lo cual hizo que comenzaran las polémicas sobre la desventaja que podría suponer un euro fuerte para las exportaciones. Como de costumbre, «en este mundo de desdicha, nadie está contento con su suerte».

Por último, la presencia como moneda mundial va abriéndose camino, con agencias monetarias basadas en el euro (Estonia, Bulgaria, Bosnia, Montenegro, Comunidad Financiera Africana, etc.) y pequeños países adheridos ya oficialmente, como Andorra, Mónaco, San Marino y Estado Vaticano.

Por otra parte, trece países candidatos a la adhesión ya tienen puesta la vista en los criterios para un día entrar en la unión monetaria. Y con Rusia se mantienen negociaciones para que utilice el euro a efectos de cobrar sus exportaciones de materias primas. Por su parte, la OPEP ha manifestado que si el Reino Unido y Noruega[14] entran en la eurozona, pasarán a hacer uso del euro en paralelo con el dólar.

---

[14] El mayor productor europeo, tras Rusia, de crudo.

Capítulo 5

El ingreso de españa en la comunidad europea[1]

A partir del *fresco* que acabamos de examinar, y basándose también en la información obtenida de las autoridades españolas, la Comisión preparó el oportuno dictamen sobre la adhesión de España, de gran extensión y en el que se examinaban prácticamente todos los aspectos fundamentales a discutir en el ulterior curso de las negociaciones. De hecho, el referido documento significaba la base de partida de todo el proceso negociador.

De ahí el indudable interés de su análisis, con la máxima claridad y economía de tiempo y espacio, y utilizándolo para la división de materias. El objetivo es estudiar tanto la posición comunitaria como la española, con las observaciones en cada caso más pertinentes. Pero, antes de entrar en ese examen sectorizado, será oportuno hacer un breve repaso cronológico de cómo se desarrollaron las cosas desde el 27 de julio de 1977 al 31 de julio de 1981, en lo que podemos considerar trabajos iniciales.

1. Trabajos iniciales 1997[2]

Las negociaciones para la adhesión de España a la Comunidad, solicitada, según vimos, el 27 de junio de 1977, se iniciaron oficialmente en una solemne sesión celebrada en Bruselas, el 5 de febrero de 1979. En calidad de portavoz de las Comunidades Euro-

---

[1] Capítulos 16, 17 y 18 de *La larga marcha de España a la Unión Europea* (Edimadoz, Madrid).

[2] En buena parte, esta sección y las siguientes fueron preparadas con base en las conversaciones mantenidas en el mes de junio de 1981 en Bruselas por el autor.

peas, Jean François Poncet, presidente en funciones del Consejo de Ministros, precisó que España habría de aceptar los Tratados y sus finalidades políticas, así como todas las disposiciones promulgadas después de la entrada en vigor, es decir, el llamado *acervo comunitario* (*acquis communautaire*).

Por su parte, Calvo Sotelo, el ministro español para las Relaciones con las Comunidades Europeas (y que en septiembre de 1980 pasaría a ser vicepresidente del Gobierno para Asuntos Exteriores, y desde marzo de 1981, presidente del Ejecutivo), confirmó que España estaba dispuesta a aceptar ese acervo, recalcando, además, que no se trataba de una aceptación pasiva o indiferente, «sino activa y decidida, porque mi Gobierno comparte los ideales políticos que inspiran los Tratados».

Las comentadas declaraciones iniciales no fueron seguidas de una inmediata apertura de la negociación en sentido estricto. En parte, porque para junio de ese mismo año 1979 estaba prevista la celebración de las primeras elecciones directas al Parlamento Europeo, y todos los países miembros prefirieron esperar a que se produjera el suceso, por suponer que podría significar el fortalecimiento de la institución parlamentaria, con algunas consecuencias para la ampliación de la Comunidad.

Precisamente, poco antes de disolverse el Parlamento, en resolución adoptada el 10 de mayo de 1979, expresó su preocupación por si a pesar de las perspectivas favorables a largo plazo, la ampliación pudiera causar serias dificultades económicas. Y consiguientemente, exigió que se tomaran las medidas adecuadas para los diferentes sectores económicos. Además, el Parlamento pidió estar directa y estrechamente asociado a las negociaciones.

Por su parte, el Comité Económico y Social (CES), en otro dictamen sobre las solicitudes de ingreso de Grecia, Portugal y España, aprobado el 28 de junio de 1979, expresó su opinión en el sentido de que, políticamente, la ampliación podría contribuir a la estabilidad y reforzamiento de la democracia en el sur comunitario y, en consecuencia, a la consolidación del sistema de libertades en toda Europa. Ese objetivo superior obligaba, en opinión del CES, a encontrar una solución apropiada y equitativa a los problemas derivados de la ampliación, con la necesidad de adaptar las instituciones y, sobre todo en lo relativo a los mecanismos de toma de decisiones[3].

RAMÓN TAMAMES

LA LARGA MARCHA
DE ESPAÑA A LA UNIÓN EUROPEA

UN FUTURO PARA EL DESARROLLO

Edimadoz

Figura 45. Texto editado por Edimadoz-94, con la contribución de Ramón Tamames al estudio genérico dirigido por el profesor Juan Velarde para la Fundación del Banco Central, sobre el ingreso de España en la UE. En el libro, de 1998, se incluye el desarrollo de las negociaciones de España con la CEE (1952-1985).

Realizadas las elecciones europeas, se celebró la sexta reunión de la Conferencia para la negociación, en Bruselas, en junio de 1979, bajo la presidencia conjunta del Sr. De Kergorlay, director general adjunto de Relaciones Exteriores de la Comisión, y del embajador Raimundo Bassols, jefe de la Misión de España ante la CEE. Este último hizo varias manifestaciones detalladas[4].

En esa reunión de junio de 1979, se acordó además que la Conferencia celebraría reuniones mensuales: un mes con la participación de ministros, y los dos meses siguientes con la de directores

---

[3] Comité Economique et Social, «Étude du CES sur les relations de la Communauté avec l'Espagne», Bruselas, 23 de mayo de 1979 (relator: M. Evain, mimeografiado). Para un breve recuento oficial de la CEE sobre las negociaciones con España hasta marzo de 1981, *Europe Information*, «L'Espagne et la Communauté Enropéenne», marzo de 1981.

[4] *Ley de 1939 sobre protección de la industria española*. En espera de nueva legislación, el Sr. Bassols declaró que el Gobierno español consideraba el Acuerdo Preferencial CEE/España de 1970 prevaleciente sobre la ley nacional anterior. De esta forma, las empresas españolas no estatales beneficiarias de ayudas públicas podrían importar productos liberalizados de la CEE sin que, en manera alguna, se lo impidiese la existencia de producción nacional.

• *Expedición de las declaraciones españolas de importación*. La Administración española se comprometió a anunciar a la CEE, a su debido tiempo, su intención de incluir cualquier nuevo producto en las disposiciones de 1977 sobre aplicación de medidas de vigilancia de las importaciones.

• *Medidas fiscales*. El Gobierno español expresó su voluntad *inquebrantable* de proseguir la reforma fiscal en curso, incluyendo la instauración del IVA. Se destacó, además, que los impuestos españoles sobre las bebidas alcohólicas no supondrían discriminación entre las nacionales y las importadas.

• *Restricciones cuantitativas*. Se precisó que solamente se hallaban sometidas a restricciones el 1,7 por 100 de las importaciones españolas procedentes de la CEE (sin contar los productos objeto de monopolio).

•*Medidas arancelarias*. Se especificó que la protección aduanera real de España era, según los cálculos de la Administración española, del 8,1 por 100.

«CEE-España, resultados positivos», en *Comunidad Europea*, julio de 1979, págs. 20-21.

generales. La Conferencia la presidiría un representante del país miembro de la CEE que, durante el semestre en curso, ocupara la propia presidencia del Consejo de Ministros.

2. El parón Giscard[5]

Las «negociaciones se iniciaron y fueron avanzando hasta que el 30 de junio de 1980 –en medio de no pocas tensiones en el sur de Francia por la entrada de vinos y productos hortofrutícolas españoles–, el presidente francés Giscard D'Estaing, en un resonante discurso, planteó, con fines claramente preelectorales, que el ingreso de España no sería tan fácil ni tan rápido como al principio se había pensado; asimismo, subrayó que antes de materializase sería indispensable revisar la política agrícola común (PAC), en especial en lo referente a los productos mediterráneos.

La declaración de D'Estaing originó la decisión del Consejo de Ministros de la Comunidad de pedir a la Comisión propuestas concretas sobre la eventual revisión de la PAC, para lo cual fijó el plazo de un año, antes del 30 de junio de 1981.

También, como efecto de la onda explosiva del discurso de D'Estaing, la Comunidad Europea comunicó oficialmente a España, el 21 de julio de 1980, que las negociaciones sobre los principales problemas planteados «solo podrían discutirse tras los importantes trabajos preparatorios» previstos entre los Nueve. Para los restantes problemas ya abordados, también serían necesarios «profundos estudios»[6].

En el momento del *frenazo Giscard,* el entonces presidente de la Comisión, Gaston Thorn, al terminar el Consejo de Ministros del 21 de julio de 1980, hacía el siguiente balance sobre las negociaciones entre España y la CEE[7]:

a) Hasta ahora, se han examinado a fondo los capítulos relativos a la unión aduanera y a la libre circulación de mer-

---

[5] La palabra *parón* fue la más utilizada en 1980 por los medios de la opinión pública.
[6] *Agra Europe,* núm. 1.116/80.
[7] «España-CEE, reunión a nivel ministerial», en *Comunidad Europea,* agosto-septiembre de 1980, pág. 5.

cancías en el sector industrial, las relaciones exteriores, los asuntos sociales y el derecho derivado.

Figura 46. Valéry Giscard d'Estaing (1926-2020), político francés, presidente de la República Francesa entre 1974 y 1981. No facilitó el ingreso de España en la UE, por la presión del proteccionismo agrario de su país. Con el denominado «Parón Giscard» se retrasó más de un año el acceso de España a la UE.

b) En el transcurso de junio de 1980 deberían examinarse con detalle los capítulos de Euratom y del derecho de establecimiento, para los cuales la Comunidad ya había presentado dos comunicaciones.

c) Por último, se habían examinado de nuevo dos capítulos de gran importancia: el de los asuntos económicos y financieros y la futura contribución de España a los recursos propios del presupuesto de las Comunidades.

Después, el presidente del Consejo agregó que si se quería precisar el estado de las negociaciones desde su inicio efectivo en septiembre de 1979, ya podía hacerse un balance: «En realidad, solamente quedaban por abordar dos capítulos, a saber, el de la agricultura y el de la pesca, que, como es obvio, revisten especial importancia para nuestras negociaciones».

3. Problemas internos de la CEE y de España

Posteriormente, el siguiente presidente de la Comisión, el británico Roy Jenkins, confirmó algunas de las observaciones de Gaston

Thorn durante su visita a Madrid, los días 2 y 3 de octubre de 1980. A lo largo de esta, se apreció cómo influían en las negociaciones con España los problemas internos de la Comunidad. En una rueda de prensa concedida al término de su estancia, Jenkins manifestó que se daba perfecta cuenta de la necesidad de evitar actuaciones que luego pudieran crear problemas para el Mercado Común de los Doce.

El presidente de la Comisión afirmó, además, que España y Portugal deberían entrar en la misma fecha, sin ninguna prioridad de uno sobre otro país. Esta observación provocó no pocas irritaciones entre los lusos, cuya adhesión a las Comunidades no presentaba apenas problemas y que, por consiguiente, siempre se había pensado que podría ser anterior[8].

En el transcurso de la sesión informativa que comentamos, se le preguntó al presidente Jenkins si España podría estar dentro de la CEE en enero de 1983: «Esa es la meta que se había fijado –respondió– y hasta hace unos meses creíamos en ella; pero ahora nos damos cuenta de que supondría un viaje muy acelerado. Estoy seguro de que con determinación y suerte podremos avanzar rápidamente».

Que las negociaciones no caminaban ni por la mejor senda, ni siquiera a un ritmo aceptable, se vio claramente en una nueva visita, la que el vicepresidente de la Comisión Lorenzo Natali –encargado de los temas de la ampliación– hizo a Madrid en noviembre de 1980. «El fin fundamental de mi presencia –dijo– es establecer un programa de trabajo con el Gobierno español para los próximos meses, a fin de que pueda avanzar la negociación hispano-comunitaria»[9].

Al final de su estancia en España, en el Palacio de la Trinidad (sede del Ministerio para las Relaciones con las Comunidades Europeas), Natali, acompañado por el ministro español Eduardo Punset –que había sustituido a Calvo Sotelo–, celebró una rueda de prensa, y en ella, reconoció que había detectado la idea de que las negociaciones habían tenido momentos de desaceleración en

---

[8] «Jenkins en su visita oficial a Madrid: las negociaciones pueden, deben y tendrán éxito», en *Comunidad Europea*, noviembre de 1980, pág. 7.

[9] «Visita oficial del vicepresidente Natali a Madrid. Propósito fundamental: hacer avanzar las negociaciones», en *Comunidad Europea*, diciembre de 1980, págs. 6-7.

los últimos meses. De todas maneras, subrayó, una negociación de tal importancia necesariamente había de comportar ritmos variables, en función de los problemas a afrontar, tanto desde el lado español como del comunitario.

Figura 47. Eduardo Punset (1936-2019), economista y político español, que fue miembro del PSUC-PCE durante su juventud, y de la UCD con Suárez en 1977. Como ministro de Relaciones con las Comunidades Europeas, trató de acelerar la negociación de ingreso de España en la CE. Tras retirarse de la política activa, mantuvo una importante actividad de difusión científica, con su programa *Redes* en RTVE.

En cualquier caso, los últimos meses de 1980 no representaron una pérdida de tiempo. Se efectuó un trabajo poco espectacular pero esencial. Por ejemplo, como continuación de los contactos con las autoridades españolas, la Comisión presentó propuestas iniciales para una serie de sectores: unión aduanera y relaciones exteriores en el área CECA, agricultura, pesca, fiscalidad, movimientos de capitales, cuestiones económicas y financieras, asuntos sociales, derecho de establecimiento, transportes, política regional, recursos propios, y Euratom.

Y debe señalarse, además, que en diciembre de 1980 se produjo, en la parte española, un incidente de carácter interno, cuando frente a determinados planteamientos de la CEOE, el ministro Punset manifestó en una de sus visitas a Bruselas que los empresarios hispanos eran excesivamente proteccionistas.

A propósito de esas declaraciones, la CEOE expresó al vicepresidente del Gobierno para Asuntos Exteriores, Leopoldo Calvo Sotelo, su más viva protesta, manifestando que el ministro no comprendía las lógicas preocupaciones del empresariado español respecto al desarrollo de la negociación. Aún más, la CEOE subrayó haber reiterado su posición favorable al ingreso de España en las Comunidades Europeas, pero «mediante una negociación seria, prudente y global». E incluso el secretario general de la CEOE, José María Cuevas, informó que eran numerosas las manifestaciones de protesta y preocupación recibidas de las organizaciones empresariales por la marcha de la negociación, en la que parecía que estaban subordinándose los intereses económicos reales a otros meramente políticos[10].

Poco después, al empezar 1981, en la revista *Comunidad Europea* del mes de febrero, Eduardo Punset ponía de relieve algunas cuestiones de carácter general sobre la adhesión. «De acuerdo con el programa de trabajo que se ha definido para la nueva etapa –indicó–, España espera ser miembro de las Comunidades Europeas a partir del 1 de enero de 1984; fecha que resulta muy exigente para la economía española, tanto por lo que supondrá de alteración, a corto plazo, de alguna de las características estructurales de su funcionamiento, como por el hecho de que un esfuerzo de ajuste importante y amplio va a tener que efectuarse durante la fase de estancamiento económico, característica de los últimos años»[11].

4. El 23-f y la negociación

Después, unas semanas más tarde, vendría la crisis del Gobierno Suárez por las desavenencias internas de UCD y por algunas pretendidas presiones militares. Y fue durante la investidura de Calvo Sotelo como candidato a la presidencia del Gobierno[12] cuando se produjo, el 23 de febrero de 1981, el asalto al Congreso: el intento de golpe de Estado de una serie de mandos militares y de la Guardia Civil, como el general Milans del Bosch y el coronel Tejero.

Inevitablemente, la opinión pública europea se estremeció con tales acontecimientos, y en esas circunstancias, el 13 de marzo de 1981 –cierto que 20 días después del suceso–, el Parlamento Euro-

---

[10] *ABC*, 13 de diciembre de 1980.
[11] «España y su proceso de entrada en la CEE», en *Comunidad Europea*, febrero de 1981, págs. 12-13.
[12] Que efectivamente logró el 24 de febrero de 1981. Pocos días después de formar gobierno, el Ministerio de Relaciones con las Comunidades Europeas fue transformado en Secretaría de Estado, y Eduardo Punset, sustituido por Raimundo Bassols.

peo adoptó, unánimemente, una resolución proponiendo que se acelerasen las negociaciones con España. En el anexo 4 se recoge el texto completo[13] de la referida declaración.

Poco más tarde, el 24 de marzo de 1981, el Consejo Europeo –formado por los jefes de Estado y de Gobierno de los Estados miembros de la Comunidad Europea y el presidente de la Comisión– expresó igualmente, durante una reunión celebrada en la ciudad holandesa de Maastricht –que luego se haría famosa por el Tratado que ahí se firmaría en 1991–, sus satisfacciones ante la reacción del rey, del Gobierno y del pueblo español, a propósito de los ataques llevados a cabo contra el sistema democrático[14].

Pero tanto la declaración del Parlamento Europeo como la del Consejo de Ministros de las Comunidades Europeas, como la visita del ministro de Asuntos Exteriores de España a Bruselas en marzo de 1981, sirvieron de poco. Es difícil resistirse a reproducir el ágil comentario que a este respecto hizo Soledad Gallego-Díaz, corresponsal de *El País* en Bruselas, en el artículo «Buenas palabras», publicado el 18 de marzo de 1981:

> La ofensiva diplomática española a consecuencia del fallido golpe de Estado está obteniendo una magnífica cosecha de declaraciones y apoyos verbales en la Europa comunitaria; por parte de la Comisión, el Parlamento de Estrasburgo, y el Consejo de Ministros de Asuntos Exteriores de los Diez. Lástima que, por el momento, solo se pueda hablar de apoyos morales sin claras consecuencias prácticas. Los diplomáticos europeos –no es cosa de ahora ni exclusiva en sus relaciones con España– *parecen haber aprendido su oficio en la Escuela del Vaticano, y como los cardenales de la Santa Madre Iglesia Católica, son capaces, con prodigiosos encajes de bolillos, de producir documentos donde no sobre ni falte una coma, pero cuyo contenido práctico no pueden de*sentrañar ni los más avezados exégetas. La Comunidad –lo aprobó el pasado lunes– está dispuesta a intensificar las negociaciones para la adhesión de España al Mercado Común. ¡Albricias! Pero ¿qué significa intensifi-

---

[13] *Comunidad Europea*, abril de 1981.
[14] *Comunidad Europea*, abril de 1981.

car? El Parlamento Europeo, sin el apoyo de los gaullistas y los comunistas franceses, había sugerido otra palabra, acelerar, que admite menos ambigüedades. Los ministros de Asuntos Exteriores corrigieron a los simples diputados, y siempre que meten la pluma debemos preguntarnos el porqué de ello.[15]

En medio de tantos acontecimientos, el incidente entre la CEOE y Punset a que hicimos referencia antes pareció haberse superado. Pero la verdad es que en marzo de 1981, cuando Calvo Sotelo sucedió definitivamente a Suárez en la presidencia del Gobierno, Punset cesó como ministro, y se aprovechó la ocasión para reconvertir el Ministerio de Relaciones con las Comunidades a simple Secretaría de Estado. La CEOE, discretamente, no ocultó su complacencia.

En el repaso cronológico de esta fase tan accidentada de la negociación hispano-comunitaria, creo que tiene interés lo que manifestó el vicepresidente Lorenzo Natali en un viaje a España en junio de 1981, con ocasión de inaugurarse la nueva sede de la Oficina de Información de las Comunidades Europeas (eficientemente dirigida desde su creación en 1978 por Gian Paolo Papa). Tras haberse celebrado 18 reuniones de la Comisión Mixta negociadora, Natali dijo que «España debería ingresar en la Comunidad en enero de 1984». Seguidamente, afirmó que no le gustaba hablar de reactivación «y que prefería referirse a una aceleración, puesto que las negociaciones se habían mantenido en todo momento», habiéndose clarificado numerosos problemas. «No me gusta dar otras fechas –indicó Natali–, puesto que no soy profeta; sin embargo, rechazo la afirmación de que hasta ahora no ha habido verdaderas negociaciones. Por el contrario, se han experimentado progresos importantes; y aunque haya problemas por resolver en los temas de agricultura y presupuestos, podemos continuar avanzando en paralelo»[16].

---

[15] Soledad Gallego-Díaz, «Buenas palabras», *El País*, 18 de marzo de 1981.
[16] «Inauguración de la Oficina de Información» (de la CCE en Madrid), en *Comunidad Europea*, junio de 1981, pág. 6.

5. La Cumbre de Stuttgart[17]

La crisis de las Malvinas –la guerra que enfrentó a Argentina con el Reino Unido– supuso, desde abril de 1982, un nuevo frenazo a la reforma interna comunitaria, pues los representantes del Reino Unido se vieron absorbidos por las incidencias de su guerra con Argentina. Así las cosas, en junio de 1982 se produjo *un nuevo parón* de las negociaciones hispano-comunitarias. Y para mayor evidencia de ello, en la Cumbre de Bruselas de ese mismo mes, Mitterrand insistió en que la Comunidad no podía ampliarse hacia el sur sin antes haber resuelto los problemas internos. Acto seguido, propuso encargar a la Comisión un *inventario* sobre las dificultades de la adhesión de España y Portugal.

Tal inventario debía referirse, principalmente, a cuatro temas: recursos propios y financiación del presupuesto comunitario, productos agrícolas mediterráneos, libre circulación de trabajadores y pesca. Se trataba de un conjunto de temas ya analizados en curso negociador, por lo cual la propuesta de Mitterrand resultaba difícil de interpretar, tras haberse dedicado la Comisión durante tres años, desde el comienzo de las negociaciones, a «identificar y definir problemas».

El nuevo *parón* francés –siempre por la presión de los agricultores obsesionados por la potencialidad exportadora española en el área hortofrutícola– produjo gran desencanto de España. Se llevaban celebradas ya treinta y una sesiones negociadoras, veinte con la presencia de suplentes, y once ministeriales, a pesar de lo cual no se había llegado al fondo de las cuestiones.

En línea con las inquietudes francesas, en la Cumbre de Jefes de Estado y Gobierno de la CEE de diciembre de 1982, en Copenhague, se pidió a los ministros que se reunieran antes de marzo de 1983 para decidir sobre ciertos productos agrícolas mediterráneos que aún obstaculizaban la ampliación. Lo cual, en román paladino, significaba que antes de que España se adhiriera a la CEE, debería procederse a reforzar, en el plano de la legislación comunitaria, todo lo relativo a las cautelas de cara a España, en

---

[17] Para este pasaje, me ha sido de gran utilidad la reseña que me facilitó María Teresa Barea, del Dpto. de Estructura Económica de la UAM.

materias como vinos, hortofrutícolas, aceite, etc. Se trataba, en definitiva, de lograr la *luz verde* del Gobierno de París.

En junio de 1983, ante la nueva Cumbre en Stuttgart, pocas semanas antes, Felipe González había viajado a Bonn para expresar su compromiso solidario con la instalación de los euromisiles de EE.UU. en los países europeos de la OTAN que ya lo habían aceptado o que estaban en ello (REA, Bélgica, Holanda e Italia).

Con esta actitud y otras, el Gobierno del PSOE –en el poder desde diciembre de 1983– se veía a las claras que iba *adantizándose*, y que estaban en curso de cambiar el sentido de su propuesta en relación con el referéndum sobre la OTAN. En este sentido, empezó a relacionarse estrechamente el tema de la integración en la CEE con la *inevitable* permanencia en la OTAN.

Tales actitudes del PSOE y su Gobierno dieron tranquilidad al conservador canciller alemán Helmut Kohl sobre el «compromiso español con la defensa occidental. Y de ahí que durante la presidencia alemana en curso, en el mencionado Consejo de Stuttgart, se diera empujón definitivo a las negociaciones, vinculando el crecimiento de los recursos propios de la Comunidad a la condición de que había de culminar la reforma interna, y que debería ponerse termino a la adhesión. Al tiempo, todo el mundo empezó a prever el 1 de enero de 1986 como la fecha más probable para la adhesión de las dos naciones ibéricas.

Unos días después de la Cumbre de Stuttgart, se cerraba el capítulo negociador de fiscalidad, y poco más tarde, el de monopolios, tras alcanzarse, en este último caso, un acuerdo sobre la adaptación de los monopolios de petróleo (Campsa) y de tabacos (Tabacalera) a la normativa comunitaria. Antes de finalizar el año, se cerraron otros dos capítulos –Ceuta y Melilla, y Euratom–, y en abril de 1984 se hizo lo propio con relaciones exteriores y patentes.

Sin embargo, todavía quedaban grandes desacuerdos entre los Estados miembros de la CEE en lo referente a la reforma financiera, pues unos querían que hubiera más recursos para que la Comunidad se lanzara a desarrollar nuevas ideas, en tanto que otros aspiraban a limitar los gastos de la PAC y frenar el lanzamiento de nuevas políticas presuntamente muy costosas.

Por su parte, Francia seguía bloqueando el tema agrícola, y no cesó en esa actitud hasta que obtuvo las modificaciones que le interesaban en los reglamentos de la PAC. Lo que en el fondo perseguían los franceses era congelar de alguna manera el potencial agrario de España antes de su entrada en la Comunidad.

En tales circunstancias, en junio de 1984, Manuel Marín, secretario de Estado para las Relaciones con las Comunidades Europeas, anunció que iba a iniciarse *un maratón negociador*, que conduciría al final del proceso. Pero lo que se pensó iba a ser un esfuerzo corto e intenso acabó siendo un largo periodo de nueve meses de duración, complejo e incierto hasta el último momento.

A la altura de julio de 1984, la posición comunitaria se resumía en lo industrial con un calendario de siete años para el desarme arancelario, acelerado durante los primeros años. Además, España había de aceptar el ya mencionado sistema de dos etapas para frutas y hortalizas, incluidos los agrios: una primera de cuatro años y una segunda de seis. Para los productos menos sensibles, el período transitorio de la PAC sería de siete años.

También en el verano de 1984, el Consejo de Ministros de la CEE enunció el sistema de los Programas Integrados Mediterráneos (PIM), consistentes en ofrecer ayudas con recursos especiales a favor de las agriculturas más rezagadas de tres Estados miembros, y más concretamente, Grecia, Italia e incluso Francia; en el fondo, se trataba de una *compensación* de última hora, para que Grecia no bloquease la doble adhesión Ibérica. En sentido contrario a tantas dificultades y obstrucciones interesadas, el 1 de julio de 1984, al iniciarse la presidencia irlandesa por el turno semestral del Consejo de Ministros, en el programa presentado por Eire, la ampliación de la Comunidad hacia el sur figuró como una cuestión absolutamente prioritaria.

6. La Cumbre de Dublín

Pero, a pesar de las buenas apariencias iniciales de la presidencia irlandesa, tras el verano de 1984 se produjo un nuevo parón en las negociaciones, hasta que el 23 de octubre de 1984, la Comunidad presento a España propuestas concretas sobre desarme arancelario industrial, esencialmente las mismas anunciadas unos meses antes. Sin embargo, la aceptación de tales ofertas por parte española se hizo esperar hasta que la CEE desbloquease los espinosos temas del vino y la pesca, en el sentido de que los Diez se pusieran de acuerdo en sus propias posiciones negociadoras en tales productos.

En el Cumbre irlandesa (Dublín, diciembre de 1984), se desbloqueó la cuestión del vino, configurándose a la exigencia de que España contingentara su producción. Y a pesar de los esfuerzos exportadores desplegados por los negociadores españoles, no se consiguió flexibilizar esa postura, que fue la base de una cantidad máxima de protección de 27,5 millones de hectolitros; cifra que resultaba muy inferior a la realidad española (en torno a 35). Asimismo, la cuota láctea de 5,4 millones de toneladas también quedó muy por debajo de la producción real española.

Antes del final de la Cumbre de Dublín, surgió un nuevo obstáculo: el Presidente del Gobierno griego planteó en términos muy enérgicos una reserva a la ampliación a España, en tanto que no se tomara una decisión firme sobre la financiación efectiva de los ya mencionados PIM, que ya disfrutaban de consenso comunitario pero todavía sin cifrar.

En lo relativo al sector industrial, los negociadores españoles deseaban cerrar el trato antes del 31 de diciembre de 1984, ya que al renovarse la Comisión el 1 de enero de 1985, había de cesar el comisario Étienne Davignon, que había llevado todo el peso de la negociación. Esa fue una buena razón para que a la postre se acordara definitivamente el dosier industrial, sin haber hecho lo propio con el agrícola (rompiendo así la decisión de no ceder ninguna baza sin obtener otra de valor similar). Se puso fin, pues, al capítulo industrial –de hecho, la unión aduanera–, en diciembre de 1984, junto con los capítulos CECA e instituciones, aunque sin haberse alcanzado por parte de España las concesiones agrícolas reiteradamente solicitadas.

En enero de 1985, el ministro Fernando Morán decía que las negociaciones entraban *en fase de decisión política*. Lo que en realidad se significaba con esas palabras era que *los Diez* ya habían conseguido de España lo que querían, y por lo tanto ya no quedaba nada que ofrecer para llegar al acuerdo final en agricultura y pesca.

Figura 48. Giulio Andreotti, presidente del Gobierno de Italia en 1985, impulsó decididamente la terminación de las negociaciones España/CE para la integración económica final de los dos países ibéricos en la Unión Europea.

A primeros de 1985, se llevaban celebradas 57 sesiones de negociación, de ellas 26 de ámbito ministerial y 31 de suplentes. Pero todavía quedaban seis capítulos por concordar: agricultura, pesca, asuntos sociales, recursos propios, Canarias y relaciones España/Portugal. Todos ellos eran temas importantes, pero especialmente los de agricultura, pesca y el período transitorio para la libre circulación de trabajadores.

Con una agenda todavía tan amplia, lo que se puso de manifiesto a España es que el tiempo se acababa inexorablemente y que había de responder con un sí o un no a las ofertas finales de la CEE, sin que fuese posible seguir manteniendo largas tratativas para modificar las posiciones comunitarias. Como tope para seguir discutiendo se fijó la Cumbre de Bruselas prevista para los días 29 y 30 de marzo de 1985.

7. La recta final y la firma

A últimos de enero de 1985, el Consejo de Ministros de la CEE manifestó su voluntad de concluir las negociaciones en marzo, incluso antes de la reunión del Consejo Europeo en Bruselas. Con tales decisiones, el ambiente se crispó un tanto, y a finales de febrero, Morán llegó a considerar dudoso que el Tratado pudiera entrar en vigor el 1 de enero de 1986. Y por su parte, la Comisión incluso pidió a sus servicios jurídicos que elaboraran un informe sobre la viabilidad de la entrada en vigor con posterioridad al 1 de julio de 1986.

Así se llegó a la reunión del Consejo de Ministros en Bruselas del 17 al 21 de marzo de 1985. Momento delicado, pues quedaba poco margen de maniobra a partir de lo que ofrecían los comunitarios. Y al tiempo, se estaba alcanzando un punto de máximo esfuerzo político por parte de *los Diez*, que no deseaban mantener indefinidamente en ese nivel de tensiones. De modo que, o se aceptaban por España las condiciones para concluir, o el cierre de la negociación podía quedar pospuesto a fechas indeterminadas. En un trance así, la reunión del Consejo de Ministros ya sí que fue un auténtico *maratón*; el Consejo se mantuvo reunido de forma casi ininterrumpida, con el Sr. Andreotti, ministro de Asuntos Exteriores de Italia, país que era presidente de la Comunidad durante el primer semestre de 1985, yendo de la sala del Consejo de Ministros a los despachos del mismo edificio donde se encontraban disponibles, en permanencia, las delegaciones española y portuguesa tratando de conciliar las últimas discrepancias con la delegación de la Comunidad.

Andreotti logró que finalmente el Consejo de Ministros aprobara un paquete u oferta global, y en la noche del 21 de marzo de 1985, se tuvo la impresión de que las delegaciones española y comunitaria cerrarían el acuerdo sobre la base de ese paquete. Pero Francia presentó un nuevo obstáculo, al solicitar más recortes en el número de barcos de pesca españoles autorizados a faenar en los caladeros comunitarios.

Para subsanar ese y otros problemas, Andreotti propuso un nuevo maratón comunitario para los días 28 y 29 de marzo en París, justo antes de la Cumbre de Bruselas, del 29 y 30 del mismo mes. Ello ocasionó gran preocupación en Madrid, por lo que pudiera decidirse finalmente en París. A lo cual se unió la alarma provocada por el anuncio de Mitterrand de que tenía una *iniciativa sorprendente* en el plano de la integración europea, de la que nadie conocía nada. Solo luego se vería que era el proyecto Eureka de avance europeo en I+D, que ciertamente no representó ningún escollo para España.

Finalmente, pudieron cerrarse todos los capítulos pendientes en la sesión del 29 de marzo, aunque quedaran todavía un buen número de flecos por resolver: todo lo referente a las relaciones entre España y Portugal. En total, para llegar al acuerdo habían hecho falta 61 reuniones (29 ministeriales y 32 de suplentes).

Dentro del capítulo agricultura, con las prisas últimas, algunos sectores quedaron mal situados: los lácteos, el vino, la carne de porcino, el aceite de oliva, los agrios, las frutas y hortalizas frescas. Y la negociación ulterior de los referidos flecos aún empeoró la situación en más de un subsector.

Pero, finalmente, el 30 de marzo se llegó a un acuerdo. Y el 12 de junio de 1985, ya puestos en limpio todos los textos en todos los idiomas oficiales de los Estados miembros, se firmó el Tratado de Adhesión, con toda solemnidad: en la mañana, en el Monasterio de los Jerónimos de Lisboa, y en la tarde, en Madrid, en el Palacio de Oriente. La entrada en vigor quedó fijada para el 1 de enero de 1986.

8. El efecto Europa

A partir de 1986, con importantes indicios premonitorios en 1985, la situación económica en España, al socaire de la coyuntura internacional y sobre todo de la conexión europea, mejoró rápidamente, para entrar en un quinquenio de rápido crecimiento (1986-1990), a una tasa media de expansión próxima al 5 por 100 del PIB.

A ello contribuyó, de manera decisiva, el ingreso en la Comunidad Europea, con un triple efecto que veremos rápidamente:

1. *Inversiones extranjeras.* Cada vez más clara la proximidad de la adhesión a la CE, numerosas empresas multinacionales se mostraron interesadas en tomar posiciones en el mercado español de cara al futuro intercambio con el resto de los socios comunitarios, y con vistas al ya anunciado formidable Mercado Interior Único (MIU) que había de culminar en 1993 con la definitiva libre circulación entre los doce Estados miembros.

2. *Valoración de activos.* Fue perceptible de manera muy especial en las áreas financiera e inmobiliaria. Una bolsa muy barata como la española vio crecer las cotizaciones de sus títulos vertiginosamente. Un sector inmobiliario deprimido durante años experimentó plusvalías espectaculares, al invertir en España grandes

compañías y fondos de pensiones. Cierto es que el auge inmobiliario y de la construcción se debió también, en gran medida, a los efectos del Real Decreto Ley 2/1985, de 30 de abril (conocido como Ley Boyer), que desgravó fiscalmente cualquier clase de vivienda (más allá de la primera), y que flexibilizó la Ley de Arrendamientos Urbanos, permitiendo los contratos de alquiler por tiempo definido y con revisiones de renta basadas en el IPC.

3. *Modernización*. Como consecuencia del aumento previsto de la competencia con los *ya otros países* de la CEE, las empresas españolas se vieron en la tesitura de llevar a cabo fuertes inversiones a fin de incrementar su productividad y competitividad en un proceso de modernización para estar en condiciones de resistir el embate de importaciones, con una protección arancelaria y comercial decreciente, y en un ambiente, como hemos visto, de libre circulación de factores. Ya no se trataba, pues, simplemente de aumentar las cuotas de mercado frente a las exportaciones, sino de luchar por mantener las propias ventas dentro de un mercado cada vez menos nacional, y cada vez más parte de un mercado ya claramente supranacional. Todo lo cual contribuyó a forzar el crecimiento hasta niveles –entre 1984 y 1990– de más del 4 por 100 del PIB, lo cual permitió una fuerte creación de empleo después de un crecimiento sostenido del paro desde 1977 a 1983.

En resumen, desde un principio, el ingreso de España en la CEE tuvo un conjunto de efectos altamente positivos para el crecimiento económico y el empleo, dentro de una senda de modernización, con la cual sería factible entrar después en la vía de una nueva cultura de estabilidad. Pero esa parte de la política económica corresponde a la política de convergencia que se iniciaría en 1991, tras la firma del Tratado de Maastricht, un asunto al que nos referimos en el capítulo 19 de este trabajo.

9. Instituciones y libre circulación

Hechas las anteriores aclaraciones sobre el efecto Europa a continuación, estudiamos de forma sintética los aspectos principales que para la economía española, en sus diversas facetas, representa la pertenencia a la CEE desde 1986, y todavía más, a lo que desde 1993 (por el Tratado de Maastricht) denominamos comúnmente Unión Europea.

En materia de instituciones, la representación española en los órganos de la Comunidad quedó a un nivel intermedio, más cercano a los Estados grandes que a los pequeños. En la Comisión hay dos comisarios españoles, e igual pasa con Francia, Alemania, Italia y Reino Unido. En el Parlamento, se cuenta con 64 escaños (de 81 a 99 los grandes) sobre un total de 626. En el Consejo de Ministros el representante español dispone de ocho votos (10 cada uno de los grandes), para una mayoría cualificada de 62. En el Tribunal de Justicia, como sucede con todos los demás Estados miembros, se cuenta con un magistrado, siendo 21 los representantes en el Comité Económico y Social (24 para los grandes). Por último, mencionamos que a España corresponde uno de los seis vicepresidentes del Banco Europeo de Inversiones.

España ingresó simultáneamente en la CEE, la CECA y además en el Euratom, para lo cual pasó a cumplir con el conjunto de la normativa comunitaria sobre energía atómica. Pero no fue necesario firmar el Tratado de No Proliferación Nuclear, uno de los escollos de la negociación, en cierto modo por la pretensión de la Marina de guerra española de disponer de submarinos nucleares.

En relación con la CECA, España pasó a disponer de un período de tres años, a partir de la adhesión, para completar su reconversión de la siderurgia con ayudas estatales, quedando la capacidad española de producción en 18 millones de toneladas de acero, muy por encima de los 13,5 millones de producción efectiva en 1984.

Con la adhesión se inició el desarme arancelario, y la aproximación al arancel común de la CEE (Taric), así como la asunción por España de todo el amplio acervo de las relaciones exteriores de la CE en lo relativo a comercio exterior.

El desarme arancelario se realizó gradualmente a lo largo de un período transitorio de siete años. Y en cuanto al arancel común, España lo adoptó desde el primer momento para aquellas posiciones de su arancel en que la diferencia con las comunitarias era, en más o menos, menores del 15 por 100. El resto quedó sometido a un sistema de aproximación gradual, con reducciones en las diferencias, idénticas, en fechas y cantidades similares a las ya vistas para el desarme arancelario.

La liberalización del comercio frente a terceros países por parte de España tampoco fue inmediata. Se previeron varias listas de productos concretos procedentes de países del GATT, del Este europeo con comercio de Estado, y de Japón. También se fijaron algunos contingentes de importación. Todas esas restricciones se eliminaron progresivamente hasta hacerse cero en 1993.

Además, España se integró desde la adhesión en los acuerdos especiales suscritos por la Comunidad con los miembros de la Asociación Europea de Libre de Comercio (EFTA: Islandia, Noruega, Suecia, Finlandia, Suiza y Austria), el Magreb (Marruecos, Argelia y Túnez), el Machrek (Egipto, Siria, Líbano y Jordania), y toda una serie de países, etc. Asimismo, asumió los mismos compromisos que los demás Estados miembros respecto de los países ACP (África, Caribe, Pacífico) vinculados a las Comunidades por la Convención de Lomé III.

En cuanto a la circulación de trabajadores, recordemos que en los diez Estados miembros de la CE vivían en 1985 unos 240.000 trabajadores procedentes de España, con 366.000 familiares a su cargo directo (cónyuges e hijos), es decir, un total aproximado de 606.000 ciudadanos españoles. De los trabajadores, había unos 25.000 en paro, que desde la adhesión tuvieron derecho al mismo trato que los demás comunitarios.

En lo relativo a la libertad de movimientos de personas, se estableció un período transitorio de siete años con cláusula de posible revisión a los cinco. Esta cláusula penalizadora (que se suprimió a los 6 años) se atribuyó al temor que originaba el elevado volumen de paro existente en España.

10. Agricultura y pesca

Se distinguieron dos grandes vías para la integración de España en el mercado común agrícola: la transición clásica y la específica. La primera consistía en la gradual aplicación de los reglamentos de la PAC –con una aproximación paulatina, a lo largo de siete años, de los precios españoles a los comunitarios–, paralelamente al desarme arancelario. Durante esos siete años, funcionaron los llamados montantes compensatorios, fijados para cubrir las diferencias de precios de cada momento, y que lógicamente desaparecerían al final del período transitorio.

Figura 49. El sector agrario es uno de los totalmente *comunitarizados* dentro de la UE, a través de la PAC. Cabe decir que la agricultura española se ha beneficiado ampliamente de la política común. En la foto, la formidable fachada del edificio del arquitecto Velázquez Bosco para el Palacio de Fomento (1881), hoy Ministerio de Agricultura, Pesca y Alimentación.

Para el sector hortofrutícola, el período de desarme se fijó en diez años, y para la segunda fase (quinto al décimo año del período transitorio), se creó el llamado Mecanismo Complementario de Intervención (MCI), a fin de concertar una serie de actuaciones y vigilar la marcha de los intercambios. La integración quedó prácticamente perfeccionada desde el 1 de enero de 1993. En la actualidad, el sector hortofrutícola español se rige por la correspondiente Organización Común de Mercado (OCM), que en lo fundamental establece un sistema de precios de intervención para retirar puntos cuando hay excedentes y permitir de ese modo la recuperación de las cotizaciones de mercado.

En aplicación del acuerdo a que la CE llegó en Dublín en 1984, la cuota máxima de vino español de mesa con derecho a precio garantizado se fijó en 27,5 millones de hectolitros, lo que significó que por encima del 85 por 100 de esta cuota los caldos deben ser destilados para alcohol, a fin de retirarlos del mercado.

En cuanto al aceite de oliva, se fijó una senda de aproximación de precios a un ritmo anual del 5 por 100 entre los de intervención española y comunitaria, sin que se aplicaran inicialmente a España las ayudas que al sector dispensaba el reglamento comunitario sobre grasas vegetales, que ha de ser revisado. Fue este el caso más claro de *firma en blanco* por parte de España, un asunto que se ajustó en 1991. Después, se han llegado a diversos acuerdos que garantizan a España la protección de 750.000 Tm de aceite de oliva.

Para el caso de los lácteos, España se vio sometida al régimen de contingentación (cuotas) del mercado de leche y sus derivados desde la temporada 1984-1985, y que tanta controversia, por su escasez, provocó. Actualmente la cuota está en 5,5 millones de Tm.

España quedó integrada en la Política Pesquera Común (PPCfi y se perdió la soberanía para la negociación de convenios pesqueros bilaterales. El Consejo de Ministros de Pesca, celebrado en enero de 1995, decidió que el periodo español de integración, con un régimen transitorio específico, se adelantara del año 2002 inicialmente previsto a 1996. Así, España, a partir del 1 de enero de ese año, quedó plenamente integrada en la Política Pesquera Común (PPC), con un régimen general más flexible para la flota, pero dentro de los sistemas de control de las capturas.

11. Libre circulación de factores y servicios

Las inversiones directas quedaron liberalizadas, con carácter general, desde el principio, si bien para la banca se fijó un período transitorio de siete años en cuanto a la concesión de autorizaciones de libre instalación de bancos y de compañías de seguros del resto de los países comunitarios en España. En lo que concierne a seguros y reaseguros, se estableció un período transitorio de seis años. Con el funcionamiento del Mercado Interior Único (1993), las últimas restricciones fueron abolidas. Y en el Tratado de Maastricht, ya resueltos los temas esenciales de la libre circulación de personas y trabajadores, y de derechos de establecimientos, se plantearon los grandes objetivos de la unión monetaria.

Respecto a los transportes, se estableció el plazo de un año para la aplicación de las normas comunitarias en los servicios pú-

Figura 50. La UE es el conjunto de países del mundo que, como área de integración económica, más ha trabajado por mejorar la política de medio ambiente. El Acuerdo de París de 2015 –que vistió la Torre Eiffel de verde– ha marcado el gran punto de inflexión para luchar contra el calentamiento global y el cambio climático.

blicos, y la instalación de tacógrafo en los vehículos pesados, se hizo obligatoria desde la adhesión para todos los de nueva matriculación, y en los destinados a transporte de materias peligrosas y de transporte internacional. Para los vehículos de transporte nacional de viajeros y mercancías se establecieron períodos de tres y cuatro años, respectivamente, para la instalación de este mecanismo de control y seguridad que registra gráficamente las horas de conducción, paradas, etc. En otras cuestiones de transporte, todavía no plenamente liberalizado en la CE en 1986, España fue incorporándose a los distintos mecanismos comunitarios.

Desde la adhesión, España aplicó en su integridad la normativa comunitaria sobre política regional, beneficiándose de las ayudas del Fondo Europeo de Desarrollo Regional (FEDER).

Señalemos, además, que desde 1992, España, al no llegar al 90 por 100 del PIB promedio de CE, se beneficia *del* Fondo de Cohesión (creado en 1992), que provee recursos para infraestructuras y medio ambiente.

En lo tocante a patentes, el sistema español de procedimiento hubo de sustituirse con la adopción del de patente de producto, de conformidad con el Convenio de Múnich, al que España se adhirió. Seis años más tarde, el 7 de octubre de 1992, el sistema español se adecuó a lo establecido en el Convenio de Luxemburgo, estableciéndose la «inversión de la carga de la prueba», de modo que será el denunciado por usurpación o plagio quien deberá demostrar la no utilización del procedimiento patentado, en lugar de ser al revés, como era lo legal en España hasta 1986. Sin embargo, la inversión de la carga de la prueba no podrá invocarse para las patentes existentes hasta la fecha de su caducidad. Pero sí podrá invocarse desde el inicio del procedimiento para las patentes nuevas a partir de la adhesión.

En fiscalidad, en principio, no se buscó sino una cierta armonización de la imposición indirecta, empezando por la implantación del IVA. En cuanto a las cuestiones presupuestarias, se fijaron criterios para las futuras aportaciones de España al presupuesto comunitario, en condiciones de perceptor neto. Por último, en el segmento monetario se establecieron algunas previsiones sobre la presencia de España en el sistema monetario europeo (SME), que efectivamente se vieron plenamente confirmadas con su ingreso en junio de 1989. Después, en 1999 entraría en vigor la unión monetaria con el euro.

12. Medio ambiente

En relación con los temas ambientales, el Tratado de Adhesión tuvo una trascendencia definitiva, pues, progresivamente, España hubo de ir adoptando todo el ya muy amplio acervo comunitario en esta compleja área de problemas.

En ese sentido, las leyes de aguas y de costas, la ley de conservación de la flora y la fauna silvestre y de los espacios protegidos (Ley 4/89 de 27 de marzo), el Decreto Legislativo sobre impacto ambiental (RDL 1302/1986, de 28 de junio), la normativa en relación con los residuos tóxicos y peligrosos a que luego nos referimos –todos ellos textos promulgados entre 1983 y 1989– supusieron un esfuerzo legal por ir adaptando la legislación española a las disposiciones de la Comunidad Europea.

Los objetivos de calidad medioambiental, a escala de la UE, obligan al Gobierno español a promover la elaboración y ejecución de planes sectoriales de acción coordinada con las comunidades autónomas y entidades locales. Concretamente, se trata de toda una serie de planes sectoriales sobre residuos industriales, saneamiento atmosférico y modernización de su red de control, problemas graves causados por los alpechines (desechos de las almazaras), purines (provenientes de la ganadería), las papeleras, o los sectores con vertidos de metales pesados, así como la consecución de los objetivos sobre residuos sólidos urbanos (RSU); todo ello se ha acometido con el Plan Nacional de Gestión, a desarrollar a través de las correspondientes obras e instalaciones.

Los objetivos de calidad medioambiental, a escala de la UE, comprometen al Gobierno español, como Estado miembro, a medidas coordinadas con las CC.AA. Desde 1972, han sido más de 200 los reglamentos y directrices promulgados por la CE en materia ambiental, y puede preverse que, en un futuro próximo, casi el 50 por 100 de la normativa comunitaria será de carácter medioambiental.

La progresiva superación de la lentitud burocrática en la UE (ya no se requiere mayoría absoluta para la adopción de medidas medioambientales), y de la colisión de intereses particulares, ha permitido la aprobación del V Programa Acción Medioambiental (1993-2002); este coordina y armoniza las políticas de los Estados miembros, prima el principio de prevención frente al de reparación, si bien refuerza la política de «quien contamina paga» (internalizacion de costes), permite la concesión de ayudas a las empresas que protegen el medio ambiente, y canaliza fondos a través del Banco Europeo de Inversiones y el FEDER.

En definitiva, puede decirse que en pocos sectores se habrá apreciado tanto el impacto de nuestra entrada y pertenencia a la UE como en el área del medio ambiente. A pesar de lo cual, preciso es subrayarlo, todavía son muchos los déficits que padecemos en algo tan importante para la calidad de vida y para la preservación de recursos de cara a las generaciones venideras.

Capítulo 6
Los ciclos económicos[1]

1. Fluctuaciones económicas

Realmente, nunca es fácil hacer predicciones económicas a corto plazo, a través de lo que generalmente se considera análisis de coyuntura, y lo propio acontece a largo, en función de los cambios estructurales. En el primer caso, por hallarnos inmersos en un ciclo y en su evolución, además de toda una serie de fuerzas, en la que también influyen los ajustes que vayan produciéndose por la política económica; y en el segundo caso, por el inevitable proceso de cambio tecnológico y social que son las materias del cambio estructural.

Precisamente, esas alteraciones en los procesos económicos es lo que Joseph A. Schumpeter destacó en su libro *Business Cycles* (1927)[2], en el que analizó las diferentes clases de fluctuaciones, para distinguir en la región ascendente de la curva la recuperación a partir de la fase anterior, para pasar después a la expansión, seguido del auge, prolongable en una fase más o menos larga de bonanza que culmina en el *boom*. Ulteriormente, llega el punto de inflexión que se traduce en el comienzo de la desaceleración con el definitivo cambio de tendencia. La crisis, pues, ha comenzado, pudiendo llegarse, de persistir las inercias declinantes, más allá de la recesión, a la propia depresión.

La experiencia histórica demuestra que los ciclos no pueden erradicarse: ni por medio de decretos leyes, ni siquiera a través de políticas económicas, por muy bien que se diseñen e instrumen-

---

[1] Capítulo 17 de *Estructura económica internacional*, Alianza Editorial, Madrid, 2009, 21.ª ed.

[2] Hay traducción española editada por la Universidad de Zaragoza.

ten. Sencillamente, porque en una economía de mercado –aunque tenga no pocas restricciones a la competencia–, se dan millones de «planes individuales» de empresas y consumidores que difícilmente pueden encajar en un equilibrio perfecto.

En ese contexto, inevitablemente, van surgiendo fenómenos de sobredimensionamiento de la oferta y de saturación de demanda que acaban por derivar en escenarios de crisis e interrupción del crecimiento. Eso es lo que sucedió con la depresión de los años 90 del siglo XIX, que J. M. Keynes calificó como la más dramática vivida por la humanidad hasta entonces. Pero luego fue mucho más grave lo que sucedió en la década de 1930, con la Gran Depresión, comenzada en octubre de 1929, con el célebre crac bursátil de Nueva York, ya por entonces el mayor mercado de valores del mundo.

2. Una sucesión de crisis[3]

En una retrospectiva amplia, la crisis financiera que por primera vez marcó una profunda huella histórica fue la «burbuja de los tulipanes de Holanda»[4] en la primera mitad del siglo XVII, a partir de esa planta ornamental que el botánico francés Carolus Clusius introdujo en Europa desde Turquía, donde tenía connotaciones sagradas. Clusius, entusiasmado, la cultivó en secreto, hasta que alguien entró en su jardín parisino y robó varios bulbos, que en Holanda se reprodujeron con gran exuberancia[5].

Los tulipanes se pusieron de moda y sus precios subieron rápidamente por la codicia que se desató en su comercio, en el que se invirtieron grandes sumas, inicialmente con ingentes beneficios. Y en ese trance se declaró una epidemia de peste bubónica que redundó en una fuerte escasez de mano de obra, lo que hizo subir aún más los precios; surgió entonces un mercado de futuros, de venta de bulbos aún no recolectados, en el que los compradores se endeudaban más y más, hasta que ya no se inter-

---

[3] Ramón Tamames, *Para salir de la crisis global. Análisis y soluciones*, Edaf, Madrid, 2009.
[4] Antonio Torrero Mañas, *Crisis financieras. Enseñanzas de cinco episodios*, Marcial Pons, Barcelona, 2006.
[5] José Antonio Marina, «Los Tulipanes», en *La Vanguardia*, 13-XII-2008.

cambiaron bulbos físicamente, sino meros certificados en una bolsa de negociación *ad hoc.*

Así se llegó al 5 de febrero de 1637, cuando se pagaron por un bulbo 5.200 florines (a efectos comparativos: cinco años después, en 1642, Rembrandt cobró por su obra maestra *Ronda nocturna* la cantidad de 1.600 florines). Al día siguiente, el montaje hizo crisis: la burbuja estalló, y los precios cayeron en picado. Todo el mundo quería vender y nadie compraba las notas de crédito de la Bolsa, porque ya no valían nada: las quiebras se sucedieron y los especuladores no supieron retirarse a tiempo y se arruinaron.

En cuanto a la llamada Especulación de los Mares del Sur, fue otro caso de gran resonancia: en 1720, cuando las cotizaciones de una serie de compañías de navegación se multiplicaron por diez, en la idea de que el tráfico esclavista en las posesiones españolas en las Américas rendiría grandes beneficios. Episodio en el que Isaac Newton perdió 20.000 libras, por vender demasiado pronto, para luego reinvertir cuando las acciones se situaron en su nivel máximo, sin posibilidades de plusvalía con el ulterior rápido derrumbamiento. Durante el resto de su vida, el formulador de las leyes de la gravitación universal se sintió abrumado por su propia especulación.

La lección de esos sucesos y otros nos muestran cómo en las burbujas y cracs coexisten la avaricia y las evaluaciones demasiado optimistas. Así lo destacó T. Sykes: la repetición de los fenómenos especulativos se explica por la convicción de los inversores de tener la fortuna de encontrarse ante una ocasión excepcional en la que, suponen, todo irá bien. Pero al final, tras el *boom*, llega el pinchazo de la burbuja: «Si se hubiera aprendido de lo que sucedió con los tulipanes –dice el profesor Torrero–, habría habido menos burbujas y desastres. Sin embargo, cada generación cree que lo sucedido antes no va a repetirse».

3. La Biblia tenía razón

El anterior parece un epígrafe a lo Isaac Asimov, pero como podrá verse, no es ciencia ficción, sino que realmente la Biblia tenía razón, en lo que fue primera referencia histórica conocida sobre ciclos económicos: en el *Génesis* (cap. 42) se plantea la primera teoría, y la primera solución, a los ciclos y las crisis. Lo que sigue es una transcripción, simplemente retocada para evitar redundancias, del gran diálogo económico entre José y el faraón.

Mandó el faraón llamar a José, a quien apresuradamente sacaron de la prisión donde estaba. Se cortó el pelo, se mudó de ropas y fue a ver al rey, quien le dijo:

—He tenido un sueño y no hay quien lo interprete, y he oído decir que tú sí sabrías hacerlo… Estaba yo en la ribera del Nilo y vi salir de él siete vacas gordas y hermosas, que se pusieron a pacer en la verdura de la orilla. Al poco tiempo, detrás de ellas subieron otras siete vacas, feas y flacas, que se comieron a las siete primeras. Luego, vi cómo de un mismo tallo salieron siete espigas granadas y hermosas, para a continuación surgir otras siete espigas malas, secas y quemadas por el viento solano, que devoraron a las siete primeras. Se lo he contado a todos los adivinos, y ninguno ha sabido explicarme.

—El sueño, faraón —contestó José—, es uno solo, Yahvé (Dios) te ha dado a conocer lo que va a hacer: las siete vacas hermosas y las siete espigas hermosas son siete años de abundancia. Y las siete vacas flacas y las siete espigas secas y quemadas del viento solano son los siete años de hambre que seguirán a los siete de abundancia. Por tanto, faraón, es preciso que hombres a tus órdenes visiten la tierra de todo Egipto y guarden un quinto de la cosecha de los años de la abundancia, poniéndolo a tu disposición, para mantener las ciudades durante los siete años de hambre que han de venir.

Parecieron muy bien estas palabras al faraón, quien se dirigió a sus cortesanos con estas palabras:

—¿Podríamos por ventura encontrar un hombre como este? José, como Dios le ha dado a conocer tales cosas, y no hay persona tan sabia como él, será quien se haga cargo de las tareas que ha mencionado.

Los ciclos de siete años de abundancia, seguidos de otros tantos de escasez, fueron una buena exposición –hace por casi tres milenios– de la deriva cíclica en la realidad. Además, en la Biblia se dio una solución absolutamente racional al proceso: acumular reservas en los años de abundancia para los de escasez.

Figura 51. José y Faraón. En la Biblia (Génesis, capítulo 3), el que fue esclavo de Faraón, por sus grandes conocimientos, se vio llamado a la corte, donde el rey sometió a su juicio los sueños que había tenido. Le dijo a Faraón que habría siete años de prosperidad seguidos de otros siete de vacas flacas. Era la primera visión de los ciclos económicos de prosperidad y depresión, a resolver con medidas de ahorros acumulados en los siete años de prosperidad.

4. De la recesión a la depresión

Volviendo a nuestro análisis de los ciclos precisaremos que, según la Oficina de Estadísticas de la UE, el Eurostat, se entra en recesión al evidenciarse crecimientos negativos del PIB en tasa interanual durante dos trimestres seguidos. Una regla más sintética que en EE.UU., donde el National Bureau of Economic Reserch (NBER) aplica una serie de criterios más complejos para definir oficialmente si se está o no en recesión. Se debe aclarar, en cualquier caso, que antes de 1929 el término *recesión* no existía, pues normalmente toda caída de cierta relevancia del PIB se denominaba *depresión*. Pero en la posguerra, al hacerse las depresiones más cortas y suaves (los tiempos del *stop & go*, con *stop*), comenzó a aplicárseles el nombre de recesión, reservándose el de depresión para las situaciones más prolongadas y graves.

No existe una definición generalmente aceptada de depresión, por mucho que el vocablo inspire la idea, ya aludida, de mayor duración y gravedad en el declive. Y en un intento precisamente de llenar esa laguna, Saul Eslake, economista jefe del Banco ANZ, propone que se entienda que hay depresión cuando la caída del PIB sobrepasa el 10 por 100, o cuando la recesión inicial se dilata durante tres años. En ese sentido, en la Gran Depresión iniciada en EE.UU. en 1929, se cumplieron sobradamente ambas circunstancias: contracción de un 30 por 100 del PIB, cuando menos a lo largo de los años de 1929 a 1933.

La política económica a seguir en recesión o depresión puede ser diferente, pues en una recesión más o menos leve originada por la política monetaria restrictiva cabe curarla bajando tipos e inyectando liquidez desde el banco central. En cambio, en la depresión con fuerte contracción del crédito y síntomas de deflación, se necesita ir más allá, para entrar en el área de la fiscalidad, la inversión pública y los estímulos más diversos a demanda, a fin de frenar el desempleo, sin olvidar la reforma del sistema financiero para evitar los abusos de la codicia y los efectos de una autorregulación a veces disparatada, como sucedió en la crisis global iniciada en 2007.

Y por último, una anécdota del propio *The Economist*: en 1978, Alfred Kahn, uno de los asesores económicos presidenciales, fue reprendido por el presidente de EE.UU. Jimmy Carter, quien entendió que se estaba amedrentando a la ciudadanía, al anunciar que tal vez se acabaría en una depresión. Mr. Kahn, en su siguiente discurso, sustituyó el nefasto vocablo de manera un tanto extravagante al escribir: «Estamos amenazados por la peor banana de los últimos 45 años. Pudiendo decirse, incluso, que la economía de EE. UU. se sitúa ante un peligroso racimo de bananas».

5. La Gran Depresión (1929-1935)

Dentro de las grandes crisis, la mayor del siglo XX, que se inició con el crac de 1929, inicialmente fue resultado de una fuerte especulación bursátil, a lo que se unió el manejo inadecuado de la política económica tras el colapso de la Bolsa, induciéndose de esa manera la más fuerte depresión, que intentó superarse con las medidas del *New Deal* de Roosevelt en EE.UU., y con otras muy diversas en Europa (como las de Mussolini y Hitler desde el autoritarismo belicista), aunque en realidad la depresión solo terminó con el estallido de la Segunda Guerra Mundial en 1939, cuando los medios de producción se pusieron masivamente al servicio de un esfuerzo bélico total (para más detalles, véase el capítulo 19, referente a EE.UU.).

Figura 52. Franklin Delano Roosevelt (1882-1945), presidente 32.º de EE.UU. desde 1933 a 1945. Durante la Gran Depresión, promovió el *New Deal*, una nueva política de expansión desde el sector público contra el ciclo adverso. Tras el ataque japonés a Hawái, en diciembre de 1941, hizo que EE.UU. entrara en la Segunda Guerra Mundial, llevando a los aliados a la victoria sobre Alemania y Japón. Fue el promotor de las Naciones Unidas.

Tras aquella contienda, hubo otras crisis. La primera, que podría haberse traducido en un largo estancamiento por el desarme, se resolvió con el Plan Marshall, iniciado en 1948 (recuérdese lo visto en el capítulo 2). Sucedió, después, una serie de situaciones de recalentamientos de la economía, alternando con enfriamientos, que se mitigaron con la llamada política económica del *stop and go* (con freno o *stop* al recalentarse la economía, y *go* para reimpulsarla tras algún excesivo enfriamiento). Las demás grandes crisis del resto del siglo XX y del comienzo del XXI se analizan seguidamente, por ser parte importante de la historia económica de nuestro tiempo.

6. Las crisis de 1973-1983[6]

El verdadero preludio de lo que sería la crisis económica internacional iniciada en 1973 estuvo en el agravamiento de los proble-

---

[6] Sobre las raíces internacionales de la crisis de 1973, es interesante el artículo del mismo título de Jaime Requeijo, publicado en *Papeles de Economía*, núm. 1, págs. 68-75.

mas monetarios a escala mundial. Como tantas veces se ha dicho y según vimos en el capítulo 3 de este libro, el sistema del Fondo Monetario Internacional (FMI) funcionó satisfactoriamente hasta 1960, pero desde ese mismo año ya se observó toda una serie de problemas. Las reservas de oro de EE.UU. empezaron a ser insuficientes para respaldar la convertibilidad oro de las existencias crecientes de dólares fuera de Norteamérica, y la situación se agravó con el paso de los años 60, a consecuencia del incremento de los gastos militares por la guerra del Vietnam, que crecieron de modo espectacular desde 1968. El aumento de las actuaciones bélicas se simultaneó con el programa social que el presidente Johnson puso en marcha para crear la «Great Society». La coincidencia de ambas políticas –la social, sin renunciar a la militar, y viceversa– se tradujo en un fuerte déficit fiscal. Ello, unido a la continuidad de las inversiones de las empresas multinacionales norteamericanas en Europa y en otras áreas, comportó un fortísimo déficit de balanza de pagos en los EE.UU. El resultado final fue un flujo de dólares en cantidades ingentes al resto del mundo, que se transformaron en los célebres eurodólares.

El alto grado de liquidez que se generó entre los años 1968 y 1973 tuvo, a su vez, como resultado un importante aumento en la actividad económica general de los países industriales, cada vez más interpenetrados y sincronizados en sus ciclos económicos. El efecto no fue otro que un gran «tirón» en la demanda de materias primas, cuyos precios aumentaron en más de un 100 por 100 en el curso de los años 1972 y 1973. También por entonces, y a través de los acuerdos de Trípoli, Teherán, etcétera (recuérdese lo visto en el capítulo 16), los países petroleros iniciaron sus primeras escaramuzas desde la OPEP, para discutir a las grandes compañías y a los países consumidores de petróleo los precios de los crudos, que ciertamente se habían mantenido con una estabilidad asombrosa a lo largo de los años 60.

Así las cosas, y a la vista del recalentamiento de la economía mundial –por el auge cíclico sincronizado de los países industriales–, en la Asamblea del FMI en Nairobi (septiembre de 1973), la Comunidad Económica Europea, de una parte, EE.UU. de la otra, y en general todos los países miembros de la OCDE, llegaron a la conclusión de que era necesario acordar una serie de medidas para desacelerar la economía y frenar la fase ascendente del ciclo, a fin de lograr una cierta estabilidad.

Figura 53. El primer choque petrolero de 1973 marcó, en el debate teórico, la crítica del keynesianismo del pleno empleo, pasándose a una política de desregulación. Milton Friedman, Premio Nobel de Economía 1976, simbolizó esa mutación ideológica.

Sin embargo, la crisis energética desencadenada en octubre de 1973, pocas semanas después de la Asamblea del FMI, vino a romper los propósitos fijados en Nairobi. Se planteó una situación totalmente nueva, en la que ya se vislumbró, por primera vez, la posibilidad de que las reservas internacionales de los países industriales pudieran resultar insuficientes para afrontar los desembolsos de divisas necesarias para pagar los nuevos precios del petróleo. En otras palabras, se adivinó el peligro de recesión y bancarrota de no pocos países industriales como consecuencia de la multiplicación casi por cuatro de los precios de los crudos.

Por todo lo anterior parece claro, pues, que el origen de la crisis estuvo en el deterioro de la situación monetaria internacional. Cierto es que a todo ello vino a sumarse un factor totalmente nuevo, que en 1929 no estaba en el escenario mundial: la crisis energética, que puso de relieve la enorme vulnerabilidad de las naciones industriales respecto a sus suministradores de crudo. Mientras el Tercer Mundo petrolero soportó el semicolonialismo y el dominio de las grandes compañías, el engranaje funcionó. Pero este, con la insistencia norteamericana en su apoyo al Estado de Israel, comenzó a fallar. Y los países árabes –aliados a los otros petroleros en la OPEP– acabaron por sustituir el viejo engranaje por su propio «invento». En lo sucesivo, sería la OPEP, sin negociaciones, la que decidiría los precios del petróleo. De este modo, a la crisis no resuelta del SMI se superpuso la crisis energética. La confluencia de ambas generó una situación extremadamente difícil:

- Una caída importante de la actividad económica en 1974 y 1975, con una recuperación pasajera en 1976, para de nuevo entrar en declive en 1978.
- Un incremento notable del paro también en 1974 y 1975, con tendencia a crearse una situación de amplio ejército de reserva permanente.
- Una elevada tasa de inflación –célebre por sus «dos dígitos»– que casi vio duplicado su ritmo entre 1973 y 1974, y que solo en 1976 entró en una desaceleración, para en 1979 «volver a las andadas».
- Una recuperación apreciable desde 1983.

Ciertamente, para comprender la crisis no basta con la distinción de sus tres fases (energética, industrial, financiera), sino que es preciso analizar sus principales características, en parte comparativamente con el perfil de la Gran Depresión de los años 30[7].

6.1. Estanflación

He aquí la primera nota diferenciadora: estancamiento con inflación, es decir, lento crecimiento e incluso declive, simultáneamente con una elevación sostenida de precios. Es el fenómeno que pasó a conocerse con el nombre de estanflación.

Esa situación contrastó con los años treinta, cuando el estancamiento coincidió con una fuerte deflación, sobre todo en el comercio internacional. Tal discrepancia fue atribuible al hecho de que a partir de 1971 desapareció la convertibilidad oro del dólar. Se perdió el último vestigio, ya más hipotético que real, del encaje metálico de la moneda. A veces se olvida que en los años treinta, en muchos países, abandonado el patrón oro, aún se mantenía, sin embargo, el encaje metálico para la circulación fiduciaria.

En 1971 se abandonó ya el último engarce, al declarar EE.UU. la inconvertibilidad oro del dólar. Desde entonces, ya pudo inun-

---

[7] Nikolai D. Kondratief y George Garvy, *Las ondas largas de la economía*, Revista de Occidente, Madrid, 1946.

darse el mundo de dólares, tanto para financiar la guerra del Vietnam como para apoyar el desarrollo de las empresas transnacionales. La consecuencia de ello fue una inflación brutal a escala mundial y una carrera de precios en las materias primas que no tardó en contagiar al petróleo, en octubre de 1973, en la forma que ya tuvimos ocasión de ver en el capítulo 16.

6.2. No proteccionismo, desarrollo tecnológico

Una segunda nota caracterizó a la depresión que se inició en 1973: el mantenimiento de un nivel relativamente alto de libertad en el comercio mundial, sin que en los años setenta y ochenta se produjera una oleada de proteccionismo mínimamente comparable a la que se dio en los años treinta. Lo cual, coincidiendo con un estancamiento de intercambio, no pudo por menos de traducirse en una intensificación de la competencia.

Con la malla de organismos internacionales creados desde 1945 en torno a las Naciones Unidas (ya estudiados en este libro: FMI, BIRF, GATT y UNCTAD), la necesidad de competir entre los distintos países para mantener sus posiciones de comercio acentuó la búsqueda de productividades cada vez mayores. El desarrollo tecnológico alcanzó, así, ritmos hasta entonces desconocidos.

Con los mercados cautivos originados por el proteccionismo en la década de 1930, y con el proceso de cartelización que se produjo para el subsiguiente reparto de los mercados internos, acabó por anularse la competencia, desincentivándose la innovación tecnológica; de hecho, se llegó a una situación en la que algunos se atrevieron a anunciar que había terminado la era de las invenciones para siempre. Con una ingenuidad que hoy nos parece fantástica, se llegó a decir que ya estaba todo inventado: el telégrafo, el ferrocarril, el automóvil, el aeroplano –como entonces se decía–, el teléfono y la radio (o telefonía sin hilos).

En la segunda depresión mundial del siglo –años 70 y 80– la situación resultó completamente distinta. El armamentismo y la competencia en un mercado internacional cada vez más difícil hicieron que el desarrollo tecnológico, y sobre todo la microelectrónica, llegase a todos los sectores del sistema productivo de bienes y servicios. Se sustituyeron brazos por máquinas, y cerebros por computadoras. La síntesis: los robots, los «obreros de cuello de acero» (por contraste con los anteriores de «cuello azul» en las fábricas, o de «cuello blanco», en las oficinas), que duermen en las factorías, que no tienen sindicatos, que no hacen huelgas, y que trabajan de forma automática. Así, dejó de funcionar una de las principales proposiciones keynesianas: la inversión ya no genera empleo siempre, sino que la informática y el desarrollo automatizador en las fábricas lo que hacen es destruirlo, al menos en un primer movimiento en los países menos innovadores.

6.3. Los amortiguadores

La tercera diferencia, entre la crisis iniciada en 1973 y la Gran Depresión, radicó en la existencia de importantes amortiguadores. En los años treinta se llegó a niveles de desempleo próximos al 30 por 100 de la población activa de los EE.UU., en tanto que en los años 80 no se superó el 11 por 100. Y en la Alemania de Weimar los niveles de paro alcanzaron el 25 por 100, cuando en la República Federal no se sobrepasó el 12 por 100. La más baja difusión del paro, correspondiente a menores descensos en los niveles productivos, se debió a los amortiguadores, que fueron de tres clases: keynesianos, economía encubierta y estructura familiar.

Los amortiguadores keynesianos consisten en mecanismos que contribuyen a mantener la economía en un cierto nivel de actividad, a base de mayor inversión pública, financiada con défi-

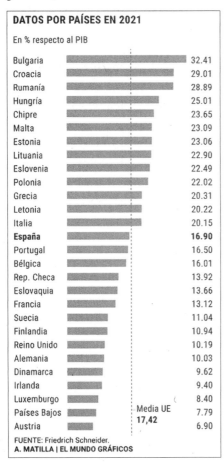

DATOS POR PAÍSES EN 2021

En % respecto al PIB

País	%
Bulgaria	32.41
Croacia	29.01
Rumanía	28.89
Hungría	25.01
Chipre	23.65
Malta	23.09
Estonia	23.06
Lituania	22.90
Eslovenia	22.49
Polonia	22.02
Grecia	20.31
Letonia	20.22
Italia	20.15
España	**16.90**
Portugal	16.50
Bélgica	16.01
Rep. Checa	13.92
Eslovaquia	13.66
Francia	13.12
Suecia	11.04
Finlandia	10.94
Reino Unido	10.19
Alemania	10.03
Dinamarca	9.62
Irlanda	9.40
Luxemburgo	8.40
Países Bajos	7.79
Austria	6.90

Media UE 17,42

FUENTE: Friedrich Schneider.
A. MATILLA | EL MUNDO GRÁFICOS

Figura 54. Economía sumergida en la Unión Europea y Reino Unido.

cit, para sostener la demanda global; se fomenta, además, la inversión privada con toda clase de estímulos fiscales y financieros; y se acepta la plena implantación de los sindicatos y la negociación colectiva, en contraste con las tablas salariales y el encuadramiento forzoso de los trabajadores a que condujo el intervencionismo autoritario de los nazis y del fascismo en la Europa continental de los años treinta.

Luego, están los otros amortiguadores, no previstos por Keynes, catalogables como «economía sumergida» o «economía encubierta». Según el profesor José B. Terceiro, se sistematizan los diversos elementos de la economía oculta como sigue:

- Producción de bienes a domicilio o en talleres clandestinos.
- Producción de servicios a domicilio.
- Pluriempleo no declarado.
- Trabajos realizados por perceptores del seguro de desempleo.
- Actividad no declarada de pequeños empresarios, comisionistas y trabajadores autónomos.
- Empleo extranjero ilegal.
- Propinas y gratificaciones.
- Evasiones impositivas.
- Robos de empleados en sus empresas (considerados como gastos por estas, y como renta por aquellos).
- Juego clandestino.
- Prostitución.
- Tráfico de drogas.
- Tráfico ilegal de divisas y evasión de capitales.

Está claro que debe hacerse una distinción entre las diversas actividades consideradas como integrantes de la economía sumergida: las seis primeras generan renta, mientras que el resto cumplen una función redistributiva. Por ello, el papel de amortiguador de la crisis que aquí se atribuye a la economía sumergida corresponde básicamente a esas primeras rúbricas.

Por último, queda la tercera de las categorías de amortiguadores: los conectables en la relación familiar, es decir, la prolongación de la edad de educación (la «adolescencia forzosa», como la ha llamado Alberto Moncada) y la continuación, hasta edades antes impensables, de los hijos –muchas veces parados– viviendo en la casa de sus padres.

El problema de los amortiguadores, tanto keynesianos como los demás, estriba en que permiten, por así decirlo, que la sociedad se instale en la crisis. En otras palabras, al tiempo en que se amortiguan los efectos de la depresión –paliando la inquietud social y evitando los brotes de fascismo de los años treinta–, se hace posible también que la recesión se prolongue indefinidamente. La sociedad acaba resignándose al paro masivo, a los fuertes contingentes de jóvenes con dificultad de acceder a un trabajo fijo.

6.4. Recuperación e incertidumbre

La situación generada por la crisis de 1973 en su triple secuencia, que hemos repasado antes, comenzó a transformarse con los cambios introducidos en la política económica norteamericana a raíz de la elección presidencial de Ronald Reagan (noviembre de 1980), que asumió los poderes en enero de 1981. La Administración Reagan, con asesores como Volcker en la Reserva Federal, Stockman en el presupuesto y Baker en la tesorería, se manifestó económicamente en tres direcciones:

- Economía del lado de la oferta. Más que en favor de una política keynesiana de impulsar la demanda agregada, se propiciaron los medios para hacer crecer la oferta mediante la desregulación (supresión de intervencionismos públicos), la moderación salarial (congelación del salario mínimo y neutralización del poder sindical) y la reducción de la presión fiscal con el recorte de los impuestos directos.
- De hecho, se siguieron las recomendaciones derivadas de la «curva de Phillips» (no temer un fuerte aumento inicial del paro, y así bajar los salarios reales) y de la «curva de Laffer» (aumentar los incentivos productivos sobre la base de disminuciones importantes en el impuesto sobre la renta).
- Aumento de los gastos de defensa. En contra de la política de distensión que ayudó a promover su predecesor Jimmy Carter, Reagan asumió desde un principio el compromiso de aumentar los gastos de defensa, pasando del 5 al 7 por

100 del PIB, con programas de impulso tecnológico de la envergadura de la iniciativa de defensa estratégica, más conocida como «guerra de las galaxias». Se forzó así la demanda global vía contratos federales para el rearme, con lo que se denominó «keynesianismo de derechas».

• Actitud de libertad comercial contra el proteccionismo. En una posición muy favorable para las grandes multinacionales con implantaciones en los NIC y en los PMD, la Administración Reagan frenó las aspiraciones proteccionistas de la industria estadounidense, con el propósito de reducir las tasas de inflación a base de un mercado más competitivo. Solo las importaciones japonesas –a través de los célebres acuerdos de autocontrol «voluntario» para los automóviles, la electrónica, etc.– y los textiles (por medio del Acuerdo Multifibras) se vieron con severas restricciones.

Durante 1983, 1984 y 1985 las pautas mencionadas se mantuvieron, beneficiadas, además, por el declinante precio de los crudos a partir de 1982 (según vimos ya en el anterior capítulo 16). Empezó entonces a hablarse, por doquier, de recuperación económica. Ello propició, a su vez, un formidable interés por los mercados de valores, ante las excelentes perspectivas que abrían y al margen de cuál fuera la evolución –muy distinta– que mostraran los países del Tercer Mundo aquejados por la deuda externa.

Las primeras inquietudes sobre la indefinida prosecución del proceso no se hicieron esperar. Y los cada vez más voluminosos déficits fiscales y comerciales de EE.UU. contribuyeron a la desconfianza sobre la posibilidad de que el dólar pudiera mantenerse en cotas tan elevadas de apreciación.

En septiembre de 1985, la situación empezó a mostrar dificultades. Se intentó frenar el alza del dólar (acuerdo de El Plaza; recuérdese lo visto en el capítulo 3). Y aunque EE.UU. solicitó que la R.F. de Alemania y Japón tomaran el relevo como «locomotoras internacionales», ambos países prefirieron mantener niveles de crecimiento comparativamente bajos, pero con situaciones equilibradas de precios, presupuesto y balanza de pagos.

En tales condiciones, la presión sobre el dólar se acentuó, y el acuerdo de El Louvre de febrero de 1987 (recuérdese también lo visto en el capítulo 3) no detuvo su deterioro sino transitoriamente. Ya por entonces, eran muy numerosas las sospechas sobre las posibilidades de continuación del *boom*. Autores como Samuelson, Galbraith o Batra advirtieron sobre el futuro. Y todo sobrevino como con «el jueves negro» del 24 de octubre de 1929, de la manera más súbita: el 19 de octubre de 1987 –lunes negro–, ante la noticia del déficit comercial de EE.UU. en agosto –17.000 millones– y la desconfianza así generada para el dólar, se produjo una caída de 505 puntos en el índice Dow Jones de la Bolsa de Nueva York, que arrastró en su caída a los demás mercados bursátiles[8].

La reacción oficial esta vez fue mejor que la de 1929. Se inyectó liquidez en el sistema en EE.UU. para evitar situaciones de pánico. Se intervinieron algunos mercados bursátiles con compras institucionales. Se llegó a un nuevo acuerdo, esta vez «secreto», en diciembre de 1987, para intentar sostener el dólar, y, sobre todo, se insistió en que la situación económica general era básicamente sana, que la malla de organismos internacionales era una garantía y que 1929 no se repetiría.

7. La primera guerra del Golfo y sus consecuencias (1990-1993)

El crac bursátil del 19 de octubre de 1987, relacionado con los temas cambiarios del dólar, ya comentados, resultó traumatizante, pero también fue una experiencia de útil aprendizaje: las bolsas de valores pueden tener mallas de seguridad. En EE.UU., la Reserva Federal está atenta para evitar colapsos; y en los países europeos y en Japón, mediante la bancarización bursátil y con el respaldo de los bancos centrales, sucede casi otro tanto. No cabe olvidar que el 2 de agosto de 1990 –al estallar la crisis del Golfo, provocada por la invasión de Kuwait por el Irak de Sadam Hussein en julio de 1990– los mercados de acciones estaban supervalorados, siendo por lo tanto inevitable un reajuste a la baja.

---

[8] Sobre el funcionamiento de los principales mercados de valores y sus reformas realizadas o en curso, de gran interés es el capítulo 3 del trabajo del profesor José B. Terceiro *Estudio sobre el mercado de valores*, ESINEC, Madrid, 1988.

Figura 55. El ex presidente Bush (en 1989-1993 al frente de EE.UU.) con Pepín Vidal y el autor de las *Obras selectas*, en los Cursos de Verano de El Escorial. Bush padre lo hizo mejor que Bush hijo.

La recesión que se inició con la guerra del Golfo –la Tormenta del Desierto promovida por el presidente George Bush padre–, y que se acentuó después a escala internacional, por la caída de las expectativas de inversión y las políticas económicas de enfriamiento, fue introduciéndose en las economías de todo el mundo, con la excepción de la orilla asiática del Pacífico y, en parte, de ciertos países de Iberoamérica.

El aumento del paro en el norte industrial, incluido Japón, los criterios de convergencia monetaria en la Comunidad Europea, y las políticas restrictivas para evitar los rebrotes inflacionistas, fueron fenómenos, todos ellos, origen o causa de una recesión de la que nadie tuvo muy claro cómo podría salirse.

De cara al futuro inmediato, y a diferencia de mediados de la década de 1980, no había ninguna locomotora norteamericana a la vista, como sucedió entonces con el programa de keynesianismo de derechas de Reagan, cuando los gastos de defensa de EE.UU. subieron casi cuatro puntos en términos de PIB, para replicar al «Imperio del Mal» con la guerra de las galaxias y otros proyectos de rearme.

Por el contrario, la economía norteamericana a mediados de 1993 se encontraba aún en fase sumamente incierta. Y los programas expansivos de la *Clintonomics* resultaron ser de muy poco tirón para la demanda del exterior. En cuanto a Alemania, más que locomotora, se transformó en un portentoso «agujero negro» de inversiones del exterior, como consecuencia de todo el complejo proceso de la reunificación.

Por otro lado, lo que he denominado el efecto Europa, obviamente, no iba a volver a producirse. En otras palabras, ya no se contemplaría lo que sucedió durante la mencionada recuperación de 1985-1987, que se debió, en buena medida, al relanzamiento de la idea europeísta y de la incorporación de los dos países ibéricos a la Comunidad, con fuerte revalorización de sus activos inmobiliarios y financieros, y con un espectacular flujo de inversiones foráneas.

Tras la primera guerra del Golfo, la economía mundial empezó a recuperarse primero en EE.UU. hacia 1993, anticipándose al resto del mundo. Siguieron después el Reino Unido y los demás países anglosajones, en tanto que los países miembros de la Unión Europea iniciaron su restablecimiento más tarde, en 1994-1995, con mayor retraso en los casos de Alemania y Francia.

Los años 1996 y 1997 ya fueron expansivos en casi todo el mundo, con gran aumento del comercio internacional, hasta que en el verano del 97 estalló la crisis cambiaria asiática, empezando por Tailandia; esto tuvo serias implicaciones en Corea del Sur y Japón, según veremos en el capítulo 21, y en China, como podremos apreciar en el capítulo 22. La crisis también produjo un formidable impacto en Rusia, convirtiéndose este país en verdadero detonante global de otras ramificaciones, según pasamos a ver.

8. La crisis de 1997-1998

Es bien sabido que en California se especula continuamente sobre el *big one*, haciéndose referencia con ello a lo que podría ser el mayor terremoto de la historia en la costa del Pacífico, o por lo menos, el más destructor desde el de San Francisco de 1906. Por eso, al producirse un temblor, siempre se piensa en que ya viene el grande. Así sucedió en 1997-1998, primero, con la crisis asiática y después con la rusa, a lo cual se unieron las turbulencias bursátiles por doquier en el inevitable cambio de ciclo, del paso de una situación de auge (*bullish*) a otra de depresión (*bearish*). De modo que los altibajos de las cotizaciones del índice Dow Jones de la Bolsa de Nueva York se apreciaron como el preanuncio de un colapso en la globalidad de los centros bursátiles, con graves consecuencias para toda la economía.

La predicción en temas de subibajas de acciones sigue siendo muy difícil, y precisamente a lo largo de 1998 hubo una amplia discusión sobre la utilidad de los modelos econométricos al uso, que algunos ya ven con capacidad para avisar a tiempo, lo cual normalmente no es lo más usual. En materia tan volátil, quien nunca se equivocó fue el célebre e irónico banquero norteamericano J. P. Morgan, cuando dijo aquello tan acertado de que «los mercados fluctuarán».

Y volvemos a lo que decíamos al principio: todas estas convulsiones ¿anunciaban la proximidad del *big one*? ¿O eran simplemente temblores que en nada anticipaban una catástrofe generalizada? Para responder, podríamos recurrir a un símil de la física cuántica, cuando se nos dice que la realidad también depende del observador. Y en el caso de la burbuja financiera, los problemas no pueden sino depender de los agentes económicos: *market makers*, bancos centrales, entidades financieras, gobiernos e instituciones internacionales.

Nadie dudó de que algún tipo de correctivo era necesario cuando la célebre burbuja estaba inflándose desde 1983. Como tampoco pudo ponerse en tela de juicio que el propio lunes negro del 19 de octubre de 1987, la rápida entrada en acción de la Reserva Federal permitió contener lo que, de otro modo, podría haber sido un colapso bursátil de consecuencias más que graves.

Hay, por tanto, unas mallas de seguridad, la primera de las cuales radica en los bancos centrales; pero también está la de los fondos de inversión de todas clases que, en EE.UU., llegan a cifras astronómicas. Por lo cual no es de extrañar que esos grandes operadores intenten mantener posiciones, y no se lancen a una alocada carrera de ventas masivas, porque entre otras cosas la valoración de sus activos caería dramáticamente, e incluso llegarían a no tener compradores, originándose entonces el pánico entre los propios partícipes. Por entonces se percibió también claramente que el ciclo bursátil estaba sincronizándose, en función de las pautas que marca el principal de sus mercados, el de Nueva York.

9. La nueva economía y sus avatares (2000-2001)

El progreso tecnológico, desde los tiempos más lejanos, tiene un gran impacto en los avances económicos y sociales. Algo que teóricamente explicó por primera vez Adam Smith empleando, para ello, conceptos tan nítidos como el de la división del trabajo y sus efectos sobre el dividendo nacional.

Esas mismas ideas se desarrollaron después, con un modelo dinámico sobre el capitalismo y sus niveles sucesivos de fuerzas productivas, por Karl Marx y sus seguidores. Y posteriormente, avanzaron en la misma dirección –pero poniendo el énfasis en la organización del trabajo– Taylor, Ford y Sloan, sin olvidar las prédicas schumpeterianas sobre la innovación empresarial, premonitorias de las ulteriores técnicas japonesas simbolizadas por Sony y Toyota: reingeniería, *empowerment, benchmarking, just in time,* calidad total, vertido cero, I+D+I, liderazgo, etc. A todo ello puso broche la revolución tecnológica de la que internet es el paradigma.

En ese contexto de evolución histórica, la noción de *nueva economía* se formuló en la etapa de rápido crecimiento de la segunda mitad de la década de 1990 cuando, de manera más significativa que nunca, EE.UU. desempeñó su papel de locomotora económica mundial.

9.1. El factor X

Los elementos del concepto de nueva economía los expuso, entre los primeros, uno de sus principales protagonistas, el presidente de la Reserva Federal, Alan Greenspan; este, para explicar el fenómeno en curso al Congreso de EE.UU. en 1997, se refirió a un cierto factor X: una incógnita para despejar que preconizó el análisis de una serie de piezas básicas que, en un primer enfoque desde EE.UU., extensible a los ámbitos europeos, podemos resumir como sigue:

- Disponibilidad de fuerza de trabajo muy económica por las fuertes inmigraciones (asiáticos e hispanos en EE.UU.; y euro-orientales, magrebíes y subaharianos en la UE).

- Insumos muy baratos –hasta el nuevo encarecimiento del petróleo en la segunda mitad de 1999– por las tendencias deflacionarias de los mercados internacionales debidas, en parte, a la liberalización del comercio consagrada tras las negociaciones comerciales de la Ronda Uruguay (y a causa de la apreciación del dólar 1995-2000 en el caso particular de EE.UU.).

- Amplios movimientos de capital a escala mundial, para su colocación en los mercados financieros de mayor rentabilidad, con fuerte absorción por los países más avanzados y sobre todo EE.UU.

- Efecto enriquecimiento, derivado de las fuertes ganancias en los mercados bursátiles al alza, que en parte actuó como elemento compensador de las deficiencias del ahorro privado; la consecuencia última fue realimentar el proceso de inversión, merced a los créditos obtenidos con las abultadas carteras bursátiles como garantía.

- Con todo, dentro de los variados impulsos de la nueva economía, el elemento más diferenciador de cara a tiempos pasados fue el auge de las nuevas tecnologías:

— sistemas electrónicos de clasificación, selección, cálculo, toma de decisiones, diseño, animación, etc.;
— fabricación automatizada y robotización;
— producción rural revolucionada por la agroquímica, los sistemas de cultivo sin laboreo, la agricultura de precisión y la biotecnología (transgénicos vegetales y animales de diseño);
— potenciación de los recursos humanos a través de una mejor gestión del conocimiento;
— comercio electrónico (B2B, B2C, B2E, etc.) a todos los niveles;
— difusión máxima de la utilización del mercado (privatizaciones en el área occidental, además de la incorporación de China, Rusia y otros países a las economías mix-

tas), y progresiva difusión de la democracia –no exenta de dificultades– en prácticamente los mismos espacios mencionados.

9.2. La falsa *new age*

Todos los epígrafes subrayados no permitieron asegurar que la evolución sería en lo sucesivo un camino de rosas, a pesar de lo que dijeron sus más acendrados defensores hasta 2001 en el sentido de que la nueva economía significaría la prosperidad indefinida. Esto suponía para los impertérritos *newagers*, los partidarios de la nueva era (*new age*), la erradicación de los ciclos económicos.

Sin embargo, ya desde mediados del año 2000, se comprobaron algunas tendencias que empezaron a poner en duda la anunciada dinámica de crecimiento indefinido. En ese sentido se pronunciaron de forma precursora en EE.UU. Laura Tyson (antigua presidenta del Consejo de Asesores Económicos del presidente Bill Clinton) y Robert Kuttner (director de la revista *American Prospect*), ambos en sus habituales artículos en *Business Week*; la primera subrayaba la volatilidad creciente en los mercados, y el imposible control de la misma, en tanto que el segundo supo ver cómo por encima de la pretendida creación de valor para el accionista, por medio de grandes plusvalías bursátiles (flor de un día), resultaba indispensable, como siempre, que las nuevas sociedades tecnológicas generaran suficiente *cash flow* a fin de asegurar amortizaciones, repartir beneficios y mantener, sin inverosimilitudes agobiantes, los altos niveles de cotización a que se había llegado en el mercado de acciones.

La inevitable desaceleración económica tras el *boom* ya se hizo presente desde mediados del año 2000, el *slowdown*, como dijeron cautelosamente en EE.UU. para evitar la palabra recesión; concepto que, por lo demás, varía según las diferentes percepciones: entre el mero declive en la expansión durante varios meses seguidos (punto de vista estadounidense), o el crecimiento negativo del PIB durante dos trimestres consecutivos (perspectiva europea).

El hecho real es que ya en el otoño del 2000 la locomotora económica mundial, EE.UU., entró en desaceleración, generándose una onda de temor a la recesión, que efectivamente pasó a afectar a los sectores más sólidos de la economía real. A partir de esos primeros impactos negativos los nuevos valores tecnológicos, en el Nasdaq y otros mercados, padecieron dramáticos recortes bursátiles; estos habían sido anunciados desde tiempo atrás como secuelas de una fuerte exuberancia irracional (Greenspan *dixit*, 1996).

Figura 56. Alan Greenspan, presidente del Sistema de la Reserva Federal durante los años 1987-2006. Favoreció la desregulación económica, incluso de la banca, con consecuencias más que criticables durante la Gran Recesión (2008-2013).

9.3. El efecto Torres Gemelas

Así estaban las cosas –algunos incluso se atrevían a decir que lo peor ya había pasado– cuando se produjo el ataque terrorista a Nueva York y Washington el 11 de septiembre del 2001, con el subsiguiente efecto Torres Gemelas, inductor del sentimiento psicológico de que el declive económico iniciado en el 2000 iría a peor. A la postre, se traspasaron los umbrales de la temida recesión con la guerra de Afganistán y los subsiguientes tambores de guerra, en Oriente Medio, con los preparativos de una intervención preventiva en Irak.

Luego, a mediados de octubre del 2001, empezó la intervención militar de EE.UU. en Afganistán para derribar el régimen de los talibanes, junto con la llamada Alianza del Norte, que estaba en guerra civil contra Kabul desde cuatro años antes, y en ese ambiente prosiguieron las pautas de desaceleración y recesión. La excepción fue el caso de China, que siguió creciendo a un alto ritmo, de casi el 7 por 100 en 2001 y del 8 por 100 en 2002; sobre la dase de compensar la contracción exterior con la expansión de su gigantesco mercado interno.

Figura 57. Segundo ataque a las Torres Gemelas del World Trade
Center, en Nueva York, el 11 de septiembre de 2001. Seguramente se
marcó así el final del siglo americano (1898-2001).

Donde más agudamente se apreciaron los efectos de la crisis
fue en Oriente Próximo, con toda una serie de turbulencias económicas como la de Turquía –paliada por la acción del FMI– y
también por el estado de guerra crónica Palestina/Israel; un problema origen de otros muchos, y que no presenta visos de tener
una próxima solución.

En el sentido que hemos apuntado y respecto a Irak, recordemos que el asesor económico principal de Bush, Laurence Lind-
say, cifró el coste directo de la guerra en una cantidad asumible,
de 100.000 a 200.000 millones de dólares (algo así como entre el
1 y el 2 por 100 del PIB de EE.UU.). Pero en esa estimación –en
las ulteriores[9]– no se apreciaron los tres efectos más importantes
de un posible conflicto bélico:

---

[9] Del Congreso de EE.UU. por solo 60.000 millones, criticada por William D. Nordhaus –el coautor de *Economics* con P. A. Samuelson–, que elevó la cifra a 120.000 millones, y
que en caso de que durara la guerra un año, llegaría a 1,2 billones de dólares.

- Muchas inversiones de las empresas se ralentizarían, o se cancelarían definitivamente.

- Las familias, por su parte, se pensarían mucho el seguir endeudándose; ahorrarían más, y con ese doble criterio se tendería a una deflación ya anunciada y a una contracción de la demanda.

- EE.UU., al polarizar sus esfuerzos en la guerra, abandonaría, al menos parcialmente, su presunto liderazgo para la economía mundial, con toda permisividad respecto a situaciones de incertidumbre y desorden.

9.4. El colapso bursátil de las punto.com

La crisis bursátil fue especialmente dura para los valores tecnológicos, y más concretamente los del Nasdaq, sobre todo las nuevas compañías de las punto.com de internet[10]. Esto, inevitablemente, tuvo una gran incidencia en Silicon Valley, el área de máxima concentración en EE.UU. de empresas de la información, telecos, biotecnología, etc.[11]

A la crisis también contribuyó la brusca caída en la confianza respecto de las declaraciones contables de toda una larga serie de grandes empresas en EE.UU., tales como Enron, Arthur Andersen, World.Com, Citigroup, etc. Si bien es cierto que entre las pocas reacciones positivas sobre el tema, hay que mencionar a Gary Becker, quien sostuvo que a pesar de los traumas corporativos, los efectos recesivos fueron muy leves[12]. En la dirección totalmente opuesta, de que el no cambio de los hábitos empresariales en EE.UU. puede ser muy grave, se pronunció Andrew Hill[13]. No es

---

[10] *The Economist*, «Uncertain future. The world's second-biggest stockmarket faces the battle of its life» (25-V-2002). Sin embargo, no dejó de ser significativo que a pesar de tantos problemas financieros, algunos de los grandes conocedores internacionales de las bolsas siguieran ganando dinero, un asunto al que se refiere James O'Loughlin en su artículo «Warren Buffett succeeds in squaring the circle», *Financial Times* (portfolio), diciembre de 2002.

[11] Paul Abrahams, «This is a brutal slowdown, the worst in the IT industry's history. Silicon Valley will never be the same», *Financial Times*, 30-IX-2002.

[12] Gary S. Becker, «What the Scandals Reveal: a Strong Economy», *Business Week*, 30-XII-2002.

[13] Andrew Hill, «A year of scandal, public opprobrium and stiff legislation. But has corporate America truly mended its ways? Genuine reform depends on a combination of the formal rules that companies dislike and the self-regulation that they prefer – and on market forces», *Financial Times*, 30-XII-2002.

extraño, pues, que no solo se revisara la labor de la SEC, sino que también se pusiera en marcha el propósito de homogeneizar las cuentas de empresa (incluso con la idea de armonizar los métodos tan diferentes de EE.UU. y la UE), así como para hacer más rigurosa la subsiguiente supervisión[14].

Así, cuando llegó el ya comentado martes negro del 11 de septiembre de 2001, se pasó a la sensación de que lejos de mejorar, todo podría ir a mucho peor, yendo de una recesión de rápida caída y fuerte recuperación, simbolizada por una curva en V, a otra bien distinta de más lento descenso y más penoso relanzamiento, tipo W.

En ese trance surgieron en EE.UU. demandas de ayuda masiva a favor de compañías de aviación, entidades de seguros, e incluso turismo. Eran apoyos sectoriales muy concretos que fueron desembocando en sucesivos paquetes de medidas oficiales, al objeto de asegurar la reconstrucción de Nueva York y hacer posible la asistencia a los sectores ya citados, además de invertir más en unas infraestructuras obsoletas (carreteras, ferrocarriles, aeropuertos, etcétera).

Aparte de ello, para mantener la demanda global, el período de paro con seguro de desempleo se fijó a finales del 2001 en 39 semanas en vez de 28. Así las cosas, en EE.UU. y otras partes del mundo, renació la figura de John Maynard Keynes, quien en la década de 1930 planteó la idea de que para luchar contra la onda adversa del ciclo, se acaban haciendo necesarias fuertes intervenciones compensatorias desde el sector público, en el sentido de que tal intervención provoque un fuerte efecto multiplicador, es decir, un movimiento desencadenante del Estado para propiciar nuevas inversiones[15].

---

[14] Edward Luce, «Great gifts from Basle», *Financial Times*, 7-VI-1999; *The Economist*, «Sweeter Basle. Proposed new rules on how much capital banks must put aside against their risk-taking are a step in the right direction», 20-I-2001; Carmen Llorente, «Las empresas de EE.UU. juran sus cuentas y cede el temor a nuevos fraudes contables», *El Mundo*, 16-VIII-2002.

[15] Ramón Tamames, «El retorno de Keynes», en *El Noticiero de las ideas*, núm. 9, enero-marzo de 2002.

Capítulo 7
Introducción a la ecología[1]

1. Ecología, ciencia de ciencias

Todo tiene su génesis, y un libro no es ninguna excepción en ese sentido. Y creo, además, que explicar esa génesis es incluso una obligación del autor; de este modo, desde un principio se entra en diálogo con el lector –monólogo por el momento, pero que después, en multitud de comentarios, se convierte en efectivo diálogo– que puede servir de base para participar en recíprocas inquietudes, reflexiones y enfoques[2].

Estas páginas son fruto de un largo proceso de gestación. Ahora que la bilogía lo impregna todo, me atrevería a decir que tienen su propio código genético, y si no intentaré descifrarlo –lo que parece difícil–, sí quiero referirme a sus antecedentes.

El punto de arranque concreto yo lo fijaría en 1969, cuando estaba terminando de redactar una obra anterior también publicada por Alianza Editorial[3]. Por entonces, fui bien consciente de que en el referido trabajo no había incluido explícitamente un esquema del complejo escenario en que se produce la estructura económica internacional. En la medida de lo posible, procuré subsanar esa laguna con una nota preliminar en la que, con cierta extensión, aludí a las tres grandes amenazas que desde hace años se ciernen sobre la sociedad humana: explosión demográfica, deterioro del medio ambiente y carrera armamentista, con un énfasis especial en el peligro nuclear.

---

[1] Nota preliminar y capítulos 1 y 2 de *Ecología y desarrollo sostenible*, Alianza Editorial, Madrid, 1975.

[2] Nota Preliminar del autor a la primera edición del libro *Ecología y desarrollo sostenible*, Alianza Editorial, Madrid, 1975.

[3] Ramón Tamames, *Estructura económica internacional*, Alianza Editorial, Madrid, 1970; 4.ª ed. en 1975.

Después, no tardé en volver a ocuparme con más atención del referido escenario, cierto que en el contexto de un progreso indudable de la tención general por las cuestiones medioambientales. Recuerdo, así, una conferencia que sobre el equilibrio ecológico pronuncié en el auditorio de *El Norte de Castilla* (Valladolid) a finales de 1970, para meses después volver sobre el tema en el seminario de profesores de la Universidad de Santiago de Compostela, donde tuve ocasión de referirme a la creciente inquietud de los economistas sobre los métodos de medición del bienestar económico.

Más adelante, ya en 1972, y poco antes del verano, llegaron a España las primeras reseñas sobre los trabajos del MIT para el Club de Roma. Recuerdo muy bien que fue en Vitoria, en una reunión de trabajo de varios directivos de las cajas de ahorro del País Vasco y Navarra cuando, por primera vez, intervine en un largo coloquio informal sobre la cuestión, en el curso de la cual Miguel Javier Urmeneta y yo actuamos de hecho como ponentes también informales. El momento era propio para esta clase de conversaciones, pues hacía pocas semanas que había terminado la Conferencia de las Naciones Unidas sobre el Medio Humano (Estocolmo, junio de 1972) y en la prensa ya eran muy numerosas las alusiones a los problemas ecológicos, que ponían en tela de juicio muchas de las previsiones futurológicas, «a lo Herman Kahn», que tanto interés habían despertado dos años antes, y que profesores y alumnos habíamos analizado en los cursos de Estructura Económica de la Universidad Autónoma de Madrid.

Mi interés por estas cuestiones enlazó ulteriormente, en una primera conexión con la revista *Triunfo*, en julio de 1972, donde participé *ex post* en el coloquio sostenido en el foro del *Nouvel Observateur* sobre temas de contaminación, junto con José Luis L. Aranguren.

También en 1972 llegó a España, con solo el retraso de unas pocas semanas, la célebre «Carta Mansholt», que tan extenso revuelo produjo en el ámbito europeo a causa de su utilización en la campaña francesa del referéndum sobre la entrada del Reino Unido y los otros nuevos Estados miembros en la CEE.

Tal resonancia no era de extrañar, pues en la carta Mansholt, y en las discusiones que siguieron a su imprevista publicación, se planteaba una de las claves de la polémica sobre los límites al cre-

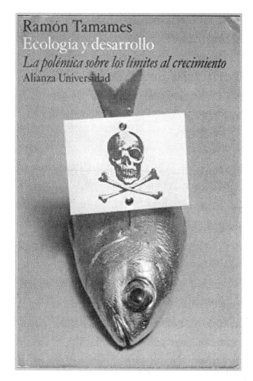

Ramón Tamames
Ecología y desarrollo
La polémica sobre los límites al crecimiento
Alianza Universidad

Figura 58. Daniel Gil, el gran artista de las portadas de los libros de Alianza Editorial, expresó, en la primera edición del libro más ecológico de Ramón Tamames, la imagen de un pez muerto, por las aguas contaminadas por mercurio. Se criticó así la realidad de una sociedad cada vez más contaminada por agentes tóxicos de una producción descontrolada. Eran los tiempos en que el Club de Roma –al que perteneció el autor– denunciaba una situación de abusos y deterioros del medio ambiente, dentro de la polémica de que había unos límites al crecimiento (1975).

cimiento: cómo configurar una nueva sociedad. Y precisamente, a la necesidad de abordar decididamente este tema hubo amplias alusiones en un coloquio organizado en la HOAC de Madrid el día de San Isidro de 1973, en el que participé como ponente junto con mis colegas J. R. Lasuén y R. Martínez Cortiña. Aunque el asunto central de ese coloquio eran las empresas multinacionales, por derivación llegamos a tan importante «escollo», lógico en cualquier controversia sin límites demasiado rígidos.

En 1973, el trabajo que ahora ve la luz, fue tomando forma. A ello contribuyeron otros componentes. El primero, un estudio que, con el título «1985, así puede ser España», publiqué en la revista *Actualidad Económica*[4] a principios del verano, y donde planteé con no pocos elementos de revisión de nuestro desarrollismo al uso (fijándome en la futura evolución demográfica y en las reformas de base) un modelo de posible crecimiento de la economía española que llamé «Alborán 85».

---

[4] *Actualidad Económica*, núms. 800 y 801, correspondientes al 14 y al 21 de julio de 1973. Después, en octubre, *AE* celebró un coloquio sobre «La economía española dentro de quince años», en el que participé con diversos colegas de toda España.

Este nuevo trabajo fue a su vez el origen de una propuesta que varios economistas hicimos al Instituto de Estudios Fiscales, para elaborar una extensa investigación sobre «Transformaciones de la sociedad española durante el período 1976-1985: un estudio prospectivo». Esta proposición fue aceptada, y al iniciar su elaboración me pareció que un emprendimiento de tal alcance requería toda una amplia meditación sobre el tema de los límites al crecimiento, no estrictamente incluida en el programa de trabajo.

Todavía hubo una serie de elementos complementarios. Me refiero a la entrevista que, a finales de 1973, me hizo Vicente Verdú con destino a *Cuadernos para el Dialogo*[5], y que se publicó con el título de «Economía: ¿el fin de una época? Conversación con R. Tamames». En esa larga plática había no pocas reflexiones del mismo tenor de las que aquí se tratan *in extenso*.

Con todas las mencionadas elaboraciones parciales y sucesivas, a principios de 1974 contaba ya con una cierta idea embrionaria de lo que sería este libro, que empezó a configurarse cuando los amigos de *Triunfo* me pidieron un artículo amplio sobre el tema de los límites al crecimiento[6]. Por entonces también había sido invitado a participar en el Seminario sobre Grandes Dilemas Medioambientales, organizado por Jaime Lleó de la Viña en el Centro de Perfeccionamiento Profesional y Empresarial del Colegio de Ingenieros de Caminos, Canales y Puertos, y que se celebró a finales de febrero. Allí presenté un primer avance de mis trabajos, que por entonces se hallaba en el típico estado coloidal del que no se sabe aún a ciencia cierta como se saldrá[7].

En la exposición que hice en el Seminario sobre Grandes Dilemas Medioambientales, empecé por recordar cuál es la acepción única que da el *Diccionario* de la Real Academia del término *dilema*: «argumento formado de dos proposiciones contrarias disyuntivamente, con tal artificio que, negada o concedida cualquiera de las dos, queda demostrado lo que se intenta probar»[8].

---

[5] Número 124, enero de 1974, págs. 17-29.

[6] El largo artículo resultante se publicó en entregas sucesivas en los números 604, 605 y 606 de *Triunfo*, correspondientes al 29 de abril y al 4 y al 11 de mayo de 1974.

[7] Las ponencias del simposio se publicaron por el propio Colegio de Ingenieros de Caminos, Madrid, 1974. Los otros ponentes eran A. Blanch, A. Gallego Gredilla, F. González Bernáldez, J. Lleó de la Viña, Amando de Miguel, M. Palao y J. Ruiz de la Torre.

[8] Del latín *dilemma*, y este del griego μμ , de , dos, y μμ , premisa.

Figura 59. La resonancia del libro *Ecología y desarrollo* de Ramón Tamames, sobre la contaminación ubicua, se reflejó en la prensa en un largo artículo del periodista Vicente Verdú, con una entrevista del autor en los legendarios *Cuadernos para el Diálogo*. Se percibía entonces el fin de una época, que alguien llamó «la civilización del desperdicio».

En realidad, con esta definición, la Academia incurre más bien en un retruécano, en vez de atenerse a su lema de «limpia, fija y da esplendor». Me pareció interesante, por tanto, recurrir a otro diccionario, el *Webster's* –tal vez el más difundido de la lengua inglesa–, cuya conceptuación del término resulta mucho más en consonancia con lo que normalmente se entiende –incluso entre nosotros– por *dilema*: «un argumento que ofrece a su oponente la elección entre dos o más alternativas, si bien, cualquiera que sea la que se elija, resulta igualmente contraria al mismo; situación que implica una elección entre dos alternativas análogamente insatisfactorias; problema difícil, que aparentemente no presenta una solución satisfactoria».

La última de las acepciones, que subrayo, es la que estimo más conveniente. En este sentido, lo que vamos a analizar en este libro son, efectivamente, problemas *difíciles* y que *aparentemente* no presentan soluciones satisfactorias. En otras palabras –y así formularé desde un principio la tesis a discutir–, si se sigue creciendo como hasta ahora, vamos hacia el abismo; y si dejamos de crecer como hasta ahora, se presentan nuevos planteamientos y necesidades de acción, que resultan extremadamente difíciles en cuanto a su aceptación generalizada, y más problemáticas aún en lo que respecta a su aplicación. Con la particularidad adicional de que tanto en el diagnóstico como en las soluciones existen –como es obvio en cualquier dilema– posturas encontradas, que son las que precisamente constituyen toda la vasta polémica de la que, por lo menos en parte, voy a ocuparme a lo largo de estas páginas.

Como decía Schumpeter, al referirse a William Petty (a quien Marx llamó padre de la ciencia económica), los hechos sin teoría no son nada; y precisamente lo que trató de hacer Petty fue «dominar el material (estadístico) teóricamente, en manera que hasta entonces nunca se había hecho. Para ello creó, para sí mismo, instrumentos teóricos con los cuales intentó forzar el camino a través de la maleza de los hechos»[9].

Precisamente eso es lo que me propongo en este libro: abrir camino a través de la maleza de hechos y tendencias que nos rodean, apreciando la calidad de las visiones teóricas que han ido formulándose, fundamentalmente en los últimos tiempos, en torno a la vasta polémica sobre los límites al crecimiento.

En la preparación del antes mencionado artículo para *Triunfo* me surgieron, lógicamente, una muy amplia serie de inquietudes. Y una vez terminada la primera versión, volvió a sucederme lo mismo en el proceso de su discusión.

De este modo, el texto publicado en *Triunfo* fue engrosando con nuevas adiciones. Muchas de ellas se suscitaron de forma directa en una serie de conferencias que pronuncié en la primavera de 1974, en el Instituto Balear de Estudios de Dirección de Empresas (IBEDE), en los Colegios de Economistas de La Coruña y Bilbao, y en la Facultad de Ciencias Económicas de la Universidad de Málaga. En los coloquios que siguieron a mis diversas exposiciones, se suscitaron muchos interrogantes, y de este modo localicé no pocas omisiones o puntos oscuros en la larga y apasionante polémica de los límites al crecimiento.

En buena medida, en estas páginas he tratado de renovar y ampliar mis contestaciones de entonces, y asimismo he intentado resolver los interrogantes que en su momento no fueron objeto de una respuesta más o menos definitiva.

Así las cosas, en mayo de 1974, Alianza Editorial me propuso la publicación del ya extenso manuscrito que había venido formando. Y pensé que, si bien no estaba aún lo suficientemente elaborado, podría ser de interés darlo a la imprenta sin grandes demoras, como aportación a la propia polémica sobre los límites al creci-

---

[9] Joseph Schumpeter, *Economic Doctrine and Method. An Historical Sketch*, versión inglesa del original en alemán, George Allen and Unwin, 2.ª impresión, Londres, 1957, pág. 30.

miento. Sobre todo, en la idea de que estas páginas serían objeto de nuevos comentarios críticos, que permitirían ir profundizando y matizando más en su contenido.

Figura 60. La quinta edición del libro del autor *Ecología y desarrollo sostenible* cambió de portada a un mundo en el que los dos choques petroleros (1973 y 1978) fueron el origen de sendas crisis energéticas que se transformaron en industriales y financieras, con grave deterioro de la economía mundial.

Siempre he sido de la opinión –y creo que en mis trabajos hay no pocas muestras de ello– de que *ab initio* no existen «obras perfectas» (dentro de lo relativo que es todo), y que precisamente el posible camino de perfección pasa ineludiblemente por el extenso y a veces abrupto territorio de la crítica.

Asimismo, también pienso que nuestra obligación como profesionales de las ciencias sociales consiste en plantear las inquietudes de cada hora, sin esperar a encontrar «soluciones definitivas», entre otras cosas, porque lo más seguro es que no existan con tal «definitividad». Esto último es especialmente cierto en el caso del presente trabajo, pues su propósito primordial es inducir a la reflexión al lector.

Muchos lectores tal vez pensarán que con este libro hago el papel de «aguafiestas», en el supuesto, claro está, de que el desarrollismo fuese una fiesta, cosa por lo demás harto dudosa. Pero, en realidad, no es el papel de aguar nada lo que me indujo a escribirlo. Más bien fue algo que surgió –como he tratado de exponer hasta aquí– paulatinamente, en el curso de la preocupación por el entorno del propio crecimiento.

A la postre, la preocupación que ha originado estas páginas –tributarias de tantos otros escritos previos que se citan en las notas– es un intento más de, en alguna medida, esclarecer lo que constituye el devenir de la sociedad humana.

Preocuparnos por un tema así, pienso que en manera alguna equivale a perder el tiempo, pues es lo que puede dar sentido a todas esas otras preocupaciones cotidianas, y a nuestros trabajos a corto y medio plazo. Sin ser todavía conscientes de ello, vivimos ya hoy en los inicios de una vasta República Humana y, por tanto, el cómo se organice esta de cara al futuro es algo lleno de interés. Ello mismo es lo que justifica los esfuerzos de comprensión de en dónde estamos y hacia dónde vamos.

Madrid (Universidad Autónoma), 2 de mayo de 1974.

2. El optimismo de Smith sobre el crecimiento

El crecimiento es un tema fundamental desde los mismos orígenes de la ciencia económica. El propio Adam Smith, en *La riqueza de las naciones*, se planteó la forma en que el dividendo nacional podría crecer más rápidamente. Para ello preconizó el progreso en la división del trabajo, con su complemento en una máxima proporción de trabajo productivo[10]*.

Por supuesto, Smith no hacía sino sistematizar y racionalizar las tendencias de la economía británica de entonces, que anunciaban un verdadero cambio revolucionario: el paso del rígido mercantilismo a un nuevo orden de mayor flexibilidad, de libre comercio internacional, y de supresión de los vestigios feudales y de las intervenciones estatales en lo interno. De esta forma, quedarían eliminados los obstáculos institucionales que frenaban una rápida expansión económica, ya perfectamente posible sobre la base de la nueva tecnología posnewtoniana (Revolución Industrial). Se abría así una época de optimismo, de confianza en la capacidad creadora del hombre, de crecimiento sin límites, lo cual resultaba bastante lógico en un mundo escasamente poblado y con amplios espacios vírgenes. En tan prometedora perspectiva, Inglaterra sería la potencia dominante, y solo paulatinamente irían surgiendo nuevos focos de industrialización al aplicarse el

---

[10] A. Smith, *La riqueza de las naciones*, versión española de Amando Lázaro Ros, Aguilar, Madrid, 1956, especialmente págs. 3-4. La edición príncipe data de marzo de 1776. La versión española es traducción de la quinta edición inglesa –de 1789–, la última que revisó el propio Smith.

maquinismo a los restantes «países civilizados», que abarcaban a poco más de Europa Occidental.

Sin embargo, la anterior afirmación hecha sobre el «crecimiento sin límites» en Smith debe ser matizada. Como recuerda W. J. Barber, Smith llegó a advertir que «cuando en un país cualquiera crecen los capitales, los beneficios que pueden derivarse de su aplicación, necesariamente disminuyen. Gradualmente, se hace más y más difícil encontrar un método provechoso de emplear cualquier nuevo capital»[11]. No obstante, el propio Barber subraya que a Smith la hipótesis así enunciada, de un posible *estado estacionario*, le parecía «demasiado remota como para requerir un análisis serio»[12]. Lo cual, si bien en mucha menor medida, habría de sucederle también a Ricardo, según veremos más adelante.

Smith no llegó a considerar los dos elementos básicos que después operarían a favor de tesis más pesimistas, concretamente, la relación recursos/población planteada por Malthus, y la ley de los rendimientos decrecientes de Ricardo. La conjunción de esas dos visiones teóricas es lo que sí permitiría a John Stuart Mill referirse, pasados setenta años, al estado estacionario. En realidad, lo que hizo Mill fue sintetizar el análisis de sus predecesores en un mundo más conflictivo desde el punto de vista social, en el que las crisis industriales ya se mostraban en toda su evidencia.

3. El pesimismo de Malthus. Su ley de la población

La concepción de los «economistas clásicos» en su optimismo sobre el futuro fue perturbada primeramente por Thomas Robert Malthus, quien en 1798 publicó su obra hoy más conocida, cuyos orígenes son bien interesantes. Fue el padre del futuro autor Daniel Malthus, quien le pidió que leyera el trabajo de William Godwin titulado «La injusticia política», por el cual Malthus sénior sentía una gran admiración, pues en él se anunciaba un futuro en el que «ya no habría un puñado de ricos y una multitud de pobres... No habría guerras, ni crímenes, ni administración de la

---

[11] W. J. Barber, *History of Economic Thought*, Penguin, Londres, 1968, pág. 43. Hay traducción española: *Historia del pensamiento económico*, Alianza Editorial, Madrid, 1971.

[12] *Ibidem*, pág. 45.

justicia –como suele llamársele–, ni siquiera gobierno. Tampoco habría enfermedades, angustias, melancolías o resentimientos».

Sin embargo, a pesar de tan bellas promesas, a lo largo de la lectura el punto de vista de Robert Malthus llegó a ser muy diferente del que sostenía su padre, y precisamente para convencerle de que Mr. Godwin no tenía razón fue para lo que escribió su célebre «Ensayo sobre el principio de la población», con el extenso subtítulo alusivo a las tesis de Mr. Godwin[13].

Concretamente, lo que Malthus vino a decir es que mientras la población se desarrollaba en progresión geométrica (crecimiento exponencial), la producción de alimentos tendía a hacerlo en progresión aritmética (crecimiento lineal), por lo cual no podría por menos suceder que, en un momento dado, los recursos alimenticios resultasen insuficientes, y los salarios llegaran a situarse incluso por debajo del nivel de subsistencia. La única manera de evitar esa situación sería el control de la expansión demográfica a través de la reducción de la natalidad.

Para ello, Malthus proponía el casamiento tardío y la abstinencia del matrimonio, aunque reconociendo de antemano que tales restricciones no tendrían mayor predicamento «entre el elemento masculino de la sociedad». Por ello, en cierto modo acababa cifrando su esperanza en lo que él mismo llamó las «limitaciones positivas» –hambres, epidemias, pestes, y guerras– que efectivamente contribuyeron a mantener muy alto el índice de mortandad, lo cual, en consecuencia, hizo posible una cierta estabilidad de la población.

Así pues, Malthus vino a marcar el comienzo de una corriente pesimista de cara a la pujanza del capitalismo industrial naciente. Desde entonces, siempre ha habido malthusianos, y ahora neomalthusianos, que han tratado de frenar –por lo menos en el campo dialéctico– el crecimiento sin límites.

---

[13] Su título completo es *An Essay on the principle of population as it affects the future improvement of society with remarks on the speculations of Mr. Godwin, Mr. Condorcet and other writers.* Existe una edición reciente de Penguin Books, Londres, 1970. Hay traducción española: *Primer ensayo sobre la población,* Alianza Editorial, Madrid, 1966. Sobre la penetración de las ideas de Malthus en nuestro país (muy anterior –1808– a la traducción de su libro completo –1846–) puede verse la aportación de Vicente Llombart, «Anotaciones a la introducción del *Ensayo sobre la población,* de Malthus en España», en *Moneda y Crédito,* núm. 126, septiembre de 1973, págs. 79-86.

Figura 61. Thomas Robert Malthus (1776-1834), clérigo inglés, anglicano, que en su libro *Ensayo sobre el principio de la población* (1798, con cinco ediciones en su vida, la última en 1804), planteó la hipótesis de que, mientras la población crecía en progresión geométrica, los alimentos solo lo hacían en progresión aritmética. Por ello, el número de habitantes se vería limitado por la falta de vituallas. En una nota de *El Capital*, Karl Marx criticó a Malthus como un plagiario, y postuló que merced a la ciencia y la tecnología habría medios de subsistencia contra el hambre y la pobreza.

Los antagonistas de Malthus fueron y son de una potencia indudable. En apariencia paradójicamente, en el frente antimalthusiano confluyeron católicos y marxistas. Los primeros, por razones religiosas de oposición al control de la natalidad, a partir del mensaje natalista del Antiguo Testamento[14].

4. La crítica de Marx a Malthus

Por su parte, los marxistas, desde el propio Marx, entendieron que la tesis de Malthus no hacía otra cosa que disculpar a los propietarios y acusar a sus víctimas, los pretendidos «obreros prolíficos». La realidad, según Marx, era muy otra; la miseria no provie-

---

[14] Que se refleja claramente en el *Génesis* (1, 27 y 28): «Y creó Dios al hombre a imagen suya, a imagen de Dios lo creó, y los creó macho y hembra; y los bendijo Dios, diciéndoles: "Procread y multiplicaos, y henchid la tierra; sometedla y dominad sobre los peces del mar, sobre las aves del cielo y sobre los ganados y sobre todo cuanto vive y se mueve sobre la tierra"». En realidad, el natalismo es la mayor defensa de los pueblos perseguidos, amenazados o esclavizados. También en la Biblia (Éxodo, 1, 6 a 9) se aprecia esto claramente en el período de servidumbre del pueblo de Israel en Egipto: «Murió José y murieron sus hermanos y toda aquella generación. Los hijos de Israel crecieron y se multiplicaron, llegando a ser muchos en número y muy poderosos, y llenaban aquella tierra. Se alzó en Egipto un rey nuevo, pero no sabía de José, y dijo a su pueblo: "Los hijos de Israel forman un pueblo más numeroso que nosotros. Tenemos que obrar astutamente con él, para impedir que siga creciendo y que, si sobreviene una guerra, se una contra nosotros a nuestros enemigos y logre salir de esta tierra"».

ne de un número excesivo de habitantes, sino de la persistencia del modo de producción capitalista, es decir, del régimen de propiedad privada con todas sus secuelas. Más concretamente, en su *Teoría de la plusvalía*, Marx no dudó en afirmar que «el odio de las clases trabajadoras contra Malthus –el *párroco charlatán*, como brutalmente le llamó Cobbet– estaba plenamente justificado. El pueblo tenía razón en esto, al sentir instintivamente que se enfrentaba no a un *hombre de ciencia*, sino a un *abogado comprado*, a un defensor representante de sus enemigos, a un desvergonzado sicofante de las clases dirigentes»[15].

Para mejor entender la posición de Marx en este tema concreto, es preciso recordar que su libro más importante, *El Capital*, es una crítica del *modo de producción capitalista*, expresión que nunca definieron de forma expresa ni Marx ni Engels, y que tal como ha subrayado Marta Harnecker, «es el concepto que nos permite pensar y conocer una totalidad social»[16]. En este sentido, el modo de producción lo constituye una estructura global, que está formada a su vez por tres estructuras parciales: económica, jurídico-política (leyes, Estado, etc.) e ideología (ideas, costumbres). En la estructura global, una de las estructuras parciales domina siempre a las otras dos. Pero no necesariamente la estructura económica, como con frecuencia pretenden algunos vulgarizadores del marxismo; aunque, ciertamente, la estructura económica –conjunto de relaciones de producción y de cambio– condiciona cuál de las estructuras parciales desempeñará el papel dominante.

En definitiva, frente al «estado estacionario» de los clásicos, Marx entiende que el modo de producción del capitalismo es incompatible con una tendencia evolutiva al estado estacionario del tipo que según veremos después preconizaba Mill. «El monopolio del capital –decía Marx– se convierte en el grillete del *modo de producción* que ha crecido con él, bajo él. La centralización de los medios de producción y la socialización del trabajo llegan a un punto en que se hacen incompatibles con su envoltura capitalista.

---

[15] *Marx and Engels on Malthus*, editado por Ronald L. Meek, International Publishers (1954), citado por William J. Barber en *History of Economic Thought*, *op. cit.*, pág. 151.

[16] En *El Capital: conceptos fundamentales*, Siglo XXI de España, Madrid, 1974 (1.ª ed. en Santiago de Chile, noviembre de 1970), pág. 15.

Esta salta hecha añicos. Ha sonado la hora final de la propiedad privada capitalista. Los expropiadores son expropiados»[17].

Para Marx, el modo de producción capitalista implicaba además que cada trabajador se veía aprisionado por una actividad específica alienante, de la cual no se podía salir socialmente sino cambiando el propio modo de producción en su conjunto. En un conocido pasaje, Marx ilustra lo que en esa perspectiva podría suponer el paso del capitalismo al comunismo: «Cuando se distribuye el trabajo [en el capitalismo], a cada hombre le toca una esfera de actividad particular y exclusiva, una esfera que le es impuesta y de la cual no puede escapar. Es cazador, pescador, pastor o crítico, y lo ha de seguir siendo si no quiere perder sus medios de vida o de subsistencia; en cambio, en la sociedad comunista, donde nadie está limitado a una esfera exclusiva de actividad, sino que puede realizar su personalidad en la esfera que más le plazca, la sociedad regula la producción general y le permite (al hombre) hacer hoy una cosa y mañana otra, cazar por la mañana, pescar por la tarde, criar ganado al atardecer y dedicarse a la crítica después de cenar, sin convertirse nunca en cazador, pescador, pastor o crítico»[18]. Esta vida multifacética, libremente elegida, se convierte en un ideal análogo al que intentan vislumbrar los críticos de la sociedad consumista actual. Para Marx, por consiguiente, la única alternativa al «estado estacionario» no podía ser otra que el cambio revolucionario al socialismo, al comunismo.

Pero el hecho de que Marx atacara a fondo las tesis de Malthus no significa que no hubiera ni en él, ni en Engels, ni sombra de preocupación por los problemas del entorno del hombre. Por el contrario –y aparte de otras manifestaciones a las que nos referiremos en el apartado 10.5–, los fundadores del marxismo incidieron en una serie de cuestiones medioambientales con observaciones que aún conservan toda su frescura y plena virtuali-

---

[17] Carlos Marx, *El Capital*, versión española de Wenceslao Roces, FCE, México, 1946, vol. I, págs. 648-649. Roces traduce «régimen de producción» en vez de «modo de producción». Esta segunda expresión, que me parece más correcta, es la que he introducido en su traducción.

[18] Del capítulo «Relación del hombre con el trabajo, del hombre con el hombre y del hombre con el Estado», en la antología de Marx titulada *7 teorías económicas*, edición y selección preparada por Robert Freedman, versión española: Ediciones Península, Barcelona, 1968, pág. 294.

dad. Engels, en 1845, puso de relieve con toda crudeza las consecuencias más negativas de la revolución industrial especialmente
en lo relativo al creciente deterioro urbano. Sus referencias a los
barrios obreros de Mánchester son bien expresivas: «... los *cotta-
ges* son viejos –decía–, sucios, y del tipo más pequeño; las calles,
abruptas, y en parte sin pavimentar y sin alcantarillado; en medio
de charcos estancados y por todas partes, se encuentra una cantidad enorme de inmundicias, desperdicios y detritus; la atmósfera
apesta a causa de las emanaciones y aparece oscurecida y viciada
por el humo de docenas de chimeneas de fábricas»[19].

Pero Federico Engels no se limitó a una mera descripción de
casos concretos, sino que supo generalizar sus iniciales observaciones urbanas a todo el medio ambiente: «Tanto de cara a la naturaleza como a la sociedad –advirtió–, en las formas de producción actual no se consideran con atención más que los resultados
inmediatos, los más tangibles; y después nos asombramos de que
las consecuencias ulteriores de las acciones sean bien distintas de
las previstas, y muy frecuentemente radicalmente opuestas»[20]. A
la postre, según el propio Engels, no habría que vanagloriarse
demasiado de las victorias sobre la naturaleza, «ya que esta, por
cada victoria, se toma una venganza sobre nosotros».

Por su parte, Marx, aunque fuera de pasada, también tuvo observaciones atinadas sobre los problemas del entorno. «Las culturas que se desenvuelven desordenadamente y no son dirigidas
conscientemente –decía– dejan desiertos a su paso»[21]. Como también se encuentran en él no pocas apreciaciones de interés sobre
lo que hoy llamamos despilfarro y derroche. Sus alusiones a los
vertidos de residuos de la gran ciudad fueron verdaderamente premonitorias: «En Londres –subrayaba–, la economía capitalista no
ha sabido encontrar mejor destino al abono procedente de cuatro
millones y medio de hombres que el emplearlo, con unos gastos
gigantescos, en convertir el Támesis en un foco pestilente»[22].

[19] F. Engels, *El problema de la vivencia y las grandes ciudades* (1845), Gustavo Gili, Barcelona, 1974, pág. 20.
[20] F. Engels, *Dialectique de la Nature*, Editions Sociales, París, 1971, pág. 183.
[21] Citado por Busch en «The soviet response to environmental disruption», en *Volgyes, Environmental deterioration in the Soviet Union and Eastern Europe*, Praeger, Nueva York, 1974, pág. 28.
[22] C. Marx, *El Capital*, vol. I (1865), versión española ya citada (nota 8), pág. 112.

Por lo demás, en *El Capital* se encuentran pasajes sobre el posible reciclaje de las materias primas, que exigían según Marx una serie de requisitos que él mismo mencionó cuidadosamente: «trabajo en gran escala; que se perfeccione la maquinaria, para que las materias primas que en su forma existente no eran aprovechables antes, puedan transformarse ahora de un modo apto para la nueva producción; que la ciencia, especialmente la química, realice progresos en los que se descubran las propiedades útiles de los desperdicios»[23].

5. David Ricardo y los rendimientos decrecientes

Después de Adam Smith, la segunda posición importante y clara entre los clásicos en lo relativo al crecimiento económico se aprecia en David Ricardo[24]. En su análisis, Ricardo se basaba fundamentalmente en la ley de los rendimientos decrecientes, que para John Stuart Mill pasaría a ser la «proposición más importante en la economía política»[25]. En frase de un reciente estudio de Ricardo, esta Ley, generalizándola, viene a decir que «al aumentar las cantidades de un factor variable (capital o trabajo) aplicadas a una cantidad fija de otro factor (tierra), el incremento en la producción total (cereal) que resulta de cada unidad adicional del factor variable (capital o trabajo), irá eventualmente decreciendo, de modo que con los sucesivos insumos del factor variable (capital o trabajo) se agregarán incrementos decrecientes, cada vez menores, de producto (cereal)»[26].

Así pues, Ricardo partía de la hipótesis del carácter limitado de los recursos (tierra). Por tanto, en caso de quererse obtener mayor producción, serían necesarias aportaciones sucesivas de trabajo y capital, lo cual, de modo inevitable, debería comportar una menor retribución del primero, en caso de querer mantener-

---

[23] *Ibidem.*

[24] Son interesantes las apreciaciones que sobre el tema en Ricardo hace William J. Barber en *History of Economic Thought, op. cit.*, págs. 87-89.

[25] Citado por R. M. Hartwell en su introducción a la obra de D. Ricardo *Principles of Political Economy and Taxation* (basada en la 3.ª ed., Londres, 1821), Penguin, Londres, 1971, pág. 16. La versión española más utilizada en nuestro país es la de Valentín Andrés Álvarez (*Principios de economía política y tributación*, Aguilar, Madrid, 1955), que no se dice en qué edición de Ricardo está basada, si bien parece que es en la tercera.

[26] R. M. Hartwell, *op. cit.*, págs. 16-17.

se la tasa de beneficio, única forma, en definitiva, según Ricardo, de asegurar la aportación de nuevos recursos financieros.

De este modo, para Ricardo quedaba claro que el crecimiento a largo plazo conduciría a una reducción progresiva de los salarios, que en el límite se situarían al nivel de la subsistencia. Por ello, advertía que «con una población que presiona sobre los medios de subsistencia, la única solución hay que verla en reducir la población, o en una más rápida acumulación de capital»[27].

En definitiva, a largo plazo, Ricardo preconizaba controlar la población; tras un análisis previo por separado, acababa por generalizar sus observaciones de freno demográfico a los dos supuestos que se manteaba de países ricos y pobres. «Los amigos de la humanidad –afirmaba– no pueden sino desear que en todos los países las clases trabajadoras lleguen a apreciar las comodidades y diversiones, y, por tanto, deberían ser estimuladas por todos los medios legales en sus esfuerzos para procurarse ambas cosas. No puede haber mejor garantía contra una población sobreabundante»[28].

La lógica de Ricardo en el anterior pasaje era contundente: creando nuevas necesidades de consumo («comodidades y diversiones») a las clases trabajadoras, se contribuye a reducir el tamaño de la familia y de la población global. No otra es la tendencia que efectivamente ha mostrado la evolución demográfica en los países ricos, donde las clases trabajadoras se han «aburguesado» en cuanto a su modo de vida, en un «efecto demostración» –dentro de lo posible, diríamos– respecto a las clases económicamente más favorecidas. De este modo, por lo general, el ritmo global de crecimiento de la población en los países industriales se sitúa actualmente por debajo del 1 por 100 anual acumulativo, en contraste con el 2 por 100 de promedio mundial y del 3 por 100 en los países pobres que, «más cortésmente», hoy llamamos países menos desarrollados o en desarrollo.

Ricardo, al preconizar que se estimulase el gusto de los pobres por el consumo, actuaba en función de los debates de su tiempo y su país. En realidad, lo que hacía era denunciar como condenables

---

[27] D. Ricardo, *Principles...*, *op. cit.*, pág. 121.
[28] Por lo cual, casi explícitamente está recomendando la reducción de población para los países ricos y la acumulación en los pobres, en donde todavía hay tierras fértiles.

todas las *Poor Laws* –literalmente las leyes de pobres– que se introdujeron en Inglaterra a partir de 1601 para acudir en socorro de los nuevos tipos de miseria que empezaban a surgir en una sociedad más urbana, y en la que el orden medieval (con su principio un tanto eufemístico de la caridad) se diluía progresivamente.

Figura 62. David Ricardo (1772-1823), economista inglés de origen sefardí. Hizo grandes aportaciones a la economía política de su tiempo en el Reino Unido. Formuló la Ley de los Rendimientos Decrecientes, con la teoría de los costes comparativos para el comercio internacional, y la teoría del valor.

En los tiempos en que Ricardo escribía sus *Principies*, la regulación vigente en cuanto a los pobres era el llamado «Speenhamland Svstem». Introducido por los jueces del condado inglés del mismo nombre, la mecánica consistía en que los salarios situados por debajo de lo que ellos consideraban un mínimo absoluto debían completarse por la parroquia, de acuerdo con el precio del pan y el número de allegados que tuviese cada cabeza de familia.

El ejemplo de Speenhamland se siguió en otras áreas de Inglaterra, y en 1796 fue consagrado en el Parlamento[29]. David Ricardo arremetió contra estas leyes de pobres, poniendo de relieve que «es una verdad que no admite duda el que las comodidades y el bienestar del pobre no pueden asegurarse permanentemente sin algún cuidado por su parte; o sin algún esfuerzo por parte del Parlamento para regular el incremento de su número, y para hacer menos frecuente entre ellos los matrimonios prematuros y faltos de previsión. El funcionamiento del sistema de las leyes de

---

[29] Para mayor extensión sobre este tema, puede verse el amplio e interesante artículo «Poor Law», de la *Encyclopaedia Britannica*, vol. 18, págs. 226-232 (edición de 1969), con numerosas referencias bibliográficas.

pobres ha sido directamente lo contrario. Ha hecho superfina la moderación y ha invitado a la imprudencia, al ofrecer al pobre una parte de los salarios de quien sí es prudente y laborioso»[30].

Ricardo indicaba, para terminar su argumentación, que esta beneficencia había sido soportable en una fase de crecimiento. «Pero si el progreso se hiciese más lento, si alcanzáramos el estado estacionario, del cual creo todavía estamos bien distantes, entonces la naturaleza perniciosa de estas leyes se haría más manifiesta y elocuente; y entonces, también, su renovación se vería obstruida por muchas dificultades adicionales»[31].

6. La síntesis de los clásicos: J. S. Mill y el estado estacionario

Pasamos ahora a lo que podríamos llamar la síntesis final de la escuela clásica en torno al tema de los posibles límites al crecimiento. Me refiero a John Stuart Mill, que en sus *Principles of Political Economy*[32], y concretamente en su capítulo VI, fue quien de modo más amplio se ocupó del estado estacionario. Un concepto que, como después podrá verse, resurgiría en la literatura económica de los años treinta del siglo XX con Alvin Hansen, aunque en circunstancias bien distintas de las imperantes en tiempos de Mill; esto es, cuando el progresivo crecimiento que los economistas clásicos habían vivido se veía ya en dificultades serias, a causa de todos los elementos desencadenados en la crisis que en 1929 abrió el período que después se llamaría la Gran Depresión.

En ello radica precisamente la grandeza de la concepción y perspectiva de Mill: supo anticiparse. Es decir, no formuló su teoría del estado estacionario bajo la presión de una crisis general ya existente en el sistema, sino que la concibió como algo lógico e inevitable al final de una larga fase de crecimiento. «¿A qué punto último tiende la sociedad –es lo que él se preguntaba– con su pro-

---

[30] *Ibidem,* pág. 127.

[31] *Ibidem,* pág. 129; el subrayado es nuestro.

[32] La primera edición de los *Principles* data de 1848. Para este trabajo hemos utilizado la versión editada por Donald Winch (para Pelican Classics, Penguin, Londres, 1970), que se basa en la última edición de Mill, de 1871.

greso industrial? Cuando el progreso cese, ¿en qué condiciones podemos esperar que dejará a la humanidad?»[33].

Figura 63. John Stuart Mill (1806-1873) llegó a la idea del estado estacionario de manera no precisamente económica, sino para asegurar una sociedad menos estresada por las aceleraciones y turbulencias económicas.

Mill fue terminante, pues como punto de partida de toda su argumentación se fijó en el principio de que el crecimiento de la riqueza no puede carecer de límites. Para él, era completamente seguro que al final del estado progresivo se alcanzaría el estado estacionario, por mucho que les costase aceptarlo a quienes por entonces identificaban todo lo económicamente deseable con el estado progresivo.

Mill reconoció a Malthus como el primero en advertir seriamente sobre el problema de la expansión sin freno de la población, que, con el tiempo, podría llegar a aventajar el propio crecimiento del capital, de forma que incluso en pleno estado progresivo la condición de los más pobres descendería al punto más bajo.

Pero, comparativamente con Malthus, en Mill la argumentación se enriqueció de modo notable. Ya no se trata solo de un problema de subsistencia. Mill es el primero en fijarse en los dolores del crecimiento, y por ello contempla el estado estacionario sin aversión. Confiesa que no le encanta la idea de que el estado normal de los seres humanos sea el de luchar permanentemente para hacerse un hueco. Textualmente, no acepta que «el pisotearse, empujarse, darse codazos y propinarse patadas en los tobillos unos a otros –*todo lo cual constituye la forma actual de vida*– sea la más deseable suerte del género humano; o que, simplemente,

---

[33] J. S. Mill, *Principles, op. cit.*, pág. 111.

todo ello no represente sino los síntomas más desagradables de una de las fases del progreso industrial»[34].

En este sentido, J. S. Mill subraya que solo en los países más atrasados del mundo sigue siendo un objetivo importante el aumento de la producción, «en tanto que en los más avanzados lo económicamente necesario es una mejor distribución, para lo cual uno de los medios indispensables es un freno más estricto de la población»[35].

Sin embargo, el objetivo de acabar con la lucha cotidiana a lo largo de toda la vida y el propósito de redistribuir e igualar no son las únicas ventajas que Mill aprecia en el estado estacionario. Hay una tercera razón, que muchos no vacilarían en calificar de «la más moderna», puesto que engarza con toda una óptica de valores estéticos y también –implícitamente– ecológicos. Esto se ve claramente en la última selección de párrafos que transcribimos del gran economista:

«Sin duda hay espacio en el mundo, incluso en los países viejos un gran aumento de población [...] Pero veo muy pocas razones para desearlo. La densidad de población necesaria para permitir a la humanidad obtener, en el más alto grado, todas las ventajas, tanto de la cooperación como del intercambio social, se ha alcanzado ya en los países más populosos. Una población puede resultar excesiva, aunque esté ampliamente alimentada y vestida. Sería un ideal muy pobre un mundo del cual se extirpara la soledad. La soledad, en el sentido de estar solo con frecuencia, es esencial para cualquier nivel de meditación o de carácter; y la soledad en presencia de la belleza y grandiosidad de la naturaleza es la cuna de los pensamientos y de las aspiraciones que son buenas para el individuo, y sin los cuales no podría pasarse la sociedad.

Tampoco sería para estar satisfechos el contemplar un día un mundo en el que no quede nada para la vida espontánea natural; el suelo, cultivado hasta el último ápice [...], todas las tierras de pastos, aradas [...] con todos los cuadrúpedos o pájaros que el hombre no puede domesticar exterminados por ser sus rivales con la alimentación [...] Si la tierra tiene que perder esa gran porción de lo

[34] *Ibidem*, pág. 113.
[35] *Ibidem*, pág. 115.

que en ella es agradable, y que se debe a cosas que el crecimiento ilimitado de la riqueza y de la población habrían de extirpar para poder soportar una población más amplia pero no más feliz, sinceramente espero, para bien de la prosperidad, que los partidarios del estado progresivo se conformarán con ser estacionarios mucho antes de que la necesidad les obligue a ello»[36].

En realidad, en las palabras de Mill hay toda una secuencia de grandeza mental, de previsión a muy largo plazo. Con él, lo sustancial de gran debate en su primera fase, me parece que queda cerrado. En lo sucesivo, la discusión se hará en otras circunstancias, o bien de crisis económica, o bien de crisis global ecológica. Ya no será –sobre todo en su etapa actual– una polémica serena, de filósofos para minorías más o menos nutridas. Por el contrario, se tratará de una agria controversia, en la que no se vacilará en recurrir a toda clase de informaciones, hipótesis, encubrimientos y exageraciones.

7. La Gran Depresión. Keynes *versus* Hansen

En realidad, seguir la polémica sobre los límites al crecimiento y lo que ello implica en cuanto a organización de la sociedad sería algo realmente inacabable si quisiéramos entrar en todos sus detalles. Especialmente, si tenemos en cuenta que sus orígenes pueden encontrarse en los tiempos más remotos (por ejemplo, Platón con su diálogo sobre «La República»), como ha puesto de manifiesto Alfred Sauvy[37]. Por ello, me he limitado al arranque de la polémica en su fase moderna (Smith, Malthus, Ricardo, Mill y Marx), para después hacer abstracción de toda una serie de protagonistas de la larga discusión hasta bien avanzado nuestro siglo.

Si se me disculpa el amplio lapso, reanudaríamos nuestro recorrido en los años treinta, durante la Gran Depresión, cuando se formularon toda una serie de tesis sobre el estancamiento en que por entonces estaba debatiéndose la economía capitalista.

---

[36] *Ibidem*, pág. 116.
[37] En su libro *Croissance zero?*, Calmann-Levy, París, 1973, especialmente las págs. 15-20 (existe versión española de Dopesa, Barcelona, 1973).

Con la depresión iniciada en 1929, parecía como si el capitalismo hubiese entrado en una fase de freno definitivo, incluso con posibilidades reales de desaparición o de colapso del propio sistema[38]. Resurgió así la tesis de J. S. Mill –explícitamente reformulada por Alvin Hansen– del estado estacionario»[39]. La falta de oportunidades de beneficio –venía a decir Hansen– inducía una grave escasez de inversiones, con lo cual el estancamiento inicial tendía a convertirse en un fenómeno permanente, a largo plazo. Tesis frente a la cual lo que hoy llamamos la revolución keynesiana surgió como una réplica esperanzadora para la supervivencia del capitalismo.

John Maynard Keynes no aceptaba el estado estacionario de la depresión. El *impasse* podía romperse por medio del gasto público, las políticas monetaria y fiscal, y otros instrumentos para estimular la inversión y el empleo. No obstante, al considerar la posición de J. M. Keynes, debemos distinguir entre su actitud a corto y a largo plazo. A corto, le preocupa no el «demonio malthusiano» del crecimiento de la población (demonio P), sino «el aumento del desempleo» (demonio U, de *unemployment*)[40]. Por el contrario, a largo plazo Keynes también creía en lo inevitable de un estado estacionario, que en su opinión no llegaría antes de cien años, y en el cual el hombre habría de enfrentarse «con su verdadero problema permanente, esto es, cómo usar su libertad tras superar las dificultades económicas acuciantes, cómo ocupar el ocio que la ciencia y el interés compuesto le habrían hecho ganar, para vivir sabiamente, de forma agradable y bien».

Keynes terminaba sus reflexiones con un tono profético: «Seremos capaces de desprendernos de muchos de los principios

---

[38] De esta época son libros como el de John Strachey *The Coming Struggle for Power,* Victor Golancz, 4.ª ed., Londres, 1934, donde se afirmaba (pág. 8) que «todo el mundo capitalista se encuentra camino de la barbarie». Por la misma época Arthur Salter (en *The Second Effort,* G. Bell & Son, Londres, 1934) decía: «Los defectos del capitalismo han venido privándonos cada vez más de sus beneficios. En la actualidad están amenazando su existencia» (pág. 180).

[39] A. Hansen, *Full Recovery or Stagnation,* Nueva York, 1938. Del mismo autor, «Economic progress and declining population growth», en *American Economic Review,* marzo de 1939; existe versión española en el volumen *Ensayos sobre el ciclo económico,* seleccionados por Gotfried Haberler, 2.ª ed., KE, México, 1956, págs. 379-397.

[40] J. M. Keynes, «Some economic consequences of a declining population», *Eugenios Review,* abril de 1937, citado por K. L. R. Pavitt, en «Malthus and other economists. Some doomday revisites», en la obra colectiva *Thinking about the future,* Chatto and Windus, Londres, 1973, pág. 146.

pseudomorales que nos han atado durante doscientos años [...] El amor al dinero como posesión –a diferencia del amor al dinero como un medio para los goces y realidades de la vida– se reconocerá como lo que verdaderamente es, una cosa morbosa y un tanto despreciable...». Y después de referirse a la vuelta a una serie de principios religiosos y virtudes tradicionales que podrían estar vigentes de nuevo (la consideración de la avaricia como un vicio, la de la usura como una aberración, la de la obsesión por el delito como algo detestable, etc.) y tras subrayar que la evolución hacia esas actitudes sería gradual, Keynes se fijaba en las cuestiones instrumentales. Llegaba a la conclusión de que «el ritmo al que podemos alcanzar nuestro destino de bienaventuranza económica estará determinado por cuatro elementos: nuestra capacidad para poder controlar la población, nuestra determinación en evitar guerras y disensiones civiles, nuestra voluntad de confiar a la ciencia la dirección de aquellos asuntos que estrictamente son cometido de la ciencia, y el tipo de acumulación que se fije como margen entre nuestra producción y nuestro consumo...»[41].

8. Schumpeter y los ciclos

Algo posterior en el tiempo, pero todavía inmerso en las secuelas de la Gran Depresión, se sitúa el punto de vista de Joseph Schumpeter sobre el futuro de una sociedad con más ocio, con menos presión de los acuciantes problemas económicos; una previsión menos optimista que la de J. M. Keynes a largo plazo.

Así lo subraya K. L. R. Pavitt[42] al referirse a la «sentencia» del gran economista austríaco cuando afirmaba que «la mejora secular de la educación, que se considera como supuesto garantizado, acompañado de la inseguridad individual [...] es, desde luego, la mejor fórmula para crear el desasosiego social»[43]. Según Schumpeter, con el avance en las tensiones provocadas por la in-

---

[41] J. M. Keynes, «Economic possibilities for our grandchildren», en *Essays on Persuasion*, Macmillan, Londres, 1931, págs. 358-373.

[42] K. L. R. Pavitt, «Malthus and other economists...», *op. cit.*, pág. 150.

[43] J. Schumpeter, *Capitalism, Socialism and Democracy*, 4.ª ed., Allen and Unwin, Londres, 1954, pág. 155.

seguridad individual los intelectuales desempeñarían un papel clave en explotar el desasosiego, entendiendo por intelectuales aquellas personas en posesión del don de la palabra escrita y hablada, «pero que se diferencian de otras personas que hacen lo mismo por su carencia de responsabilidad directa para los asuntos prácticos [...] A no dudarlo –proseguía Schumpeter–, la fuerte expansión educativa en los niveles superiores, evidente en los últimos estadios del desarrollo capitalista, podría ampliar el grupo intelectual, al crecer el desempleo o el paro encubierto entre los graduados universitarios, quienes de esta forma se convertirían en las huestes de los intelectuales. Se agudizaría, pues, el proceso de criticismo social, fruto del descontento que se transforma en resentimiento, actitud típica del intelectual espectador de los hombres, de las clases y de las instituciones [...] Desde luego, la hostilidad del grupo intelectual –que asciende hasta la desaprobación moral del orden capitalista– es una cosa; y otra distinta es la atmósfera de hostilidad generalizada que rodea al capitalismo. Esta última es el fenómeno realmente significativo; y no es simplemente un resultado de la primera, sino que proviene en parte de fuentes independientes»[44].

Estos pasajes de Schumpeter son de una crudeza y una profundidad de análisis –y de previsión– realmente impresionantes, si recordamos que la primera edición de *Capitalismo, socialismo y democracia* se publicó en 1943. ¿Cuál si no ha sido y es el «rol» de los Sartre, Marcuse y Chomsky, y de tantos otros intelectuales que después han venido arengando a las masas de universitarios insatisfechos? En realidad, su papel ha consistido en racionalizar esa insatisfacción, pero siempre con resultados efectivos bastante limitados, sobre todo si se comparan con los verdaderos agentes de la transformación como los Mao, Ho-Chi-Minh, Fidel, etc.

Al final, el socialismo podría venir para Schumpeter no de la acción de esos intelectuales, sino a través de un proceso gradual de burocratización, o por obra y gracia de la más pintoresca revolución[45].

---

[44] *Ibidem*, pág. 143.
[45] *Ibidem*, pág. 167.

Figura 64. Joseph A. Schumpeter (1883-1950) analiza los diferentes ciclos en su libro *Business Cycles*, como secuencias de auge y depresión, difíciles de prevenir y complejas a efectos restaurar la estabilidad.

9. El socialismo: teoría de un crecimiento sin límites

Tras la visión occidental de los límites al crecimiento en la fase de la Gran Depresión, debemos hacer una referencia a la actitud de los países socialistas durante ese período, y concretamente en la URSS. Era el tiempo de los primeros planes quinquenales, configurados como proyectos para la construcción de una nueva economía y de una nueva sociedad sin clases; con posibilidades ilimitadas de crecimiento, a base de aprovechar los amplios recursos del inmenso espacio del antiguo imperio zarista, poniendo en tensión todas las fuerzas creadoras del nuevo sistema socialista recién surgido a la vida histórica.

En esta fase inicial del socialismo, la lógica del crecimiento acelerado, con todas las aberraciones que después puedan haberse apreciado al criticar el estalinismo, es indudable: o crecer o morir, o el socialismo, aunque fuese (o precisamente porque históricamente era así) en un solo país, o renunciar a resistir los embates del capitalismo. De otro modo, el peligro de perecer era más que evidente. Otra cosa bien distinta –según veremos luego– es el crecimiento actual y futuro en los países socialistas.

Capítulo 8
La Tierra, un paraíso amenazado[1]

1. Inquietudes e incertidumbres

Muchas veces, cuando nos lamentamos de las dificultades de la vida, de los problemas cotidianos, nos da la impresión de encontrarnos sumidos en un verdadero infierno, que nosotros mismos hemos contribuido a crear. Hay días en que se dice aquello de que «mejor no me hubiera levantado». Porque todo son contrariedades, una tras otra.

La condición humana es lo suficientemente complicada como para engendrar no importa qué clase de preocupaciones y de agobios. San Francisco de Asís –a quien tantos tienen por el apóstol de los ecologistas–, diferenciando entre el alma y el cuerpo, denominaba a este último «hermano asno»; a modo de pobre animalejo que sobre sus lomos soporta, durante años y años, sin descanso, nuestras ajetreadas vidas. Y el caso es que incluso ahora, en tiempos de mayor integración psicosomática, el símil continúa siendo incisivo, por mucho que no sepamos si es el alma la que conduce y alienta al modesto équido a continuar su camino, o si es el rucio el que inveteradamente soporta y da su fuerza, para continuar, a la espiritual alma.

En las circunstancias de máxima preocupación que padecen tantas gentes, por no decir casi todas, es en las que sentimos, en su radical desgarramiento, nuestra condición de ser, al tiempo, «animales y mortales». Y nos damos cuenta de nuestra no perdurabilidad, porque si bien en la vida corriente la sociedad siempre

---

[1] Capítulos 1 y 3 de *La reconquista del paraíso. Más allá de la utopía*, Temas de Hoy, Madrid, 1992.

que le es posible oculta el fenómeno de la muerte, lo cierto es que el instinto y el pensamiento de la finitud nos acompañan con persistencia contumaz. Edgar Morin supo expresarlo de manera magistral en su *libro El hombre y la muerte*[2].

Es precisamente por esa condición humana –de animal, por muy racional que se sea–, por lo que tantas veces la imaginación del hombre se ha polarizado en vislumbrar una continuidad trascendente a su existencia, en términos que pueden ir desde la pretensión de la inmortalidad hasta imaginar la perpetuación de la energía personal más allá, en otra vida[3]; en cualquiera de sus variantes históricamente esbozadas: en leyendas, mitos y religiones.

No será aquí ocioso el recuerdo de Juan Ponce de León, quien el 3 de marzo de 1512 se dio a la vela desde Puerto Rico hacia lo que luego llamaría La Florida en busca de la eterna juventud. Ricardo Majo Framis imaginó así la narración de un legendario brujo borinqueño sobre tan milagrosa fontana:

«La Muerte es la reina del mundo. Vosotros lo sabéis, que no tenéis malos tratos con ella, y sabéis bien matar, con guerra o sin guerra. Pero a la Muerte le ha puesto Louquo o Luquillo, el gran Ser, una frontera...: aquí terminas, ha dicho a la Muerte; como las aguas terminan en la arena. Esta tierra de la perpetua Juventud te está vedada. Porque aquí nace la Fuente, que es al par Sabiduría y Vida y Salud. Y quien bebiera de ella, se hará inmortal. Y entre todos los que moran en esta grande isla, los hombres que aquí viven son como dioses; o más que dioses, porque tienen la indiferencia que los dioses no tienen, siempre enfrascados en el gobierno de las cosas humanas. Son inmortales. La calidad de un dios es ser inmortal. El que puede morir, ya no es un dios»[4].

---

[2] Morin, Edgar, *El hombre y la muerte*, Kairós, Barcelona, 1974.

[3] Es una eterna discusión la de si hay o no algo más allá. Para la inmensa mayoría, en el fondo de sus creencias solo existe el más acá. Y el argumento de ese escepticismo consiste, generalmente, en subrayar que otra vida sería algo totalmente anormal. Sin intentar rebatir nada, ni presuponer nada, cuando oigo una aseveración de ese tipo, suelo preguntar: «¿Y a ustedes les parece normal esta vida que tenemos ahora, un bípedo andando por sí solo durante ochenta o noventa años en los más diversos lugares de un planeta que viaja a 35.000 kilómetros por hora a través de un vacío cósmico a -167 grados de temperatura exterior, en un navío que es una mota de polvo en el universo?».

[4] Majo Framis, Ricardo, *Vida de los navegantes y conquistadores españoles del siglo XVI*, Aguilar, Madrid, 1946, págs. 570-571. Y sigue la cita: «Por eso, tú, Capitán, no eres un dios. Pero puedes serlo. Ve a aquella tierra, en que no se muere... ¡Ah, pero ten cuidado, porque

Figura 65. El segundo libro del autor sobre cuestiones de medio ambiente, escrito tras su asistencia a la Cumbre de la Tierra, la segunda conferencia de las Naciones Unidas sobre Medio Ambiente y Desarrollo en Río de Janeiro, en mayo-junio de 1992. En ella se discutió y aprobó la Convención Marco de las Naciones Unidas sobre Cambio Climático. A partir de ella se instrumentó el dispositivo del Protocolo de Kioto (1997) para cortar emisiones de gases de efecto invernadero (GEI). En el Acuerdo de París de 2015, COP-21, se estableció un nuevo sistema más efectivo para la descarbonización de la sociedad hacia 2050, con emisiones cero de GEI.

Esa incitación a la inmortalidad se encuentra en muchas secuencias de la historia, escritas o no. Es parte de un legado inmemorial que hunde sus raíces en la angustia de una vida que por mucha longevidad a que se llegue, aparece como inevitablemente corta.

A algunos les extrañarán las cuestiones que aquí traigo a colación, que raramente aparecen en los textos de un economista, o de cualquier otro estudioso de las ciencias sociales. Lo cual no quiere decir que no haya ninguna referencia a la eterna cuestión. Repasando los dos libros básicos de Adam Smith –*La teoría de los sentimientos morales* y *La riqueza de las naciones*[5]–, pueden localizarse algunos pasajes en los que sí se alude a esas inquietudes, considerándose que son las más nobles y prioritarias. Si bien, al mismo tiempo, de un modo tan escocés como pragmático, se decide que han de dejarse aparte, para no mezclarlas con los negocios del día a día.

Pienso que, efectivamente, nuestras más profundas sensaciones e incertidumbres no tenemos por qué estar comunicándolas de forma diaria a quienes nos rodean. Pero es indudable que en el

---

allí tampoco se mata! Ve allí, y si ahora te quejas de ser viejo, mañana te tornarás eternamente mozo. ¿Qué será, entonces, a tu lado ese rey, de un reino poderoso, a quien dices representar y por quien dices guerrear...? Será más desdeñable que el último de nuestros naborías o mendigos. ¡Atrévete! Si tú no te atrevieras a esto, ¿serías digno de haber vencido a la gente de mi raza?».

[5] Smith, Adam, *The Theory of Moral Sentiments* (1759); *An Inquiry into the Nature and Causes of the Wealth of Nations* (1776), Liberty Classics, Indianápolis, 1979, 2 vols. Ambas son excelentes ediciones, con abundantes notas bibliográficas e índices analíticos.

fondo de todos –o por lo menos de quienes no nos consideramos totalmente desarraigados, y de quienes creemos que no todo ha sucedido por un rabioso azar–, se suscitan semicrónicamente las meditaciones aquí planteadas.

2. El motor del entusiasmo

Afloran meditaciones, emociones y proyectos. Porque hay algo dentro que nos mueve, que nos lleva a pensar la vida como un sendero propio. Y no solo se trata de que tengamos por delante un itinerario a lo largo de nuestra existencia por una ruta que nos parece indefinida, y cuyo recorrido nos motiva de una u otra forma cada día, casi cada hora.

¿Qué es eso que nos mueve, que nos inquieta? Se trata de un motor que, como cualquier otro, necesita su inevitable alimento, su carburante propio: el impulso para hacer las cosas. Y ese impulso, a todas luces, lo nutre el entusiasmo, pues de otro modo no podría producir eso que llamamos «tenacidad», que transforma al impulso momentáneo en duradero.

Trabajamos con tenacidad en casi todo lo que nos importa. Afrontamos las inconveniencias, superamos, con esfuerzo, las dificultades. Y no es solo porque con el éxito esperado vayamos a ganar más o menos, o porque estemos poniendo las condiciones para ascender uno o más peldaños en la aspiración de subir al nivel que nos hemos propuesto. Hay algo más.

En lo profundo, cuando terminamos un trabajo, y pensamos que no lo hemos hecho demasiado mal, queda la «satisfacción del deber cumplido». Lo cual nos crea, tantas veces, una sensación de bienestar, a modo de autogratificación que incluso puede situarse en las proximidades de la felicidad. Si por tal entendemos el estado de ánimo en que la alegría impregna nuestras propias acciones y se hace perdurable.

Pero la situación de felicidad, generalmente, es solo transitoria. Raramente entran el alma, o la mente, en un territorio de plena bonanza, de quietud placentera, en la que ya no hay por qué temer ningún sobresalto. Hay gentes que aseguran querer, por encima de todo, una vida tranquila. Pero nada tan ilusorio. El único «mar de la tranquilidad» que se conoce está en una de las frías y muertas caras de la Luna.

Figura 66. Ricardo Díez Hochleitner (1928-2020), presidente del Club de Roma, la entidad que desde sus tiempos fundacionales con Aurelio Peccei formuló más claramente el axioma de que, «en un mundo de recursos finitos, resulta imposible el crecimiento infinito». El autor de estas *Obras escogidas* perteneció al Club de Roma desde 1990 a 2017.

En realidad, en la mente hay toda una serie de incitaciones que se mueven colateralmente: no hay nada que esté en calma. En los flujos de nuestro cerebro, ninguno se para nunca, e incluso cuando de la vigilia pasamos al sueño fisiológico, el subconsciente y el inconsciente siguen trabajando en los ensueños. El test cotidiano aparece cuando se nos pregunta: «¿en qué piensas?», y decimos: «En nada». Hacemos uso, simplemente, de un convencionalismo para no responder a la pregunta sino con una nadería, que se acepta por mera cortesía. Pero esa respuesta todos sabemos que no lo es. Siempre se piensa en algo. Siempre se está inquieto por algo. Seguramente, ni los vegetales –si como dicen algunos científicos saben reflexionar– estarán tranquilos.

Tampoco es la «ambición de poder», estudiada por Adler, lo que mueve nuestros impulsos a una mayor tenacidad. Como algunos ya destacaron –desde el lejano Hume hasta el último al que he leído a este propósito, el ecólogo René Dubos–, en el fondo, lo que nos induce a hacer las cosas es el entusiasmo. Sobre sus características mucho nos aclara la propia etimología de la palabra: todos llevamos un «dios interior» (*en theos*, en griego), que nos incita a actuar; y casi siempre, para emprender o persistir en la acción más rápida y eficaz. Se trata del *deus ex machina* al que tantas veces se alude en los escritos del siglo XIX para la identificación del motor de cualquier proceso.

Y ¿de dónde procede ese *en theos*, ese entusiasmo que en algunos momentos todos llegamos a sentir? Podría haber muchas respuestas. Desde la más sencilla, la de que «eso es la vida», a la que se fijaría en las decisiones del «gen egoísta». Pero me parece –y sin intención ahora de entrar en ninguna tesis, sino en una mera presentación del tema–, que si sentimos la comezón imparable del entusiasmo, incluso en medio de la mayor angustia, es porque en nosotros no se ha muerto del todo el sentimiento profundo de que puede haber algo imperecedero, distinto de lo que se ha llamado azar y necesidad, y ante lo cual respondemos con una cierta autoemulación. Puede haber hados, parcas, dioses, o Dios. O pensar que los hay, formando parte de nuestra realidad imaginativa.

3. Leyendas y mitos del pasado: la condición humana

En la preparación de esta primera parte de mi libro he consultado con algunos teólogos amigos, por escrito o de forma directa. Entre ellos, el primero, Benjamín Forcano. Benjamín es un viejo amigo. Cristianizó a los dos nietos que hasta ahora he tenido, Andrea y Lope. Pero no le pedí ayuda por eso, sino porque es un profundo conocedor del tema que ahora nos ocupa, en su infatigable búsqueda de respuestas sobre el sentido de la vida en el mensaje bíblico y en todo su vasto contexto histórico. Lo cual, casi evidentemente, no es tanto una preocupación por lo pretérito como por los valores del presente, de la vida actual de los humanos, desde la cual se sigue reclamando algún tipo de respuestas a las eternas preguntas sobre nuestros orígenes y destinos. A Benjamín debo mucho de lo que diré seguidamente, sin que él, obviamente, tenga la menor responsabilidad en mis posibles errores y en mis particulares interpretaciones.

En la andadura que me he propuesto hacer a través del pasado, en busca de las primeras respuestas a algunos de los interrogantes antes planteados y que hoy siguen conmoviéndonos, empezaré con una referencia a un muy antiguo texto: el largo y dramático poema, difícil de clasificar, conocido como *Gilgamesh*[6].

---

[6] Anónimo, *Gilgamesh*, edición de Florence Malbran-Labat, Verbo Divino, Estella, 1983 (introducción de Alain Marchadour).

Figura 67. Analogías y diferencias entre el *Gilgamesh* y la Biblia en todo lo relativo a la condición humana. En ambas escrituras se apreciaron fenómenos como el jardín del Edén, el diluvio universal y otras similitudes.

Todos hemos oído, escuchado o aprendido en nuestros estudios secundarios las grandes epopeyas de tiempos ya muy remotos. Pero pocas veces hemos tenido la oportunidad de hacer una inmersión en ellas. Y si eso puede suceder con textos que incluso influyen en nuestro lenguaje cotidiano, como la *Ilíada* y la *Odisea*, ¿qué no puede suceder respecto de un escrito casi mil quinientos años anterior a las dos grandes obras homéricas?

Baste decir aquí que el *Gilgamesh* es, fuera de toda duda, uno de los documentos literarios más antiguos, más difundidos en Oriente, que mayor influencia tuvo en su tiempo milenario y que alcanzó una difusión a veces no apreciada hasta nuestro propio tiempo, al influir en los once primeros capítulos del *Génesis*. Este hecho no lo dejan de constatar ya los estudiosos de las Escrituras, que por fin han podido liberarse de las viejas renuncias del pasado a la hora de admitir inspiraciones previas a la Revelación. A ese movimiento de interés por todo lo mesopotámico contribuyó, de manera formidable, el arqueólogo inglés George Smith, quien se interesó en el Museo Británico por las tablas del *Gilgamesh*, recién descubiertas en las excavaciones efectuadas por la expedición británica Nínive en la biblioteca de Asurbanipal. En 1872, Smith formuló sus tesis sobre las relaciones entre el *Gilgamesh* y el *Génesis*, a raíz del Diluvio; a ellas nos referiremos después[7].

---

[7] Gordon, Cyrus H., *Forgotten Scripts*, Pelican, Londres, 1971, págs. 68 y sigs.

Pero el fondo del interés no es solo esa relación Biblia/*Gilga-mesh*. Si un escrito tan antiguo prevalece hasta hoy, es por algo más. Lo que se dice en el *Gilgamesh* –sobre el poema se celebró el VII Congreso de Asiriología en París, en 1960, reforzando así una ya muy extensa bibliografía– perdura, porque en él se discuten las grandes cuestiones que aún, y seguro que para siempre, conmueven al ser humano: el amor y el odio, la vida y la muerte, el trato con los demás animales de la creación. Surgen así en toda su belleza y tragedia la condición humana, el afán de trascendencia, la búsqueda de la inmortalidad, y la relación con los poderes ocultos de la divinidad.

Ante el problema de la vida y de la muerte, nos recuerda Alain Marchadour, al final, puede haber un sentimiento de resignación, no total, sino contenida. Es precisamente lo que en el viejo poema se manifiesta, con expresión absolutamente maravillosa:

> *La humana condición es tener los días contados;*
> *se haga lo que se haga, ¡todo es viento!*
> *Si ya desde ahora tienes miedo a la muerte,*
> *¿para qué (entonces) la superioridad de tu valentía?*[8].

El personaje al que iban dirigidas esas palabras era precisamente Gilgamesh, quien, según las referencias más solventes, pudo ser un rey de la ciudad de Uruk, en Mesopotamia; vivió durante el siglo XXVIII a.C., en el *filum* de la llamada quinta dinastía posdiluviana.

Gilgamesh llegó a ser famoso en su tiempo –se dice– por las grandes obras de mejora que introdujo en su reino, así como por su valor, inasequible a cualquier desazón. Además, se transformó en una figura legendaria por su sentido de la generosidad y de la amistad, hasta el punto de que llegó a elevarse a verdadero paradigma en la trama de sus relaciones con Enkidu –un joven de extracción popular–, con quien trabó el nexo más fraterno. En él vieron algunos el precedente de la relación entre Aquiles y Patroclo en la *Ilíada*.

---

[8] *Gilgamesh, op. cit.*, pág. 22.

Figura 68. La finalidad del hombre es trabajar; esa condición es permanente, a diferencia de los dioses. Fuera del Edén, el hombre trabajó con sudor de su frente, y la mujer parió con dolor.

Tenemos los días contados. Es lo que sentencia el gran poema. Y no precisamente contados por nosotros, porque el hombre no es libre ni para fijar su existencia natural. Está sometido al servicio de los dioses, a merced de sus volubles decisiones; como volubles son las fuerzas de la Naturaleza que en ellos se encarnan. En siete versos se especifica esa relación entre mortales e inmortales:

> *El hombre no tiene más que la condición humana;*
> *tras la bendición de Enil,*
> *los Anunnaki, los grandes dioses, celebran (consejo).*
> *Mamitu, que crea el destino,*
> *decide con ellos la vida y la muerte.*
> *De la muerte no revelan el instante,*
> *de la vida (solo) dejan conocer los días*[9].

4. El origen del hombre

Pero ese hombre que se estudia a sí mismo, que escatológicamente reflexiona seguramente desde siempre sobre su origen y su destino, y que por escrito lo hace desde cinco mil años atrás, por lo menos, ¿quién es? O, si se prefiere, podemos preguntarlo con palabras de Pierre Grelot, con las del título de uno de sus libros: *Hombre, ¿quién eres?*

---

[9] *Ibidem*, pág. 61.

También cabe plantear la cuestión de otra forma: ¿cómo llegó el hombre al mundo, de qué modo fue creado? En este sentido, en un texto babilónico de la misma región del Tigris y el Éufrates que el *Gilgamesh*, la llamada *Epopeya de Atrahasis*, del segundo milenio a.c., figura una particular «revelación» sobre el nacimiento de nuestra especie, y que explica la aparición de la humanidad como último recurso de los dioses para quitarse de encima las faenas más insoportables:

> ... cuando los dioses, a la manera de los hombres (de hoy),
> soportaban el trabajo y se sometían al esfuerzo.
> El esfuerzo de los dioses era grande,
> *pesado su trabajo, inmensa su angustia*[10].

Y para acabar con tanta penalidad –y con tanto estrés, que diríamos hoy–, el cónclave de los inmortales decidió que era perentorio crear a los hombres, para tenerlos como servidores. Y no hicieron a la nueva criatura textualmente «a su imagen y semejanza» –como después relató el *Génesis*–, sino que la materializaron con la carne misma de un dios sacrificado, y «con la arcilla de la tierra», al igual que luego sucedería en el relato bíblico con el soplo divino y el barro. La narración es también estremecedora, y lo esencial se reproduce seguidamente:

> – *¡Que se degüelle a un dios,*
> *y que todos los dioses se purifiquen en este baño!*
> – *¡Que con su carne y su sangre*
> *Nintu (la diosa-madre) mezcle un poco de arcilla,*
> *de forma que dios y hombre*
> *estén mezclados juntamente en la arcilla...!*
> – *¡Que por este signo se revele el hombre como viviente,*
> *para que no se olvide de que es un espíritu!*[11].

---

[10] Grelot, Pierre, *Hombre, ¿quién eres? Los once primeros capítulos del Génesis*, Verbo Divino, Estella, 1988.

[11] *Ibidem*, pág. 88. Sobre la interpretación antropológica de la creación del hombre y la sangre de los dioses: Baigent, M., Leigh, R., y Lincoln, H., *El enigma sagrado*, Martínez Roca, Madrid, 1985, especialmente págs. 57-86. También: Ambelain, Robert, *El secreto masónico*, Martínez Roca, Madrid, 1987.

Así nació el hombre: del barro. Hecho por los dioses, pero con su condición de mortal. En las más recientes teorías sobre el origen de la vida orgánica, insertas plenamente en la senda del evolucionismo, la arcilla vuelve a ser la base de todo lo viviente.

5. Del paraíso al este del Edén

Frente a tanta tensión y agobio como atiranta a la irreversible condición humana, cuya explicación buscamos en las simas de la historia, el ideal de perfección se convierte en un referente eterno y ubicuo, se le llame como se quiera. Y no se trata, simplemente, de una respuesta irracional frente a hechos todavía sin explicaciones comprensibles. Porque incluso cuando la razón se impone como criterio de todo, en el Siglo de las Luces, nos encontramos con que se recurre a un pretendido referente del pasado, al que se llama la «edad de oro»[12]. Al igual que en el mundo clásico grecolatino ya muy impregnado de la razón filosófica, se recurrió a la idea de la Arcadia[13].

En realidad, lo que se propone es una idea de contraste no reciente, sino que acompaña a la humanidad desde sus mismos orígenes, y que alimenta su tradición oral y escrita. A si lo pone de relieve el conocido estudioso de la historia de las religiones Mircea Eliade, con las siguientes palabras:

> Todo lo que sabemos acerca de los recuerdos míticos del paraíso nos ofrece la imagen de una humanidad ideal, que goza de una beatitud y de una plenitud espiritual que, en la condición actual del hombre caído, jamás podrán realizarse. En efecto, los mitos de muchos pueblos hacen alusión a una época muy lejana, en la que los hombres no conocían ni la muerte, ni el trabajo, ni el sufrimiento, y tenían al alcance de la mano abundante alimento. *In illo tempore*, los dioses descendían a la tierra y se mezclaban con los humanos; por su parte, los hombres podían subir fácilmente al cielo. Como consecuencia de una falta ritual, las comunicacio-

---

[12] Un tema al que nos referiremos *in extenso* en el capítulo 2 de este libro.

[13] Como espacio de costumbres sencillas y de buena práctica de la agricultura, en línea con las *Geórgicas* de Virgilio, que en España tradujo Fray Luis de León.

nes entre el cielo y la tierra se interrumpieron. Y los dioses se retiraron a las alturas. Desde entonces, los hombres deben trabajar para alimentarse, y han dejado de ser inmortales[14].

Esa idea de un mundo perfecto que existió una vez –o que incluso permanece oculto entre nosotros[15]– es lo que comúnmente conocemos con el nombre de «paraíso»[16].

La idea del paraíso, con todos los precedentes que se quiera, la encontramos perfectamente definida en el *Génesis*, cuando Yahvé decide la construcción del jardín del Edén[17], para que lo disfruten las dos criaturas recién nacidas a su imagen y semejanza, el hombre y su compañera, la mujer. Es un lugar privilegiado, preparado en todos sus detalles por la dedicación divina:

> Luego plantó Yahvé Dios un jardín en Edén, al oriente, donde colocó al hombre que había formado. Yahvé Dios hizo brotar del suelo toda clase de árboles deleitosos a la vista, y buenos para comer; y en medio del jardín, el árbol de la vida y el árbol de la ciencia del bien y del mal[18].

En ese escenario –no entraremos en los detalles bien conocidos–, es en el que la mujer y el hombre trasgredieron la recomendación divina de no «probar el fruto prohibido». Y como consecuencia de su desobediencia, se produjo la «primera caída», la primera de las condenas de la divinidad contra el género humano. La sentencia entonces pronunciada se recuerda en el lenguaje popular de hoy, apartándose muy poco de la literalidad de la Biblia, en las palabras de la expulsión del paraíso, por la puerta que daba al Este del Edén:

---

[14] Eliade, Mircea, *El mito del eterno retorno*, Planeta-Agostini, Barcelona, 1985, pág. 11.

[15] Por ejemplo, el Shangri-La de *Horizontes perdidos*, la novela tan influyente de James Hilton, que sitúa el paraíso en un valle de la cordillera del Himalaya. O el caso, también muy difundido, de Henry Rider Haggard, con su reino escondido de *Las minas del rey Salomón*.

[16] Según Roque Barcia (*Diccionario general etimológico*, Seix Barral, Barcelona), «paraíso» viene del caldeo *parades*, vergel, huerto de frutales.

[17] Del hebreo *edn*, jardín (Roque Barcia, *op. cit.*). En el norte del Líbano hay una población con ese nombre.

[18] *Génesis*, 2, 8 y 9. La versión que utilizamos es la de la *Biblia de Jerusalén*, Editorial Española Desclée de Brower, Bilbao, 1969, pág. 12.

«Parirás a tus hijos con dolor», dicho a la mujer. Y «ganarás el pan con el sudor de tu frente», dicho al hombre.

Y conjuntamente para los dos, para siempre quedó marcado el recuerdo del origen, y el anuncio del destino último inexorable: «Polvo eres, y en polvo te convertirás».

Se acabó la inmortalidad. Se terminó el paraíso. Todo sucedió de forma no tan distinta a como fue narrado antes en el *Gilgamesh*, del cual traemos aquí las frases esenciales, de cuando el joven rey de Uruk perdió la planta de la eterna juventud por la astucia de un maligno que, al igual que en el *Génesis*, asumió la imagen de serpiente:

Entonces Gilgamesh vio una fuente de aguas frescas
cuando bajó para lavarse en sus aguas.
Una serpiente que había olido el olor de la planta
silenciosamente salió (de la tierra) y se llevó la planta.
Inmediatamente mudó sus escamas.
Desde entonces, Gilgamesh, inmóvil, sigue llorando:
sus lágrimas corren por sus mejillas.
Dijo a Urshanabi, el barquero:
«¿Para quién, entre los míos, mis brazos se cansaron?
¿Para quién, entre los míos, la sangre de mi corazón corrió?
Ni siquiera pude asegurar mi propio bien.
Es al león del suelo (a la serpiente) al que he favorecido»[19].

Pero si los dioses, o Dios, eran justicieros para con la maldad del hombre, y aun diferenciando el gran salto adelante que hubo entre el sadomasoquismo –diríamos en el lenguaje de ahora– de las divinidades de Mesopotamia, por comparación con el Dios de los hebreos (que ya crea al hombre «a su imagen y semejanza» y sin pedir más servicio de él que ser ensalzado), lo cierto es que después del castigo vino la pacificación. Incluso la promesa de la alianza.

No podía ser de otra forma. Si no, inevitablemente habría llegado el final de la historia. Lo que también se recoge en la sabi-

---

[19] *Gilgamesh, op. cit.*, pág. 69.

duría popular con una frase bien expresiva: «Dios aprieta... pero no ahoga».

Al menos por dos veces se produjo el gran perdón, para que la vida pudiera proseguir. La primera, tras la expulsión del Edén, cuando, traspasada ya la puerta del jardín, se le anunció al hombre y a la mujer que un día serían redimidos.

Pero ese anuncio de redención se refleja en la propia escritura. Ha de recurrirse a la interpretación que hace John Milton, en su gran poema *El paraíso perdido*, cuando desarrolla los lacónicos versículos del *Génesis*, para explicar que no todo se había perdido al transformarse el jardín del Edén en polvoroso desierto. Y no solo porque se profetizara la victoria final del Hijo y la renovación de toda la Naturaleza creada, sino también porque el hombre se independiza, asume su libertad, y la mujer le acompaña. Los versos, la voz de Eva, son igualmente esclarecedores en esta obra inmortal del siglo XVII:

> Pero muestra el camino,
> que por mí no hay demora;
> *ir contigo es igual que estar aquí;*
> *quedarme aquí sin ti sería como partir sin querer;*
> *para mí tú eres todo cuanto existe bajo el Cielo,*
> *tú eres todos los lugares, tú a quien por*
> *mi delito voluntario han desterrado.*
> *Sin embargo, al salir de este lugar,*
> *me llevaré segura este consuelo;*
> *aunque por culpa mía se ha perdido todo,*
> *se me ha otorgado este favor,*
> *si bien que inmerecido, que de mí*
> *nacerá el linaje prometido,*
> *que ha de venir a restaurarlo todo*[20].

---

[20] Milton, John, *El paraíso perdido*, edición de Esteban Pujals, Cátedra, Madrid, 1986, pág. 507. Puede verse la obra completa de Milton en *Complete English Poems, of Education, Areopagitica*, edición de Gordon Campbell, Dent & Sons, 4.ª ed., Londres, 1990. Insistimos por lo menos aquí en la reivindicación de Eva como origen de la rebeldía, hasta abrir con su pecado la puerta de la verdadera naturaleza humana. Sobre este tema hay consideraciones de interés, entre ellas las de P. Bakunin en *Dios y el Estado*, Proyección, Buenos Aires, 1975, pág. 7.

En la transformación del jardín del Edén en un páramo, han visto algunos la explicación del fenómeno telúrico –y hoy impulsado por el hombre– de la desertificación. Pero el conflicto entre divinidad y humanidad sirvió también para explicar otros males, que cíclicamente afectan a los mortales. Un castigo este ciertamente que, en su caso máximo el Diluvio, supuso una amenaza casi total. Como la que se anuncia hoy con el calentamiento global, el efecto invernadero y la subida potencial de las aguas del mar. Lo cual, para algunos escépticos, es como un mito a la inversa de cara al futuro. En cualquier caso, en el capítulo 7 volveremos sobre ambos temas. Pero antes nos queda mucho camino; y del paraíso perdido (como raíz), pasaremos, en el capítulo 2, a la tierra de promisión como expectativa.

6. Desde el este del Edén

Las escrituras dan a entender que, tras la salida del Edén, ya con una existencia diferente, de libre albedrío conquistado primeramente por la mujer, y con una nueva condición humana de muerte y necesidad, se busca el nuevo asentamiento para la vida.

El paraíso quedó atrás; lo que está por venir, lo que se busca en un telúrico nomadismo, es una tierra en la que trabajar y tener hijos, es vivir, en suma, al ritmo de las estaciones y de los ciclos de las cosechas.

Esa nueva vida no es tan mala. Se sufre, pero precisamente por ello, también hay alegrías. Ya no es todo una historia plana de felicidad. Lo que sucede, sin embargo, es que la necesidad genera el conflicto, la lucha de intereses. Con el tiempo, unos devienen siervos, criados; y los otros, señores. Unos tienen tierras y ganados, otros solamente sus brazos.

Y colectivamente, sucede lo mismo. Hay una búsqueda por el pueblo elegido, y todos lo son: de la tierra prometida, de mayor abundancia de bienes, de recolecciones aseguradas de grano, de hierba verde para los animales, de frutos brindados por las arboledas. Y en su andadura, la especie humana llegará a encontrar, en ocasiones, la tierra de promisión. Y en ella construye sus ciudades, labra sus campos, crecen las familias. Hasta que las propias luchas que surgen entre los hombres dan que pensar a los dioses, a Yahvé; y promueven la decisión de intervenir, poniendo en peligro la existencia de la humanidad. Fuera del paraíso, va a ser difícil que el hombre encuentre la paz.

De las amenazas que surgieron en la noche de los tiempos, la más grave, en todos los mitos humanos, fue el Diluvio, origen a su vez, como veremos, del «Pacto del Arco Iris».

7. La ubicuidad del Diluvio y su interpretación

Por escrito, el Diluvio Universal, hasta donde sabemos, se narró por primera vez, y de forma pormenorizada, en el *Gilgamesh*, escrito entre los años 2500 y 2300 a.C.; o sea, con un milenio y medio de anterioridad respecto del tiempo en que se supone se consolidó la versión más extendida del *Génesis*.

El Diluvio en el *Gilgamesh* es el relato que al joven rey de Uruk le hacen en su largo viaje en busca de la inmortalidad. Es Utnapishtim quien cuenta la historia, empezando por evocar cómo la maldad de los hombres provocó el castigo de los enfurecidos dioses.

En la leyenda precursora del Noé bíblico, el primer navegante elegido de los dioses pertenece al linaje de Ubara-Tutu y habita en una ciudad de nombre Shurupak. A él y a sus allegados se les avisa, con breve antelación, de que habrá un diluvio total. El trance figura en la siguiente transcripción:

> *Hombre de Shurupak, hijo de Ubara-Tutu,*
> *destruye tu casa, construye un barco,*
> *renuncia a las riquezas, no busques ya más,*
> *desprecia los tesoros si quieres salvar la vida;*
> *embarca en el barco todas las especies vivas.*
> *El barco que tienes que construir,*
> *que sus medidas estén bien calculadas*
> *(de modo que) se correspondan su largura y su anchura;*
> *cúbrelo de un techo como el Abismo[21].*

---

[21] *Gilgamesh, op. cit.*, pág. 62.

La narración del Diluvio significó mucho en todo el área de influencia del poema mesopotámico, para el sentido de la vida y sus avalares en aquellas generaciones humanas. Todavía hoy, supone una interpretación útil de nuestra primera historia.

Recordemos al respecto que una leyenda, como dice Pierre Grelot, es «un almacén de recuerdos históricos»; y en ese sentido, el Diluvio, visto desde nuestro tiempo, es sin duda la evocación de la lucha del hombre contra las aguas en la región del Tigris y el Éufrates. Dos grandes corrientes que siempre constituyeron, por sus crecidas, el origen de toda clase de calamidades, que llegaban a amenazar la propia vida del hombre y de las demás especies.

El Diluvio sería la máxima crecida, la inundación de toda la planicie, que la arrasó. Solo los avisados por los enfurecidos dioses de los ríos, que tuvieron la sabiduría –divinizada en la leyenda– de buscar refugio, pudieron salvar sus vidas y haciendas.

Y si la leyenda explica las crecidas, el mito latente en ella es la interpretación de las relaciones entre la humanidad y las fuerzas cósmicas, absolutamente incontrolables.

Los dioses eran la Naturaleza reinante y benefactora: desde el Sol y la Luna, a la lluvia y la fertilidad. Pero también eran la Naturaleza desatada, sin barreras a su fuerza, avasalladora: el viento huracanado, los cauces desbordados, la sequía exterminadora, el fuego aniquilador. Todo un comportamiento, inexplicable entonces por causas naturales, que acababa imputándose a los dioses. Los cuales, al encarnarse en tan poderosas manifestaciones, lo que hacían era castigar a los humanos.

Del Diluvio hay referencias todavía más sorprendentes que las del *Gilgamesh* y el *Génesis* que acabamos de mencionar. Hasta el punto de que las numerosas remembranzas nos ponen de relieve, como en tantas otras cosas, la existencia de un *substratum* común a todos los humanos. Así lo evidencian los testimonios sobre la idea de la «gran lluvia» entre los antiguos mexicanos y ciertos pueblos polinesios. El gran historiador italiano Cesar Cantú, en su admirable *Historia universal*, de 1838, se refiere al testimonio de Humboldt sobre el Diluvio que a continuación se transcribe:

Los Tlaxcaltecas y Aztecas recordaban en diversas pinturas el diluvio y la dispersión de los pueblos; y para expresar la confusión de las lenguas, inventaron el símbolo de una paloma posada sobre un árbol; dando a cada uno de los hombres, hasta entonces mudos, una lengua distinta, por lo cual se dispersaron las quince familias[22].

Asimismo, Cantú recoge las versiones de los viajeros de la Polinesia sobre el nacimiento de Eva y el propio Diluvio:

> Contábase en Tahití que Dios había infundido sueño al primer hombre, para arrancarle una costilla; de la que se formó la primera mujer. Y que el género humano fue sumergido por un diluvio, del cual solo un hombre pudo salvarse. Fácil sería decir que estas ideas las han aprendido de los misioneros o navegantes; mas en tal caso, ¿por qué no recuerdan nada de lo perteneciente al Nuevo Testamento?[23].

La explicación de esas coincidencias es sumamente difícil, e indica, seguramente, la existencia de intrincados nexos de relación entre los pueblos que todavía son difíciles de detectar, y que se expresaban en tradiciones orales de las que hoy no podemos tener una idea cabal. Una explicación ingenua de esas relaciones inescrutables es la que Moctezuma dio a Hernán Cortés. El testimonio del propio conquistador en una de sus cartas es realmente impresionante, al recoger las palabras del emperador azteca:

> Por muchos libros sabíamos que aunque habitamos estas regiones, no somos indígenas, sino que procedemos de otras tierras muy distantes. Sabíamos también que el caudillo que condujo a nuestros antepasados regresó al cabo de algún tiempo a su país nativo, y tornó a venir para volverse a llevar a los que se habían quedado aquí; pero ya los encontró unidos con las hijas de este país, teniendo numerosa prole, y viviendo en una ciudad que ellos mismos se habían construido, de manera que la voz del caudillo fue desoída y tuvo que volverse a marchar solo[24].

---

[22] Von Humboldt, Alexander, *Vue des Cordiliéres*, 1.2; citado por Cesar Cantú en su *Historia universal* (primera edición en 1834), versión española de Gaspar y Roig, Madrid, 1854, tomo I, pág. 27.

[23] Cantú, Cesar, *Historia universal, op. cit.*, pág. 28.

[24] Hernán Cortés, *Primera carta*, citado por Cesar Cantú, en *Historia universal, op. cit.*, pág. 28.

8. La gran «Alianza del Arco Iris»

Veíamos antes cómo el primer perdón –fuente de esperanza– se produjo tras la primera caída, al transformarse el paraíso en un desierto. Hubo, tiempo más tarde, una segunda caída, la identificada con las motivaciones del Diluvio, al que acabamos de referirnos. Y después de tan gran suceso, según el *Génesis*, se hizo explícito el mandato de Yahvé a los hombres recién salvados de las aguas:

Vosotros, pues, sed fecundos y multiplicaos;
pululad en la tierra y dominad en ella[25].

Lo que la sabiduría popular sintetiza en el célebre «Creced y multiplicaos, y dominad la tierra», es el gran «mensaje bíblico natalista» que tantas veces se esgrime en nuestro tiempo, en la llamada «defensa de la vida» ante cualquier instancia, incluido el siempre problemático tema del aborto. Y, sobre todo, en la idea de que no es menester frenar el crecimiento demográfico que Dios preconizara según esa interpretación del *Génesis*.

Pero tal argumentación puede estar viciada. Y cuando hoy se olvidan tantas cosas, aparte de otros razonamientos, cabría valorar el fondo del mensaje bíblico: hágase el recuento de la población humana en la circunstancia posdiluviana: no más de ocho personas, Noé y sus tres hijos –Sem, Cam y Jafet–, con sus respectivas mujeres. Cosa bien diferente del planeta de nuestro tiempo, que albergaba, en 1992, a 5.500 millones de habitantes.

Pero, aparte del mandato pretendidamente natalista, lo indicábamos antes, tras el Diluvio quedó sellado el acuerdo de Yahvé con los hombres, que se sintetiza en los versículos del *Génesis* en los que Dios asegura y promete[26]:

Establezco mi alianza, con vosotros,
y no volverá nunca más a ser aniquilada toda carne
por las aguas del diluvio,
ni habrá más diluvio para destruir la tierra.

[25] *Génesis*, 9, 6.
[26] *Ibidem*, 9, 12.

Nos encontramos así ante una primera enunciación del principio de conservación de la «diversidad biológica», de la riqueza de vida del planeta en sus miríadas de especies. No es extraño, pues, que ya en pleno siglo XX resurgiera la imagen del Arca de Noé para hacer referencia a lo que la amenazada Amazonia representa como arca de nuestro tiempo, si se aspira a asegurar la preservación de la biodiversidad. Y, como veremos después, también como «nave espacial» de cara al futuro[27].

El pacto posdiluviano quedó representado para siempre con su propio emblema:

Cuando yo anuble de nubes la tierra,
entonces se verá el arco en las nubes.
Y dijo Dios a Noé: esta es la señal de la alianza
que he establecido,
entre yo y toda la carne que existe sobre la tierra[28].

Fue el «Pacto del Arco Iris». Y en nuestro tiempo evoca su emblema –recordándose la promesa de no destruir la Tierra– todo el movimiento ecologista, e incluso las organizaciones políticas (los partidos verdes) que se asocian a la idea de conservar la naturaleza. Mucha gente, al ver esa imagen del arco iris, no sabe que está volviendo a contemplar el símbolo de la gran alianza entre Yahvé y Noé.

Pero el pacto no quedó constreñido a una promesa de no destrucción. Se iría después reforzando, no con la devolución del paraíso, pero sí con la oferta firme, esta vez solemne, de una «tierra de promisión». La tierra prometida por Yahvé a Moisés, como un semiparaíso –un *second best*, como dicen hoy los anglosajones– al cual llegar tras una larga travesía del desierto. Y del mito del paraíso se pasa así al proyecto de un lugar de felicidad, posible de encontrar aunque fuera con dificultades.

La primera tierra de promisión fue Palestina, para Moisés (luego dividida entre el norte, Israel, y el sur, Judea). Expulsados de ella los judíos en el siglo I de nuestra era por el emperador Tito,

---

[27] Del tema de la biodiversidad nos ocupamos con alguna extensión en el apartado 13 del capítulo siete.
[28] *Génesis*, 9, 13.

la vuelta a la tierra prometida sería en lo sucesivo la aspiración milenaria de los israelíes, en este caso con el sufrimiento de otro pueblo, el palestino.

Figura 69. El Pacto del Arco Iris entre los hombres y Yahvé, después del diluvio universal, marcó la Alianza del Arco Iris entre el hombre y Dios para preservar la Tierra.

Otra gran tierra prometida, para poblaciones de muy distintos orígenes y religiones, lo serían desde el siglo XIX –lo veremos en el apartado 8 del capítulo 3– los Estados Unidos de América. Como ahora, al final del siglo XX, lo es también la propia Comunidad Europea para los países que se sitúan al este y al sur de lo que en ellos se piensa que es el Edén.

9. Ciclos, plagas y Apocalipsis

Pero, aparte del Diluvio, habían de llegar otras muchas penalidades para los humanos, que también fueron objeto de relato en los textos antiguos. Cronológicamente, el primero de los que se tiene conocimiento es la ya mencionada *Epopeya de Atrahasis*, del segundo milenio a.C. Los dioses, molestos, de tiempo en tiempo deciden que la humanidad debe ser aniquilada, o cuando menos maltrecha. A intervalos de mil doscientos años envían plaga tras plaga, la peste, el hambre y, como final de todas ellas, el diluvio universal[29].

Vemos aquí enunciada la prefiguración de las «siete plagas de Egipto», de la secuencia cambiante de los años de vacas flacas y de vacas gordas, que todavía hoy se rememora como primer antecedente explicativo de lo que llamamos «ciclos económicos». Fluctuaciones que, neciamente, en las etapas de prosperidad se piensa que ya no volverán. Pero, tras el auge, llega la crisis, la recesión, e incluso la depresión. A pesar de toda su sabiduría acumulada, la humanidad no se libra del castigo cíclico[30].

Incluso, más allá del ciclo, retorna la posibilidad del holocausto final (¿qué fue la destrucción de Sodoma y Gomorra, de la que hay una narración estremecedora en el *Génesis?*):

Abraham dirigió la vista en dirección a Sodoma y Gomorra,
y de toda la región de la vega.
Miró, y he aquí que subía una humareda de la tierra...[31].

Con frecuencia, se ha evocado la historia de Lot como un precedente a considerar de cara a un posible holocausto nuclear. En la década de 1980, se prefiguró, por simulación de ordenador, a través del modelo TAPPS, lo que podría ser el gran holocausto final, en forma de destrucción atómica que ocasionaría el célebre «invierno nuclear», que, de haberse producido un día, habría cambiado el clima del planeta, poniendo en peligro la vida misma en su globalidad[32].

Pero las amenazas no se terminan con las hipótesis Lot/modelo TAPPS. En la misma Biblia, en el Viejo y en el Nuevo Testamento, se hace referencia a toda otra suerte de calamidades. Y según San Juan, al final de ellas llegarían los cuatro jinetes[33], que saldrían cuando el Cordero abriera un cerrojo tras otro –como

---

[29] Grelot, Pierre, *Hombre, ¿quién eres?, op. cit.* en nota 9 del capítulo 1, pág. 14.

[30] Así lo supo ver Joseph Schumpeter, al sistematizar las teorías sobre los ciclos económicos en su libro *Business Cycles,* un clásico de los años treinta aún no vertido al español.

[31] *Génesis,* 19, 28.

[32] Puede verse la versión española de *Frío y oscuro. El invierno nuclear* en Alianza Editorial, Madrid, 1984.

[33] Popularizados por Vicente Blasco Ibáñez, en su célebre novela *Los cuatro jinetes del Apocalipsis,* en la cual les convirtió en los protagonistas simbólicos de la Gran Guerra europea (1914-1918).

Figura 70. Tercer libro sobre medio ambiente del autor, en el que se da continuidad al desarrollo del sistema de recortes de emisiones de GEI hasta la propia COP-13, de Cancún, México. En esta ya empezó a vislumbrarse cuál sería el dispositivo del Acuerdo de París de 2015.

la Caja de Pandora–, hasta llegar al «séptimo sello» (que Ingmar Bergman evocó en su gran filme). Antes de que la divinidad convocara a todos a librar su gran batalla de las naciones (la «madre de todas las batallas», que dijo Sadam Husein durante la Guerra del Golfo en 1991) en Armagedón. Una lucha que terminaría con el triunfo definitivo sobre el espíritu del maligno, de lo que representaba Babilonia (¿en realidad, Roma?).

Hubo dos grandes apocalipsis bíblicos, dos mensajes proféticos de máxima envergadura: el de Daniel, y el atribuido a San Juan, que acabamos de rememorar. El primero hacia el año 164 a.C., como reacción frente a la persecución del monarca helenístico Antíoco IV contra los judíos. Y el segundo, el Apocalipsis por excelencia, atribuido a San Juan, y que como afirma nuestro teólogo José María González Ruiz, fue un «manifiesto contra la opresión del Imperio Romano», como respuesta ante la segunda diáspora del pueblo judío ya en nuestra era.

Étienne Garpentier, en su libro *Para leer el Antiguo Testamento*, nos recuerda que en el lenguaje corriente, «apocalipsis» se ha hecho sinónimo de «catástrofe», de «oscuridad». Pero también es «luz», «esperanza». «Apocalipsis» viene del verbo griego *apo-kalyptein*, que se tradujo al latín por *re-velare*, es decir, «quitar el velo»[34].

En otras palabras, y siguiendo a Carpentier, el Apocalipsis equivaldría a «sostener la esperanza del pueblo en un momento dramático, cuando Dios aparta el velo, revelando el fin dichoso de la historia mediante la victoria de Dios»[35]. En esa observación,

---

[34] Carpentier, Etienne, *Para leer el Antiguo Testamento*, Verbo Divino Estella, 1981, pág. 89.
[35] Precisamente, la versión inglesa por excelencia de la Biblia, la del rey Jaime, no titula el libro de San Juan como *Apocalipsis*, sino como *Revelación*.

Carpentier coincide con Mircea Eliade, cuando a modo de síntesis este nos dice:

«Por curioso que parezca, ese mito era reconfortante. En efecto, el fuego renueva al mundo; por él será restaurado un mundo nuevo, sustraído a la vejez, a la muerte, a la descomposición eterna; los muertos se levantarán, la inmortalidad llegará a los vivientes y el mundo se renovará a pedir de boca.»[36]

En nuestro tiempo, también hay manifiestos que recuerdan a los apocalipsis del pasado, sugerencias no tanto sobre la condena del sentimiento moral avieso de los hombres como sobre el dramático proceso de destrucción de la biosfera por asumir los métodos productivistas más depredadores contra la naturaleza.

A fin de cuentas, el planeta en que vivimos, en su conjunto, es un «Navío Espacial Tierra»[37], que en su viaje indefinido a través del universo, puede preservar a toda la humanidad y a las demás especies vivientes. Pero que está permanentemente amenazado por la agresión humana a la biosfera, que, como hemos visto, hunde sus raíces en los mitos del pasado. Este es, precisamente, uno de los grandes temas de hoy, por no decir el primero. Así lo ponemos de relieve en el capítulo 7 de este libro: hoy, tenemos ante nosotros, silente pero pavorosa, una «guerra mundial», no declarada, de la humanidad contra la naturaleza.

Pero de aquí a ese capítulo 7 aún hemos de transitar por una senda que sigue un cierto hilo conductor: el paso del paraíso perdido, o de la tierra de promisión, a la utopía construible. Eso es lo que precisamente hacemos en el capítulo 3.

---

[36] Eliade, Mircea, *El mito del eterno retorno, op. cit.*, pág. 114. Recordemos aquí que «escatología» viene del griego *escatos*, «destino final», y logas, «estudio» o «tratado». Por tanto, escatología es el estudio del destino final del hombre; o si se prefiere, del sentido de la vida.

[37] La expresión es del economista norteamericano J. K. Boulding.

Capítulo 9
París 2015: un acuerdo para el mundo[1]

1. El inicio de la Cumbre de París

Por fin, la tan esperada COP-21 se inauguró el 30 de noviembre de 2015, bajo la presidencia del ministro de Asuntos Exteriores de Francia, Laurent Fabius. Este, ciertamente, supo elegir un método conveniente para llegar a un consenso final, sobre la base de llegar a París con un gran volumen de trabajo ya hecho para la fase final de la COP-21: 186 países (de los 195 participantes) se presentaron en la capital francesa con sus compromisos nacionales ya entregados a la Secretaría de la Convención Marco sobre el Clima, en cuanto a reducción de emisiones de GEI; y con la inclusión de toda una serie de medidas adicionales de adaptación, etc. En el cuadro 1 figuran los objetivos de los diez principales contaminadores.

Además, Fabius convocó a los presidentes de Estado y de Gobierno para sus discursos el primer día y no para el último con el lógico propósito de asegurar que habría suficiente tiempo para la negociación del Acuerdo. Por lo demás, el ambiente de gravedad y responsabilidad de los atentados reinante en París, por la matanza islamista del anterior 13 de noviembre, influyó en que el trabajo quedara cumplido –con todas las imperfecciones que luego veremos– el 13 de diciembre, superándose de ese modo las previsiones más agoreras[2].

En paralelo a los esfuerzos de Fabius –y de toda la diplomacia gala–, Francia tuvo una excelente delegación en la Conferencia,

---

[1] Capítulo 4 de *Frente al apocalipsis del clima*, Profit, Barcelona, 2016.
[2] Gabriela Cañas, «Laurent Fabius, el cerebro del pacto», *El País*, 13-XII-2015.

Figura 71. Cuarto y último (¿por ahora?) libro del autor sobre medio ambiente, con un análisis detallado del Acuerdo de París de 2015, alcanzado en la COP-21 en la capital francesa y que, oficialmente, entró en vigor en 2020, al tiempo que concluía –prácticamente solo en Europa– la aplicación del Protocolo de Kioto.

en la ex candidata a la presidencia de la República, la ministra de Medio Ambiente Ségolène Royal, responsable de la acción ambiental del Gobierno francés, que ya se situó en París con una serie de decisiones adoptadas para la *transición energética* hacia una *economía verde*. Y, además, como presidenta de la delegación francesa en la Cumbre del Clima, Royal concurrió a la gran cita internacional con todo un expediente de trabajos realizados en su propio país: una ambiciosa ley de promoción de renovables, otra de ahorro de energía y, adicionalmente, disposiciones concretas sobre edificios eficientes; sin olvidar el *techo* puesto a la energía nuclear (del 50 por 100 de la electricidad generada frente a la situación actual de casi el 80 por 100). He aquí algunas previsiones de Royal, extraídas de una entrevista sobre el tema[3]:

—Francia ha querido llegar aquí como modelo de transición energética. ¿Lo ha conseguido?

—Tenemos la credibilidad de haber aplicado lo que esperamos como punto de salida de la COP21. Este es un raro país que ha aprobado ya el precio del carbono para 2020 y para 2030 y que obliga por ley a las empresas a integrar el riesgo climático y las inversiones verdes en su balance.

—Fuera no se entiende bien su posición en energía nuclear.

—La posición está contenida en la ley. La energía nuclear no emite carbono, pero implica otros problemas: los desechos nucleares y la importación de uranio. La proporción de la nuclear es demasiado alta y necesitamos diversificar el modelo energético. Es lo que recoge la ley: la nuclear va a bajar del 75 por 100 al 50 por 100

---

[3] Gabriela Cañas entrevista a Ségolène Royal, «No podemos esperar 40 años a tener transportes limpios», *El País*, 9-XII-2015.

de la producción de electricidad, y la renovable debe elevarse al 40 por 100. Cuando se pongan en marcha nuevos reactores otros deberán cerrarse. Para Francia es una revolución.

—La transición energética francesa es una amenaza para la industria del petróleo y del automóvil. ¿Qué negociaciones mantiene con estos sectores?

—Hay que avanzar hacia el vehículo limpio. No se puede lamentar que haya miles de muertos por el calentamiento global y esperar cuarenta o cincuenta años para tener transportes limpios. Hay que reaccionar.

En la sesión inaugural de la Cumbre de París intervinieron algunas figuras mundiales, entre ellos el príncipe de Gales, especialmente invitado, quien hizo las siguientes consideraciones:

Al dañar el clima, nos convertimos en autores de nuestra propia destrucción. Y lo absurdo es que sabemos qué debe hacerse para evitar la catástrofe: la temperatura no puede subir más de dos grados, lo que ciertamente requerirá una drástica reducción de las emisiones de CO_2. Algo que puede hacerse, pues tenemos el conocimiento, las herramientas y los recursos económicos para ello.

Con solo renunciar al 1,7 por 100 del consumo global, bastaría para ponernos en el camino de una economía baja en carbono en el año 2030. Solo nos falta la voluntad[4].

Por lo demás, el 6 de diciembre de 2015, cruzando el ecuador de la Cumbre, el papa Francisco se dirigió a los líderes mundiales reunidos en París, y les formuló la pregunta: «¿Qué tipo de mundo queremos dejar a nuestros hijos?». Y lo dijo durante el rezo del Ángelus en la Plaza de San Pedro de Roma, con decenas de miles de personas presentes: insistió en que «por el bien de la casa común, de nosotros y de las futuras generaciones, en París deben acometerse todos los esfuerzos para mitigar el impacto del cambio climático y, al mismo tiempo, hacer frente a la pobreza, en lo que será un florecimiento de la dignidad humana». Un buen encargo, proveniente de quien fue firmante de la encíclica que en este libro hemos calificado de *Summa Ecologica*[5].

---

[4] «El príncipe Carlos: "lo único que nos falta es voluntad"», *El Mundo*, 1-XII-2015.

[5] Juan Vicente Boo, «¿Qué tipo de mundo queremos dejar a nuestros hijos?», *ABC*, 7-XII-2015.

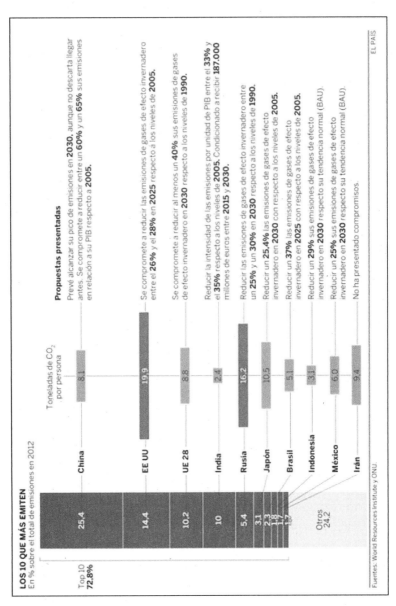

Aclaración a los compromisos. Rusia se manifestó con aparente ambición en sus compromisos: una reducción del 25 al 30 por 100 de sus emisiones de GEI para 2030, en comparación con 1990. Propuesta que se basa, en gran medida, en sus bosques –el 25 por 100 de la superficie forestal mundial–, como sumideros de carbono; lo que permitiría a los rusos no tener que cambiar radicalmente su modelo energético. Pero en contra de esa posibilidad, surge la advertencia del Instituto de Recursos Mundiales (WRI), que subraya la devastación que generan los incendios forestales en Rusia, que ha perdido 4,3 millones de hectáreas de promedio anual entre 2011 y 2013, lo que representa una cuarta parte de las mermas forestales de todo el mundo. Claro es que Rusia no es el único en incluir sus florestas a los efectos indicados: China, la Unión Europea y Suiza también han incluido tal efecto almacenamiento de CO_2 en el cálculo de sus emisiones netas. En cambio, Gabón, con el 88 por 100 de su territorio cubierto por bosque, no recurrió a esa contabilización. (Alexandre Pouchard, «Climat: à quoi États se sont-ils engagés avant la COP21?», *Le Monde*, 11.IV.2015.

Figura72. Ségolène Royal, ministra de Medio Ambiente de Francia, contribuyó activamente a la preparación de la Cumbre de París (COP-21), presentando a su país como modelo de transición a una *economía verde*, sobre la base de un amplio bagaje de nuevas leyes para el sistema productivo y la sociedad. Muchas de esas prescripciones se vieron alteradas por los efectos de la pandemia y, también, por la crisis energética que provocó la guerra de Ucrania.

Por su parte, el conocido ecólogo español Carlos Duarte, de su presencia en París durante la COP-21, destacó un aspecto poco comentado:

> La búsqueda de soluciones frente a las emisiones de CO_2, que se ha revelado como fuente de excelentes oportunidades económicas y de progreso tecnológico. Solo es necesario ver el despliegue de nuevas invenciones y tecnologías exhibidos en el espacio La Gallery del COP-21 para constatar cómo la necesidad de satisfacer nuestras necesidades energéticas, sin generar emisiones de gases de efecto invernadero, se ha convertido en un motor de innovación, produciendo desde LED capaces de generar iluminación brillante con bajo consumo, a sistemas de captura de CO_2: los países compiten desde sus pabellones por mostrar al mundo sus avances tecnológicos y las capacidades de sus empresas[6].

2. La coalición por una gran ambición

Según Miguel Arias Cañete, comisario de la UE para Energía y Clima –y de quien es básicamente el texto que sigue– un grupo de países, desarrollados y emergentes, fue decisivo para el éxito del Acuerdo: la Coalición de la Gran Ambición en París, cuya emer-

---

[6] Carlos Duarte, «La hora de las soluciones climáticas», *El Mundo*, 9-XII-2015.

gencia no fue un accidente, ni tampoco una alianza efímera[7]. En realidad, constituyó el plan maestro que Europa y sus aliados llevan diseñando para integrar, por un grupo de países desarrollados y en desarrollo, al unísono, una nueva dinámica de las negociaciones, a fin de alcanzar un acuerdo realmente *ambicioso* en París.

Para comprender el alcance de nuestro éxito en París –manifestó Arias Cañete, comisario de la UE para Energía y Cambio Climático–, es necesario entender por qué fracasó Europa en la Conferencia del Clima de Copenhague en 2009. Allí, en la capital danesa, la dinámica era de enfrentamiento. Dos bloques dividían al mundo entre países desarrollados y en desarrollo; ellos contra nosotros.

Desde aquel entonces, muchos fueron comprendiendo que el cambio climático no entiende de fronteras o divisiones, que el calentamiento global nos afecta a todos por igual: el mundo ha cambiado sustancialmente desde el Protocolo de Kioto en 1997, y en la actualidad, los países desarrollados causan el 35 por 100 del total de emisiones de GEI, y esta cifra sigue disminuyendo. En cambio, los países en desarrollo generan el 65 por 100 de las emisiones, y por ello mismo, sin ellos, no es posible frenar el cambio climático: fue el caso de China, India, Brasil, Suráfrica o Indonesia. En esa dirección, en la Conferencia de Durban de 2011, la UE y un número de países en desarrollo ejercieron presión conjuntamente para establecer una hoja de ruta (la Plataforma de Durban) hacia París.

Sobre esas bases, Europa y un pequeño grupo de países, desarrollados y en desarrollo, ricos y pobres, grandes y pequeños, se reunieron de forma discreta con un claro objetivo: apremiar a los mayores emisores a alcanzar el mayor nivel de ambición contra el cambio climático, asumiendo la idea de un objetivo a largo plazo, revisar los compromisos cada cinco años, adoptar reglas de transparencia y de rendición de cuentas y alcanzar un acuerdo justo de financiación. En la primera reunión de la Coalición había pocos países, pero se generó un sentimiento de pertenencia y cohesión, sin ser un grupo formal.

---

[7] Miguel Arias Cañete, «La Coalición de la Gran Ambición cambió la Cumbre de París», *El País*, 18-XII-2015.

Figura 73. Miguel Arias Cañete, ex ministro español de Agricultura y Medio Ambiente, y comisario europeo de Energía y Cambio Climático en la Comisión Europea, impulsor de la Coalición de la Gran Ambición en torno al Acuerdo de París de 2015.

Para engrosar la Coalición, Miguel Arias Cañete viajó a Papúa Nueva Guinea en el Pacífico, a Marruecos en África, y a Ecuador y Brasil en Iberoamérica, a fin de que el Grupo creciera y prosperara la idea de mayor ambición. Y ya en las negociaciones formales de París, el rumor de que un grupo compuesto por países desarrollados y en desarrollo exigía mucho más, se expandió, bautizándose la iniciativa como la Coalición de la Ambición.

En París, el martes 8 de diciembre, la UE *dio un golpe sobre la mesa*: anunció una alianza con 79 países de África, el Caribe y el Pacífico para exigir un acuerdo ambicioso. EE.UU. llamó a la puerta para unirse formalmente al grupo, y así nació propiamente la Coalición, que se recreció desde entonces, con muchos más otros países, incluyendo Brasil. Ante la gran expectación generada, el viernes 12, el penúltimo día de sesiones, todos los miembros de la Coalición entraron juntos en el plenario; fue la anticipación de que se alcanzaría un acuerdo histórico en el que hablando con una sola voz, Europa defendió un acuerdo ambicioso, aportando al mismo toda su experiencia de política climática efectiva, así como una tradición negociadora basada en la cooperación.

Tal como estaba previsto, el sábado 12 de diciembre de 2015 se aprobó, por aclamación, el texto del Acuerdo de París, con el que culminaron los trabajos de veintitrés años de trabajo, a partir de los propósitos esbozados en el Convenio Marco de las Naciones Unidas sobre Cambio Climático que se firmó en la Cumbre de la Tierra de Río de Janeiro en 1992; un texto que sigue siendo la referencia básica del nuevo instrumento internacional de París, para luchar contra el calentamiento global[8].

Las primeras celebraciones del *buen final* de la Conferencia en la capital francesa fueron todo un autoelogio, por los *grandes esfuerzos hechos y los esperanzadores resultados,* de lo que, en cualquier caso, fue efectivamente un acuerdo político de indudable envergadura. Claro es que del otro lado hubo posicionamientos sobre las insuficiencias del Acuerdo, con augurios de que todo va a ir de mal en peor en los problemas de calentamiento global y cambio climático. Y ante esa dicotomía dialéctica, lo más recomendable es el análisis en profundidad del propio Acuerdo, con todo lo que representa como conjunto de mecanismos para seguir negociando y operando en el futuro.

Por todo lo indicado –y sin renunciar a una serie de opiniones más adelante, a continuación, se hace un análisis del Acuerdo–, en una apreciación muy esquemática sobre lo conseguido en París, no cabe emitir juicios prematuros, teniendo en cuenta que los textos aprobados son de gran complejidad y no es posible despacharlos en pocos minutos o pocas líneas. Por ello, aquí, el autor se limitará a hacer una mera relación de lo que es una decisión de muy largo título en el acta final de la COP-21:

> Aprobación del Acuerdo de París, según la propuesta del presidente de la COP-21 (Laurent Fabius), con un proyecto de decisión emitido conforme a lo resuelto en el tema 4 b) del Programa de la COP-21: «Plataforma de Durban para una Acción Reforzada (decisión 1/CP.17): Aprobación de un protocolo, instrumento jurídico, o conclusión acordada, con fuerza legal, en el marco de la Convención, que sea aplicable a todas las Partes».

Sin perjuicio de una visión íntegra del Acuerdo con los comentarios del autor párrafo por párrafo en el caso del preámbulo, y de artículo por artículo para el Acuerdo propiamente

---

[8] El 22 de abril de 2016, coincidiendo con el Día Mundial de la Tierra, 177 países rubricaron el Acuerdo de París, aunque solo quince países ratificaron en esa fecha el documento. Se trata de Barbados, Belice, Fiyi, Granada, Maldivas, Islas Marshall, Mauritania, Nauru, Palau, Palestina, San Cristóbal y Nieves, Santa Lucía, Somalia, Samoa y Tuvalu. En adelante llegarán las demás ratificaciones, hasta 2020. Belén Tobalina, «¿Qué países han ratificado el Acuerdo del Clima de París?», *La Razón*, 1-V-2016.

Figura 74. Laurent Fabius (1946), político francés que fue primer ministro de Francia, de 1984 a 1986, con el presidente Mitterrand. Entre otras muchas actividades, y como ministro de Asuntos Exteriores, esta vez con el presidente Hollande, presidió la COP-21, en la cual se aprobó el Acuerdo de París de 2015 para el recorte de las emisiones de GEI para la descarbonización total en 2050.

dicho[9], lo que se hace a continuación es sintetizar el Acuerdo en una extensión equivalente, más o menos, al 20 por 100 del original.

Veremos, pues, los seis apartados (I a VI) del preámbulo o exposición de motivos, con una serie de mandatos de la COP-21, para luego ir al anexo de 27 artículos del Tratado.

Preámbulo

Se confirma, ante todo, la idea de preparar un nuevo Acuerdo conforme a lo establecido en la Plataforma de Durban, al ser el cambio climático una amenaza apremiante que exige remedio. Para ello, debe conseguirse el objetivo final de máxima elevación de la temperatura a 2°C; sin olvidar que de la lucha efectiva contra el cambio climático dependen numerosos derechos.

I. Aprobación[10]

Se aprueba formalmente el Acuerdo (1), a firmar en Nueva York (2), el 22 de abril de 2016, en una ceremonia de alto nivel (3). En tanto que la ulterior ratificación del Acuerdo debe hacerse a la mayor brevedad (4), con la conveniencia de aplicarse antes de su oficial entrada en vigor, concluyendo ya la labor del Grupo de Trabajo especial de la Plataforma de Durban (6).

---

[9] Es un texto muy largo para incluirlo en el libro, por lo cual, en caso de interés en ver completo ese texto, puede solicitarse, *gratia et amore*, al correo electrónico castecien@bitmailer.net.

[10] Desde aquí, en el análisis del Acuerdo, se incluyen, entre paréntesis, los números de los párrafos de cada apartado.

Se establece el Grupo de Trabajo Especial sobre el Acuerdo de París (GTEAP) (7), que preparará la COP-22 (a celebrar en Marruecos en 2016) (8), para lo cual supervisará el programa de trabajo *ad hoc* (9) y se informará a la COP sobre tales preparativos (10).

II. Contribuciones [compromisos nacionales de mitigación] previstas determinadas a escala nacional

La COP acoge las contribuciones nacionales (compromisos) ya realizadas de las Partes (12), y reitera la necesidad de presentar las contribuciones pendientes lo antes posible; antes de la COP-22 en 2016 (13).

Las contribuciones nacionales de las Partes se publicarán en la web de la Convención (14), y habrá apoyo por los países desarrollados y otras entidades a efectos de la preparación de las contribuciones nacionales pendientes de presentar a los países que lo necesiten (15).

Se hará un informe de síntesis sobre los efectos agregados de las contribuciones nacionales (16), y será necesario un mayor esfuerzo de las Partes para quedar por debajo de 2ºC e incluso 1,5: no sobrepasando los 40.000 millones de toneladas de CO_2 (17); previéndose también esfuerzos de adaptación del lado de los países en desarrollo (18).

La COP plantea a la Secretaría que publique el citado Informe de Síntesis antes del 2 de mayo de 2016 (19). Y la COP organizará para 2018 un diálogo de facilitación para hacer un balance de los esfuerzos desarrollados para alcanzar los objetivos a largo plazo (20). En ese sentido, la COP invitará al IPCC a que realice un informe especial en 2018 sobre efectos del calentamiento global por encima de una elevación de la temperatura en 1,5ºC (21).

III. Decisiones para hacer efectivo el acuerdo
Mitigación

La presentación de las contribuciones nacionales aún pendientes se hará en el momento de ratificación del Acuerdo de París hasta 2020 (22), y la presentación de nuevas contribuciones nacionales en 2020, y luego cada cinco años (23), previendo como horizonte 2030 y cinco años más después en cada presentación (24).

La presentación de las contribuciones nacionales debe facilitarse entre 9 y 12 meses antes de que se celebre la COP correspondiente mediante (25), y el GTEAP deberá estudiar y aprobar tales contribuciones nacionales (26). Lógicamente, las Partes, al presentar sus contribuciones nacionales, deben cumplir una serie de condiciones específicas y precisas metodologías, para contabilizar las emisiones antropógenas de GEI (27).

El GTEAP debe formular orientaciones para la claridad, la transparencia y la comprensión de las contribuciones nacionales (28), y el Órgano Subsidiario de Ejecución debe organizar los procedimientos y el registro público de tales contribuciones para que en su caso, la COP les dé su aprobación en 2016 (29), con la previsión de que el registro funcionará provisionalmente desde el primer semestre de 2016 (30).

El GTEAP debe elaborar orientaciones para las contribuciones nacionales, con toda una metodología detallada sobre emisiones y absorciones antropogénicas, según orientaciones muy minuciosas (31), que debe aplicarse por las Partes desde la COP-22 (32).

El foro organizado por los Órganos Subsidiarios estará al servicio del Acuerdo de París para valorar las repercusiones de la aplicación de las medidas de respuesta (33), y los mismos Órganos Subsidiarios recomendarán a la COP intensificar la cooperación entre las Partes con aumento del intercambio de información, experiencias, etc. (34), debiéndose evitar el doble cómputo en emisiones y absorciones de GEI (35).

En 2020 a más tardar, las Partes han de presentar a la Secretaría sus estrategias de desarrollo para bajas emisiones de GEI a largo plazo (36).

Las orientaciones del Órgano Subsidiario de Asesoramiento Científico y Tecnológico conducentes a evitar el doble cómputo en las contribuciones nacionales se aprobarán por la COP-22 (37), y también la COP recomendará para que se aprueben las reglas del funcionamiento del mecanismo para la mitigación de las emisiones de GEI y el desarrollo sostenible del Acuerdo, art. 6.4 (38), según reglas del Órgano Subsidiario de Asesoramiento Científico y Tecnológico para la COP-22 (39), y el mismo Órgano Subsidiario de Asesoramiento Científico y Tecnológico organizará un Programa de Trabajo para crear sinergias entre mitigación, adaptación, financiación, transferencia de tecnología y fomento de las capacidades (40), programa que deberá estar preparado para la COP-22 (41).

Adaptación

Se pide al Comité de Adaptación y al Grupo de Expertos para los Países Menos Adelantados que reconozca los esfuerzos que hacen los países más desarrollados en materia de adaptación (42). Comité que debe estudiar la labor de los arreglos, instituciones y metodologías, para aprobarlos, en su caso, para un Plan Trienal *ad hoc* (43).

La COP invita a los organismos de las Naciones Unidas que informen sobre sus acciones en relación con la defensa contra el cambio climático, y de resiliencia al clima (44), debiendo las Partes reforzar su cooperación regional mediante centros y redes regionales en los países en desarrollo (45).

La COP pide también al Comité de Adaptación y al Grupo de Expertos para los Países Menos Adelantados que a la COP-22 se le presenten las metodologías para facilitar la adaptación en los países menos desarrollados, con el apoyo del Fondo Verde (46). Fondo que apoyará a países menos desarrollados en sus planes nacionales de adaptación (47).

Pérdidas y daños

Se mantiene el Mecanismo Internacional de Varsovia para las Pérdidas y los Daños (48), que establecerá un centro de coordinación de la transferencia de riesgo, para facilitar los esfuerzos de su gestión (49).

En el Mecanismo de Varsovia habrá de establecerse un equipo de tareas que se complementa en el marco de la Convención, a fin de elaborar recomendaciones sobre efectos adversos del cambio climático (51), sin que los efectos adversos den lugar a ninguna indemnización, art. 8. Ac. (52).

Financiación

Los recursos financieros reforzarán la puesta en práctica de políticas y estrategias para hacer frente al cambio climático (53). Para lo cual la COP establecerá un nuevo objetivo colectivo cuantificado que será como mínimo de 100.000 millones de dólares anuales, teniendo en cuenta las necesidades y prioridades de los países en desarrollo (54).

Los recursos financieros tienen la mayor importancia para reducir las emisiones debidas a la deforestación y la degradación forestal, así como a promover la conservación y gestión sostenible de los bosques, y el aumento de las reservas forestales. En ese sentido, debe coordinarse el apoyo desde fuentes públicas y privadas, bilaterales, multilaterales (por ejemplo: Fondo Verde) (55), y será en el 22.º periodo de sesiones cuando se decida qué información han de aportar las Partes, para que la COP-22 lo apruebe (56). Información que se hará en debida forma (57), para ser estudiada por la COP en el 24.º periodo de sesiones (noviembre de 2018) (58).

Las entidades financieras estarán al servicio del Acuerdo de París (59): Fondo Verde para el Clima y el Fondo para el Medio Ambiente Mundial, entidades encargadas del funcionamiento del Mecanismo Financiero de la Convención, y el Fondo para los Países Menos Adelantados y el Fondo Especial para el Cambio Climático, administrados por el Fondo para el Medio Ambiente Mundial.

El Fondo de Adaptación también estará al servicio del Protocolo de Kioto y del Acuerdo de París (60), todo ello debidamente ajustado durante el periodo de sesiones de la COP-22 (61), y la COP orientará sobre el funcionamiento del Mecanismo Financiero (62).

Las orientaciones de la Convención sobre el funcionamiento del Mecanismo Financiero se aplicarán *mutatis mutandis* al Acuerdo de París (63) e igualmente estará al servicio del Acuerdo de París el Comité Permanente de Financiación (64). Habrá de mejorarse la coordinación de todas las instituciones en relación con los países en desarrollo y los Estados insulares (65).

Desarrollo y transferencia de tecnología

La COP tomará nota del Informe del Comité Ejecutivo de Tecnología (66), y deberá darse apoyo al I+D y también a las capacidades y tecnologías endógenas (67).

La COP-22 pedirá al Órgano Subsidiario de Asesoramiento Científico y Tecnológico que elabore el marco tecnológico para las evaluaciones de las necesidades de tecnología, el aumento del apoyo financiero, así como las tecnologías para la creación de entornos más propicios, para su examen y posible aprobación (68).

A los mismos efectos, el Comité Ejecutivo de Tecnología y el Centro y Red de Tecnología del Clima informarán a la COP (69) y también decide si evaluará periódicamente la eficacia e idoneidad del apoyo prestado al Mecanismo Tecnológico (70); como también la COP pide al Órgano Subsidiario de Ejecución que comience a definir el alcance y las modalidades de la evaluación periódica (71).

Fomento de la capacidad

Se crea el Comité de París sobre el Fomento de la Capacidad, para afrontar las carencias y necesidades, en pro de la mejora de las medidas de fomento de la capacidad de los países en desarrollo (72), que tendrá un programa de trabajo (73), así como un Plan de Trabajo para estudiar una serie de cuestiones concretas de sinergias, carencias y necesidades, herramientas y metodología, cooperación, etc. (74).

Cada año, el Comité de París sobre el Fomento de la Capacidad se centrará en un tema (75), para lo cual organizará anualmente una reunión *ad hoc* (76), debiendo elaborarse el mandato del Comité de París sobre el Fomento de la Capacidad para que la COP lo examine y apruebe en el 22.º periodo de sesiones (77). Las Partes opinarán sobre la composición del Comité de París y el Fomento de la Capacidad antes del 9 de marzo de 2016 (78). Opiniones que se recopilarán debidamente por el Órgano Subsidiario de Ejecución (79).

El Comité de París sobre el Fomento de la Capacidad tomará en consideración todas las aportaciones que se hagan sobre el fomento de la capacidad (80), e informará sobre los progresos logrados, en informe que se pondrá a disposición del Órgano Subsidiario de Ejecución (81), para que esos progresos sean estudiados en la COP-25 (noviembre de 2019) (82), debiendo incluirse para el fomento de las capacidades la educación y formación (84), en la idea, también, de reforzar la formación, sensibilización y participación del público.

Transparencia de las medidas

La COP establece una Iniciativa para el Fomento de la Capacidad de Transparencia a fin de ayudar a las Partes que son países en desarrollo a cumplir los requisitos reforzados de transparencia (85). Siendo el objetivo de la referida iniciativa fortalecer las instituciones nacionales, ofrecer herramientas y ayudar a mejorar la transparencia (86).

La COP pide al Fondo para el Medio Ambiente Mundial que respalde la Iniciativa para el Fomento de la Capacidad de Transparencia (87) y será la COP la que evalúe la aplicación de la mencionada Iniciativa (88), sin perjuicio de que haga lo propio el Fondo para el Medio Ambiente Mundial (89).

Habrá flexibilidad para que los países en desarrollo informen y sean examinados, lo que se reflejará en los procedimientos del caso (90). Información que los países menos desarrollados y los pequeños Estados insulares presentarán cada dos años como mínimo (91) y que el 24.º periodo de sesiones se ajustará según las observaciones del GTEAP (92), subrayándose la importancia de facilitar la mejora de la presentación de la información, en términos de transparencia, evitar duplicaciones, mantener la frecuencia, evitar el doble cómputo, y garantizar la integridad ambiental (93).

Al respecto, la COP pide al GTEAP que tenga en cuenta las experiencias pertinentes en materia de informes y sus exámenes (94), así como otras cuestiones debidamente especificadas (95), en todo lo cual ha de fomentarse la transparencia (96), debiendo concluir esa tarea en 2018 (97).

Recomendaciones todas ellas que deben cumplirse hasta que entre en vigor el Acuerdo de París (98), con las modalidades de transparencia existentes, a recopilar después de los últimos informes bienales de actualización (99).

Balance mundial

Finalmente, el GTEAP debe especificar las fuentes del balance mundial de la aplicación del Acuerdo de París; y la COP debe examinar y aprobar esa información, cuyas fuentes se detallarán minuciosamente (100), como también el Órgano Subsidiario de Asesoramiento Científico y Tecnológico debe tener conocimiento del balance mundial (101), debiendo el GTEAP elaborar las modalidades del balance mundial para que finalmente las apruebe la COP (102).

Facilitación de la aplicación y el cumplimiento

El Comité de Expertos que se crea en el artículo 15.2 del Acuerdo de París estará integrado por 12 miembros de reconocida competencia, con representación geográfica equitativa, incluyendo representantes de los pequeños Estados insulares en desarrollo, y otro de los países menos adelantados (103). Las modalidades del Comité de Expertos se elaborarán por el GTEAP (104).

Cláusulas finales

La COP pide a la Secretaría la publicación de información lo más actualizada posible sobre el agregado total de las emisiones de GEI comunicadas por las Partes en la Convención (105).

IV. Acción reforzada en el periodo anterior a 2020

La COP velará por que el esfuerzo de mitigación en el periodo 2016- 2020 sea lo mayor posible, según una serie de especificaciones concretas del Protocolo de Kioto y los Acuerdos de Cancún (106). En el caso, claro está, de los países que aplican el Protocolo de Kioto hasta 2020 hay que evitar el doble cómputo (107), e incluir información sobre la mitigación efectiva (108), reconociéndose que la mitigación es siempre del más alto valor para la salud y el desarrollo sostenible (109).

Por ello mismo se aspira a fortalecer el proceso de examen técnico de mitigación, según una serie de especificaciones muy concretas; contando con las experiencias y sugerencias de las Partes, la opinión de los expertos, el punto de vista del Comité Ejecutivo de Tecnología y del Centro y Red de Tecnología del Clima (110). Y en la misma dirección, se alienta en pro del mejor funcionamiento del Mecanismo Financiero de la Convención, en combinación con los expertos técnicos (111).

La COP pide a la Secretaría de la Convención Marco y del Acuerdo de París que organice reuniones de expertos técnicos sobre políticas, prácticas y medidas específicas; y que actualice anualmente un documento técnico sobre los beneficios de la mitigación y de las medidas de otra índole que reportan las políticas en cuestión. Todo ello, a fin de aumentar el nivel de ambición en la mitigación. E igualmente se solicita un resumen –en consulta con los llamados dos paladines–, a publicar al menos dos meses antes de cada período de sesiones de la Conferencia (112).

La organización del proceso del párrafo 110 (examen técnico de la mitigación) por los órganos subsidiarios, se realizará para 2016-2020 (113). Y la evaluación del mismo debe hacerse para conseguir una mayor eficacia (114).

Se resuelve mejorar la prestación financiera de los más desarrollados, en forma de recursos, tecnología y fomento de la capacidad. Y se insta a las Partes a disponer de los 100.000 millones de dólares anuales a partir de 2020; y de modo que aumenten los niveles de apoyo adecuado, en forma de tecnología y fomento de la capacidad (115). Y en esa línea, se plantea celebrar un encuentro *ad hoc* –diálogo facilitador– en el 22.º periodo de sesiones a fin de recrecer el suministro de recursos financieros y aumentar así la ambición de los esfuerzos de mitigación de todas las Partes (116).

Se reconocen los resultados de la Agenda de Acción Lima-París (117) y se reconocen los esfuerzos de la Zona de los Actores No estatales para la Acción Climática (NAZCA) (118).

Hay que catalizar acciones en pro del refuerzo de la mitigación y de la adaptación (119), para lo que serán útiles diferentes evaluaciones de mitigación y adaptación (120). También se pide celebrar un evento anual de alto nivel de balance y aliento de todo lo que se aspira con la Convención y el Acuerdo de París. Para lo cual se nombrarán dos paladines con poderes bienales que se solapan, para reforzar compromisos, hacer balance y ofrecer participación al público (121).

Los dos referidos paladines han de facilitar entre 2016 y 2020 la conclusión satisfactoria de la labor y el aumento de iniciativas, coaliciones y esfuerzos voluntarios nuevos o reforzados, de los trabajos que se derivan del Acuerdo de París. Todo ello contando con la colaboración de la Secretaría Ejecutiva, la COP, las iniciativas de la Agenda Lima-París, etc. (122), paladines que han de prestar su servicio durante dos años solapándose un ejercicio (123), y para potenciar su labor, se invita a todos a que apoyen a los paladines (124).

Durante 2016-2020 habrá todo un examen de la adaptación (125), con vistas a reforzar la resiliencia, reducir las vulnerabilidades y aumentar la comprensión de la adaptación (126), para lo cual el examen en cuestión habrá de organizarse conjuntamente por los Órganos Subsidiarios, dirigidos por el Comité de Adaptación (127). Proceso que se desarrollará con intercambio de buenas prácticas, actuaciones que puedan mejorar significativamente la adaptación, y con el reforzamiento de los entornos propicios (128).

En el proceso del citado examen técnico de la adaptación del párrafo 121, se tendrán en cuenta los exámenes de mitigación (129), pidiéndose a la Secretaría que apoye el referido proceso, con reuniones de expertos para preparar anualmente un documento técnico sobre las oportunidades que permitan reforzar las medidas de adaptación (130). Y para el mismo proceso, el Comité de Adaptación interactuará con todo el entorno de la Convención y del Acuerdo de París (131).

Con la evaluación de mitigación y de adaptación, se buscará una mayor eficacia (132), fijándose que hasta el 3 de febrero de 2016 será posible presentar información para reforzar el proceso de examen técnico de adaptación (133).

V. Interesados que son partes del Acuerdo

La COP valora la acción de todos los que no son Partes (sociedad civil, ONG, etc.) en la lucha contra el cambio climático (134), y les insta a que refuercen su acción a través de la Zona de los Actores No Estatales para la Acción Climática (NAZCA) (135). Y en esa línea de acción se establece una *plataforma* para el intercambio de experiencias (136), reconociéndose la importancia de las políticas nacionales, así como la posible fijación del precio del carbono (137).

VI. Cuestiones administrativas y presupuestarias

Habrá un presupuesto de la Secretaría de la Convención y el Acuerdo de París, para financiar sus actividades (138).

Habrá que aportar recursos a la Secretaría (de la Convención y del Acuerdo de París) para el cumplimiento de su programa de trabajo (139). Y serán bienvenidas las aportaciones voluntarias para la aplicación del Acuerdo de París (140).

Articulado

Después de esas decisiones de la propia Conferencia de París que acabamos de ver agrupadas en seis apartados y 140 puntos, se incluye el anexo con el texto sintetizado del Acuerdo, de 27 artículos, que no llevan título en el original pero que nos hemos permitido titular:

Preámbulo

Con base en la Convención y en la Plataforma de Durban, y sobre la base de las responsabilidades comunes, ante la amenaza del cambio climático, con todos sus efectos adversos, y teniendo en cuenta los intereses de los países menos adelantados en términos de financiación y tecnología, y asimismo la necesidad de un desarrollo sostenible, y de la erradicación de la pobreza, salvaguardando la seguridad alimentaria y la justa reconversión de la fuerza laboral, reconociéndose las obligaciones del caso y la importancia de conservar y aumentar los sumideros y reservorios de GEI, así como la necesidad de garantizar la integridad de todos los ecosistemas, incluidos los océanos, y la protección de la biodiversidad, en el contexto de la Madre Tierra, exigente de la *justicia climática*, afirmándose la importancia de la educación, y teniendo presente la importancia del compromiso a todos los niveles, la diversidad de estilos de vida y pautas de consumo y producción sostenibles, las Partes convinieron 27 artículos, de los que nos ocupamos seguidamente.

Articulado de 1 a 27

1. *Definiciones del Acuerdo y de la Convención Marco*
Terminología empleada: la misma de la Convención. Términos principales:

- Convención: data del 9-V-1992 (1.1)
- COP = Conferencia de las Partes (1.2)
- Parte = signatario del Acuerdo (1.3)

2. *El Acuerdo de París, para reforzar la respuesta mundial ante el cambio climático*
El Acuerdo de París tiene como objeto reforzar la respuesta mundial a la amenaza del cambio climático, a base de lograr que el au-

mento de la temperatura media mundial no tenga un incremento mayor de 2°C con respecto a los niveles preindustriales, con la posibilidad de situar ese aumento en 1,5 °C. Todo ello, aumentando la capacidad de adaptación a los efectos adversos del cambio climático, en la perspectiva de un desarrollo resiliente del clima, con bajas emisiones de GEI (2.1). Esto supondría la aplicación del Acuerdo de forma que se reflejen con equidad las capacidades respectivas, siempre a la luz de las diferentes circunstancias nacionales (2.2).

3. Contribuciones nacionales

Todas las Partes deberán realizar y comunicar sus esfuerzos, que deben ser ambiciosos, tanto en mitigación como en adaptación, en la senda de una progresión en que se tenga en cuenta la necesidad de apoyar a los países en desarrollo.

4. Cumplimiento de los objetivos

Para el cumplimiento de los objetivos del Acuerdo se ofrece más tiempo a los países en desarrollo, teniendo en cuenta tanto emisiones como absorciones de GEI (1).

Cada parte del Acuerdo preparará y mantendrá su contribución nacional sobre la mitigación (2), con un esfuerzo de máxima ambición, en función de las circunstancias nacionales (3), y de modo que los países más desarrollados sigan a la cabeza de los esfuerzos, en tanto que los en desarrollo deberán recibir ayuda, según sus circunstancias económicas (4), de forma que el aumento del apoyo prestado por los más desarrollados permitirá acrecentar la ambición de sus medidas de mitigación (5); y de modo que respecto a los países menos adelantados y a los Estados insulares en desarrollo, se les tendrán en cuenta sus propias estrategias y circunstancias especiales (6). La mitigación puede mejorar merced a los beneficios secundarios que se deriven de las medidas de adaptación y/o los planes de diversificación económica de las Partes (7). En las contribuciones, todas las Partes deberán proporcionar la información necesaria, que debe ser clara y transparente (8). Cada Parte debe comunicar su contribución cada cinco años (9).

La COP examinará las contribuciones nacionales (10), y podrá orientar ajustes en las contribuciones nacionales, para aumentar su nivel de ambición (11).

Las contribuciones se inscribirán en un Registro Público (12), y las Partes están obligadas a rendir cuenta de las emisiones y absorciones de GEI en un marco de integridad ambiental, transparencia, exactitud y exhaustividad, y evitarán el doble cómputo (13); y siempre de acuerdo a las partes, en sus contribuciones los métodos y orientaciones en el marco de la Convención y el Acuerdo (14).

5. *Sumideros y reservorios de carbono*
Las Partes tomarán en consideración las preocupaciones de los países más afectados por el cambio climático, y sobre todo a los países en desarrollo (15). Las organizaciones regionales de integración económica deberán notificar a la Secretaría los términos de su organización conjunta (16). No obstante lo anterior, cada parte de cualquier organización regional será responsable del propio nivel de sus emisiones (17); y lo mismo cuando la organización regional sea parte del Acuerdo de París (18).

Todas las Partes del Acuerdo tienen la obligación de formular y comunicar las estrategias a largo plazo de emisiones de GEI (19).

6. *Ambición y desarrollo sostenible*
Habrá medidas para conservar y aumentar sumideros y reservorios de GEI, incluidos los bosques (1). Y se compensarán las medidas frente a las emisiones por la deforestación y la degradación de los bosques, así como respecto de la conservación y gestión sostenible de los mismos, al ser reservas forestales de carbono (2).

7. *Adaptación*
Las Partes podrán optar a una mayor ambición en sus contribuciones nacionales en línea con el desarrollo sostenible (1).

Se promoverá el desarrollo sostenible a efectos de mitigación de trasferencia internacional (Mecanismo de Desarrollo Limpio, por ejemplo), evitando el doble cómputo según orientaciones de la COP (2); asimismo, se contará con la previa autorización por las Partes de la transferencia internacional, que siempre será voluntaria (3), para lo cual conformará un mecanismo, en pro de la mitigación cooperativa con efectos globales (4).

Los efectos de fomento de desarrollo sostenible no cabe utilizarlos por una de las Partes implicadas si ese uso se hace también por otra Parte (5).

Los fondos devengados por actividades del desarrollo limpio y sostenible solo son utilizables para la adaptación (6). La COP regulará el mecanismo de desarrollo sostenible para la mitigación (7). Los mecanismos no relacionados con el mercado han de tener como objetivos: promover la ambición relativa a la mitigación y la adaptación; aumentar la participación pública y privada en la aplicación; y ofrecer oportunidades para la coordinación (8), y habrá un marco para los enfoques de desarrollo sostenible no relacionados con el mercado (9).

Cada Parte debe emprender procesos de adaptación, con planes y políticas pertinentes, con evaluación del cambio climático y de la vulnerabilidad, aumento de resiliencia, y con la gestión sostenible de los recursos naturales (9), y hará una presentación periódica por cada parte sobre adaptación, con sus prioridades, planes y medidas (10), que deberán actualizarse periódicamente (11), inscribiéndose en un registro público que llevará la Secretaría (12).

Se prestará apoyo internacional continuo y reforzado a las Partes que son países en desarrollo (13).

En el balance mundial del artículo 14 deberá incluirse la mejora de las medidas de adaptación, en términos de idoneidad, eficacia y progresos globales (14).

8. *Pérdidas y daños*

Las partes han de evitar, reducir y afrontar las pérdidas y los daños relacionados con los efectos adversos del cambio climático (1). Y a esos efectos, el Mecanismo Internacional de Varsovia para las Pérdidas y los Daños relacionados con repercusiones del cambio climático funcionará bajo la autoridad y la orientación de la COP (2). Y para ello habrá de reforzarse y apoyarse el Mecanismo de Varsovia (3).

Las medidas y el apoyo en materia de pérdidas y daños podrán incluir el seguimiento con alerta temprana, de emergencias, fenómenos de evolución lenta, pérdidas y daños permanentes, evaluación y gestión integral del riego, servicios de seguros, pérdidas no económicas y resiliencia de las comunidades y los ecosistemas (4). Y a tales efectos, el Mecanismo Internacional de Varsovia colaborará con los órganos y grupos de expertos ya existentes en el marco de la Convención y fuera de ella (5).

9. *Recursos financieros*

Los países desarrollados han de proporcionar recursos financieros a los países en desarrollo para mitigación y adaptación (1), que podrán ser aportaciones voluntarias (2). En ese sentido, los países desarrollados deberían seguir encabezando los esfuerzos dirigidos a movilizar, en progresión, la financiación de las estrategias de las Partes en desarrollo (3).

En el suministro de recursos financieros ha de buscarse equilibrio entre la adaptación y la mitigación, teniendo en cuenta especialmente las estrategias y necesidades de las Partes que son países en desarrollo (4).

Y para un mejor conocimiento, habrá una presentación bienal de información sobre recursos facilitados por las Partes desarrolladas a los países en desarrollo (5). Y esa financiación de los más desarrollados a los países en vías de desarrollo figurará en el balance mundial (artículo 14 del Acuerdo) (6).

Esa información bienal del apoyo de las Partes más desarrolladas a las en desarrollo se hará según las modalidades fijadas en la COP-22 (7).

El Mecanismo Financiero de la Convención Marco lo será también del Acuerdo de París (8), y las Partes más desarrolladas de acceso eficiente a los recursos financieros a las Partes en desarrollo según sus estrategias nacionales sobre el clima (9).

10. *Transferencia de tecnología Norte/Sur*

Se reconoce la importancia de la transferencia de tecnología, para mejorar la resiliencia al cambio climático y reducir las emisiones de GEI (1), por lo cual es necesario fortalecer su cooperación en el desarrollo y la transferencia de tecnología (2).

El Mecanismo Tecnológico de la Convención sirve al Acuerdo de París (3) y tiene como objetivo transferir tecnología para no superar los 2ºC (4), así como la innovación, para impulsar los enfoques desde una dinámica I+D (5).

Habrá apoyo de carácter financiero a las Partes en desarrollo, para fortalecer la cooperación en la transferencia de tecnología. Se cifrará en el Balance Mundial del artículo 14 (6).

11. *Fomento de la capacidad*

Debe mejorar la capacidad y las competencias de las Partes en desarrollo; particularmente, de los que tienen menos capacidad, a los menos adelantados y a los pequeños Estados insulares en desarrollo (11). Y el fomento de la capacidad debería ser un proceso eficaz e iterativo, participativo y transversal, que responda, entre otras, a las cuestiones de género (2). En ese sentido, las Partes más desarrolladas deberían aumentar el apoyo a las actividades de fomento de capacidad de las Partes en desarrollo (3).

Las Partes que aumenten la capacidad de las Partes en desarrollo deben informar periódicamente a la COP. Por su lado, las Partes en desarrollo deban comunicar periódicamente los progresos realizados (4).

Para regular lo visto anteriormente, la COP adoptará una decisión sobre los arreglos institucionales para el fomento de la capacidad, en su primer periodo de sesiones (COP-22) (5).

12. *Concienciación sobre el cambio climático*

Las Partes deberán cooperar en la adopción de medidas públicas que correspondan a la concienciación sobre cambio climático (educación, formación, sensibilización y participación).

13. *Marco de transparencia reforzada*

Para tener en cuenta las diferentes capacidades de las Partes, y basándose en la experiencia colectiva, se ofrecerá flexibilidad a las Partes en desarrollo (1), reforzándose para ello los arreglos para la transparencia (2) previstos en la Convención (3) a través de comunicaciones nacionales, informes bienales y actualizaciones (4), procesos de evaluación y de consulta y análisis internacional. En el sentido indicado, el marco de transparencia (5) tiene que dar una visión clara de las medidas adoptadas para hacer frente al cambio climático, y del apoyo prestado o recibido a tales efectos por las distintas Partes (6).

Las Partes del Acuerdo deberán facilitar periódicamente su inventario nacional de emisiones y absorciones antropógenas, utilizando las metodologías establecidas para ello, así como las buenas prácticas aceptadas por el IPCC. Todo ello, con el seguimiento de los progresos alcanzados (7). Análogamente, cada Parte ha de facilitar información sobre los efectos del cambio climático y la labor de adaptación (8), informando sobre la forma de financiación, siempre dentro de las modalidades que defina la COP (9 a 11).

Un examen técnico hecho por expertos determinará los ámbitos en que la Parte interesada pueda mejorar, e incluirá un examen de la coherencia de la información (12).

En la COP-22 se definirán las modalidades y los procedimientos y directrices comunes, según proceda, para la transparencia de las medidas y el apoyo, con ayuda de los países en desarrollo en cuanto a transparencia (13 a 15).

14. *Balance periódico de la COP*
La COP hará periódicamente un balance de la aplicación del Acuerdo y presentará un primer avance colectivo sobre el cumplimiento de su propósito y de sus objetivos a largo plazo (balance mundial) en 2023. Y a partir de entonces, a menos que se decida otra cosa, lo hará cada cinco años, para que se mejoren las disposiciones del Acuerdo (1 a 3).

15. *Mecanismo para facilitar la aplicación del Acuerdo de París*
El referido Mecanismo de Aplicación consiste en un comité de expertos y de carácter facilitador que funcionará con arreglo a las modalidades que apruebe en su premier periodo de sesiones la COP, a la que presentará sus informes anuales (1 a 3).

16. *La Conferencia de las Partes, órgano supremo de la Convención y del Acuerdo de París*
En la COP es el órgano supremo de la Convención y del Acuerdo de París. Las Partes en la Convención que no hayan ratificado el Acuerdo, podrán participar como observadoras en las deliberaciones de la COP. Y todo miembro de la Mesa de la Convención que a la fecha no sea parte en el presente Acuerdo será reemplazado por otro elegido de entre las Partes del propio Acuerdo. La

COP examinará regularmente la aplicación del Acuerdo y tomará las decisiones necesarias, establecerá los órganos subsidiarios y desempeñará las demás funciones (1 a 4).

El Reglamento de la COP será común para la Convención y el Acuerdo de París. La Secretaría convocará la COP para después de la entrada en vigor del Acuerdo de París. Habrá sesiones especiales en calidad de reunión de las Partes en el Acuerdo de París y los periodos extraordinarios se reunirán siempre que haya el apoyo de un tercio de las Partes. Las Naciones Unidas y sus organismos especializados podrán estar representados como observadores en los periodos de sesiones de la COP (5 a 8).

17. *Secretaría única para la Convención y el Acuerdo de París*
Habrá una única Secretaría para la Convención y el Acuerdo de París. Las disposiciones de funcionamiento de la Convención se aplicarán al Acuerdo (1 y 2).

18. *Órganos Subsidiarios*
Los dos órganos subsidiarios de la Convención lo son también del Acuerdo de París, a todos los efectos (1 a 3). Su funcionamiento se explica en 16.

19. *Otros órganos subsidiarios y otros órganos institucionales*
Toda una serie de organismos creados por la Convención funcionarán al servicio de la COP en funciones del Acuerdo de París, que podrá impartir orientaciones adicionales a las ya recibidas de la Convención (1 y 2).

20. *El Acuerdo de París abierto a la firma y ratificación*
Como fecha para la firma del Acuerdo de París. Las Naciones Unidas en Nueva York se determinó que se escogieras dentro del periodo que va del 22 de abril de 2016 al 21 de abril de 2017, y la adhesión al Acuerdo se establecerá a partir del día siguiente a aquel en que quede cerrado a la firma. Las organizaciones regionales no podrán ejercer simultáneamente los derechos conferidos por el Acuerdo con sus respectivas Partes. Tales organizaciones indicarán en sus instrumentos de ratificación, aceptación, aprobación o adhesión su grado de competencia con respecto a las cuestiones

regidas por el presente Acuerdo para diferenciarlas de las que pertenecen a sus Partes (1 a 3).

21. *Entrada en vigor*

La entrada en vigor del Acuerdo se producirá cuando lo hayan ratificado el 55 por 100 de las Partes firmantes, que deben representar más del 55 por 100 de las emisiones de GEI. El Acuerdo entrará en vigor al trigésimo día contado desde la fecha en que se haya llegado al 55/55 (1 a 4).

22. *Enmiendas*

Reglas de enmiendas: las mismas del artículo 15 de la Convención.

23. *Enmiendas a los anexos del Acuerdo*

Mismas reglas que en la Convención con sus anexos, que formarán parte integrante del Acuerdo (1 y 2).

24. *Arreglo de controversias*

Mismas formas de arreglo que la Convención

25. *Votos*

Cada Parte del Acuerdo tiene derecho a un voto. Las organizaciones regionales no tendrán voto si ya lo ostentan sus propias Partes (1 y 2).

26. *Depositario del Acuerdo*

Depositario: el secretario general de las Naciones Unidas

27. *Reservas al Acuerdo*

No caben

28. *Denuncia del Acuerdo*

Por una o más partes solo será posible después de tres años de la entrada en vigor (1 a 3).

29. *Texto en los seis idiomas oficiales de las NN.UU*

Organismos e instrumentos que se citan en el preámbulo	
Preexistentes	De nueva creación
1. Grupo de Trabajo especial sobre la Plataforma de Durban (se disuelve), decisión preámbulo en que se cita (DP en lo sucesivo): DP-6	1. Grupo de Trabajo Especial del Acuerdo de París (GETAP), DP-7
2. Mecanismo Financiero de la Convención (DP-15)	2. Informe de síntesis sobre efectos y contribuciones después de 1-X-2015 (DP-16)
3. Panel Intergubernamental de Cambio Climático, IPCC (DP-17)	3. Informe Especial sobre efectos del calentamiento 2-1,5ºC (DP-17)
4. Balance de los esfuerzos colectivos para alcanzar el objetivo a largo plazo de los 2ºC (DP-20)	4. Foro de los Órganos Subsidiarios sobre repercusiones de la aplicación de las medidas de respuesta (DP-33)
5. Informe especial del IPCC sobre efectos de 1,5ºC (DP-21)	5. Estrategias (nacionales) de desarrollo con bajas emisiones de GEI (DP-36)
6. Órgano Subsidiario de Ejecución (DP-29)	6. Mecanismo para contribuir a la mitigación de GEI y apoyar el desarrollo sostenible. Será supervisado por un organismo a decidir por la COP (DP-38)
7. Registro Público de la Secretaría (DP-29)	7. Comité de Adaptación (DP-42)
8. Órgano Subsidiario de Ejecución (DP-24)	8. Grupo de Expertos para los Países Menos Adelantados (DP-42)
9. Órgano Subsidiario de Asesoramiento Científico y Tecnológico (DP-34)	9. Segundo Plan de Trabajo Trienal del Comité de Adaptación (DP-43)
10. Fondo Verde para el Clima (DP-47) y planes nacionales de adaptación	10. Centros y redes regionales en países en desarrollo para reforzar la cooperación (DP-45)
11. Mecanismo Internacional de Varsovia para Pérdidas y Daños (DP-49)	11. Programa de Trabajo del art. 6, párrafo 8 del Acuerdo (DP-40, art. 6, párrafo 8) del Organismo Subsidiario de Asesoramiento Científico y Tecnológico para reforzar mitigación, adaptación y financiación, transferencia de tecnología y fomento de cooperación, a aprobar en la COP-22 (DP-41)
12. Fondo para el Medio Ambiente Mundial (DP-59)	12. Informe provisional del Comité Ejecutivo de Tecnología (DP-66)
13. Fondo para los países menos adelantados (DP-59)	13. Comité de París sobre el Fomento de la Capacidad (DP-72)
14. Comité Permanente de Financiación de la Convención Marco (DP-64)	14. Plan de Trabajo 2016-2020 de la COP
15. Comité Ejecutivo de Tecnología (DP-66)	15. Iniciativa para el Fomento de la Capacidad de Transparencia (DP-85)

16. Mecanismo Tecnológico (DP-67)	16. Comité de Expertos del Artículo 15 (DP-102)
17. Centro y Red de Tecnología del Clima (DP-67)	17. Paladines (DP-112.6)
18. Organismo Subsidiario de Asesoramiento Científico y Tecnológico (DP-68)	18. Plataforma de las Zonas de los Actores No Estatales para la Acción Climática, NAZCA (DP-118)
19. Protocolo de Kioto (DP-80)	19. Agenda Lima-Paris de 2014 conocida el 23-IX-2015 por 56 de las NN.UU. (DP-121)
20. Foro de Durban (DP-80)	
21. Acuerdo de Cancún (mitigación)	
22. Centro de Red Tecnológico del Clima (DP-110.c)	

Nuevos organismos que se citan en el articulado del Acuerdo de París

1. Mecanismo de la COP para mejorar la mitigación y promover el desarrollo sostenible a escala mundial (art. 6.4)
2. Marco de adaptación de Cancún (art. 7.7)
3. Inscripción de las medidas de adaptación en un registro público de la Secretaría (art. 7.12)
4. Balance mundial del artículo 14 (art. 9.6, art. 14, art. 10.6)
5. Mecanismo Internacional de Varsovia (art. 8.2, art. 8.5)
6. Comité de Expertos del Mecanismo para facilitar el Acuerdo de París (arts. 15.1, 2 y 3)

Fuente: elaboración propia a partir del Acuerdo de París.

Hecho en París, el día doce de diciembre de dos mil quince. En testimonio de lo cual los infrascritos, debidamente autorizados a esos efectos, han firmado el presente Acuerdo.

La firma se hará según lo dicho en el artículo 20.

Organismos e instrumentos
Seguidamente –nos pareció interesante– se incluyen todos los organismos e instrumentos que se citan en el preámbulo y en el articulado del Acuerdo de París, diferenciando los preexistentes al mismo (básicamente de la Convención y del Protocolo de Kioto) y los que emerjan en el nuevo Acuerdo. Como podrá apreciarse, es toda una fronda de entidades, de las cuales, las más importantes, correspondientes sobre todo a la Convención, ya han sido analizadas en el capítulo 2.

3. El acuerdo, caja de herramientas

Será bueno insistir en que para juzgar el Acuerdo es preciso reconocer que se trata de un largo código de propósitos y procedimientos, que no es vinculante –porque EE.UU. y otros países más solapadamente no quisieron– y que no tiene resueltos los temas financieros. Pero se trata de un Acuerdo que constituye una verdadera *caja de herramientas* para trabajar en relación con los temas pendientes desde ahora hasta 2050, a fin de ir a una sociedad baja en carbono.

En definitiva, los seis grupos de Decisiones de la COP-21 y los 27 artículos del Acuerdo componen un todo muy complejo para la acción. De modo que lo que pase en el futuro no está ni mucho menos predeterminado, sino que dependerá de lo que se haga desde la Secretaría del Convenio Marco y del Acuerdo de París, que son una sola autoridad, para utilizar todos los resortes disponibles. Por eso, lo que en realidad suceda a partir de París 2015 va a depender en gran medida de lo que haga esa Secretaría, inspirada por el IPCC y otras entidades de estudios y previsiones, a la vista de la realidad evolutiva de nuestro planeta, que habrá de reflejarse en los informes que están por venir.

En cualquier caso, los logros de los negociadores están lejos de ser nada. Muestra de ello es que todos los países se pusieran de acuerdo en reaccionar ante un peligro común, incluso pareciendo tan remoto e incierto para la mayoría. También es importante que todos se muestren favorables a participar en el esfuerzo, y que los ricos deban ayudar a los pobres a satisfacer los objetivos de descarbonización de la sociedad en que vivimos, desde luego, en el conflictivo marco de la diferenciación entre esfuerzos de los países desarrollados y los de los países en desarrollo, según veremos más adelante.

Pero quizá tan importante sobre lo que opinan los países por medio de sus respectivos gobiernos es considerar el apoyo mostrado antes, en y después de París de muchas empresas que sustancialmente están en contra de los combustibles fósiles. De modo que muchos de las antes escépticas son ahora conscientes de la necesidad de adaptar sus negocios a medio y largo plazo[11], con el

---

[11] James Wilson, «Miners under pressure over climate risks», *Financial Times*, 16-XII-2015.

resultado final de que los recursos de tales combustibles quedarían bajo tierra para siempre. A todo lo cual debe agregarse que las ONG ecologistas van a presionar cada vez más, en función de los estudios del IPCC y de otros organismos que monitorizan el calentamiento global de manera sistemática. Sin olvidar las entidades que ya recomiendan no invertir en procesos productivos que se mantengan con combustibles fósiles.

Así las cosas, lo que vaya a suceder dependerá de la imaginación y capacidad de liderazgo de la referida Secretaría, que tiene muchos instrumentos a su alcance para operar, y estará en función de lo que vaya diciendo el IPCC. Por lo cual, no cabe ser contumazmente pesimistas: el objetivo de 1,5 a 2ºC ya está fijado, y los recursos económicos y las demás medidas dependerán del futuro mundial está en manos de la Secretaría y del IPCC. Y en buena medida, también, de la postura que adopte el G-2, Chin-USA o Chimérica (China y EE.UU. de común acuerdo). Y como el panorama real no va a hacer otra cosa que empeorar, es de suponer que China y EE.UU. habrán de reaccionar, y sobre todo la República Popular, que tiene ante sí un panorama de lo más grave.

Por lo demás, las revisiones periódicas que se aceptan en el Acuerdo podrían ser una buena ocasión para forzar los objetivos a la baja. Y los informes de síntesis a hacer –para ver la proximidad o alejamiento en la realidad de los objetivos– marcarán la pauta de si atienden los objetivos reajustados. Y para ello, la COP, desde su periodo de sesiones número 22 en adelante, contará con un conjunto de organismos ya relacionados y analizados en este libro, de cuya calidad de funcionamiento también va a depender lo que pase en el escenario del clima.

4. El objetivo de los 2ºc. Las revisiones periódicas

En el capítulo 1 de este libro, ya vimos cómo se llegó a una especie de consenso –un tanto cabalístico– en torno a la cifra de 2ºC como objetivo del esfuerzo mundial para frenar el calentamiento global y el cambio climático. Una aspiración que según los expertos del IPCC significa que las emisiones de GEI tendrían que reducirse a cero alrededor de 2060 o 2070. Y según manifiesta Niklas Höhne, en el V informe del referido Panel Intergubernamental: «Para 1,5ºC –la meta más ilusionante de la Conferencia de París–, la contracción en las emisiones debería situarse en cero, alrededor de 2050»[12].

El mayor problema radica ahora en la posibilidad del incumplimiento del objetivo de los 2ºC o el mejor aún de 1,5ºC. Y es que según los expertos de IPCC, para situarnos como máximo en los 2ºC, las emisiones del GEI tendrían que reducirse a cero alrededor de 2060 o 2070. Y no parece que con los resortes el Acuerdo de París de 2015 puedan alcanzarse tal erradicación para frenar la subida de la temperatura en el cabalístico 2ºC. Más bien vamos a ir situándonos en la senda de alrededor de 3ºC, o mucho más, antes de fin del siglo XXI, según suposiciones que ha comentado ampliamente Pilita Clark, especialista del *Financial Times* en la materia.

Más preguntas: a pesar de las críticas recibidas, ¿es el Acuerdo de París un gran avance en la lucha para limitar los riesgos del cambio climático, como afirman los negociadores de lo París? O, por el contrario, ¿es el Acuerdo solamente una fase más en el camino a la *gran calamidad final*, como dicen los más pesimistas? Ni lo uno, ni lo otro, manifiesta Martin Wolf, «porque el Acuerdo parisino es mucho más de lo que el mundo podía razonablemente esperar hace unos pocos años. Como también es preciso reconocer que está lejos de ser lo que realmente se necesita».

En definitiva, los logros de los negociadores de París son mucho más que nada. Sobre todo, porque fue posible que todos los países (incluidos Estados Unidos y China, los máximos contaminadores) se pusieran de acuerdo en reaccionar, finalmente, ante un gravísimo peligro común, por mucho que parezca remoto e incierto para la mayoría de la gente. Como también es verdad que en el Acuerdo participan los ricos, aceptando (*ma non troppo*) ayudar a los pobres a satisfacer los objetivos de descarbonización de la sociedad en la que vivimos todos, los del norte y los del sur.

Más preguntas: ¿significa el acuerdo de París un gran avance en la lucha para limitar los riesgos del cambio climático, como afirman los ufanos negociadores? ¿O solo es otra fase más en el camino a la gran calamidad final, como insisten los críticos? Ni lo

---

[12] Pilita Clark, «Carbon dated?», *Financial Times*, 16-XII-2015.

Figura 75. El momento más emotivo: la mesa de la Conferencia de París celebra la aclamación a favor del Acuerdo, a firmar en abril de 2016. De izquierda a derecha: Laurence Tubiana, embajadora francesa para las negociaciones internacionales de la COP-21; Christiana Figueres, secretaria de la Convención Marco; Ban Ki-Moon, secretario general de las Naciones Unidas; Laurent Fabius, ministro francés de Asuntos Exteriores y presidente de la Cumbre de París; y François Hollande, presidente de la República Francesa.

uno, ni lo otro, porque el Acuerdo, para muchos, es bastante más de lo que podía esperarse razonablemente uno o dos años atrás. Pero también es mucho menos de lo que realmente se necesita[13]. Y eso sucede porque en París no hubo verdadero consenso: en el Acuerdo se refleja la lucha entre los más ambiciosos (recuérdese la UE dentro de la Coalición de la Ambición) y los partidarios de los fósiles (Arabia Saudí, Rusia, etc.). Pero se ha aceptado un procedimiento que, como subrayamos, puede ser cauce para una Secretaría muy activa trabajando sobre las hipótesis del IPCC.

Lo que no cabe discutir es que la política de mitigación del Acuerdo de París se aplicará, a partir de 2020, si bien la Secretaría de Cambio Climático de las Naciones Unidas insta a los Estados miembros del Convenio a tomar medidas de inmediato, entendiendo la urgencia del caso, para evitar esfuerzos aún mayores desde 2020, cuando se hayan acumulado las emisiones generadas durante el quinquenio desde 2015[14]. La propia Secretaría de la Convención Marco y del Acuerdo de París sostiene que, con todos

---

[13] Martin Wolf, «One small step forward for humankind», *Financial Times*, 16-XII-2015.
[14] Manuel Planelles, «Tiempo perdido en la lucha del clima», *El País*, 23-XI-2015.

los compromisos nacionales de los firmantes aún se emitirán, en 2030, 56.700 millones toneladas de GEI; una cifra sensiblemente mayor que la actual (40.000 millones de toneladas). Lo cual hace ver cómo la acumulación previsible de un quinquenio (en torno a las 200.000 toneladas) requerirá de un esfuerzo ulterior mucho mayor para frenar un fenómeno que opera día y noche de manera permanente.

La idea inserta en el Acuerdo de París de realizar revisiones periódicas en relación con el calentamiento global cada cinco años, a partir de 2025, no obliga necesariamente a que los países firmantes tengan que cumplir los objetivos marcados por sí mismos. Pero mediante la incorporación de nuevas informaciones de situación –ya lo dijimos antes– y con el diálogo internacional sistemático que seguramente se producirá, sería posible, previsiblemente, que surgieran pautas de comportamiento para que los países cumplan en materia de recorte de emisiones de GEI, e incluso mejoren los objetivos[15].

En otras palabras, París no es ningún final de trayecto, y evocando lo dicho por W. C. Churchill tras la Batalla de Inglaterra (1940), el momento presente no es el fin, ni el *principio del fin*, sino el fin del principio del problema del calentamiento global y del cambio climático. Esto no se resolverá en pocos años, sino que requerirá seguramente un siglo para decir cuál es el fin de todo. Por ello, cabe decir que el Acuerdo podría suponer una base razonable para la cooperación internacional, previsiblemente más ambiciosa a medida que transcurra el tiempo y se vean más y más las graves consecuencias del cambio climático. Se abre así una senda en la que, según los más optimistas, los países deben demostrar coraje para asumir futuras decisiones verdaderamente cruciales.

5. Observaciones inmediatas al Acuerdo de París

Tras el anuncio del Acuerdo, el 12 de diciembre de 2015, en París, el plenario de la COP-21 se puso en pie y aplaudió durante más de dos minutos a Laurent Fabius, François Hollande,

---

[15] Editorial, «The world, together, will fight climate change», *Financial Times*, 14-XII-2015.

Figura 76. Al Gore (1948) y Ramón Tamames (1933) en Madrid, en 2018. El primero es un político estadounidense que fue el 45.º vicepresidente de EE.UU. durante los años 1993 a 2001, con el presidente Bill Clinton. Apoyó la firma del Acuerdo de París de 2015 cuando ya era Premio Nobel de la Paz por su actividad ecologista.

el secretario general de la ONU Ban Ki-moon y Christiana Figueres (Al Gore estaba aplaudiendo a rabiar en primera fila). Y después, vinieron algunas opiniones de urgencia[16]:

- Ban Ki-moon, secretario general de la ONU, reconoció que uno de los objetivos primordiales de su mandato era conseguir un Acuerdo como el de París, y comentó que desde su punto de vista los países del mundo habían pasado de lo «imposible» a lo «imparable».
- Por su parte, Greenpeace aprobó, críticamente, el Acuerdo. Su director Kumi Naidoo lo valoró en general como positivo, todo un avance, pero recalcó que hay partes del mismo que resultan decepcionantes y frustrantes.
- En la misma línea se ha pronunciado la ornitóloga Asunción Ruiz, desde Seo/BirdLife, quien afirma que las conclusiones de la COP-21 reconocen como prioritario y urgente el combate del cambio climático, por el hecho de que la cuenta atrás para el fin de los combustibles fósiles ha comenzado; pero echó en falta que no haya fechas explícitas para el cumplimiento de los objetivos.

---

[16] http://www.ecoticias.com/co2/110244/COP21-opiniones-encontradas

Claro es que no todo fueron parabienes. Porque, si bien 195 países firmaron en París el documento, frente a las declaraciones que calificaron el Acuerdo como un hito histórico, otros lo estimaron como un *juguete inútil y carísimo*[17]. Eso es lo que, casi lapidariamente, manifestó James Hansen, que con su comparecencia en el Senado de EE.UU., en 1988, dio el pistoletazo de salida a la inquietud climática en su país. Y tan reconocido precursor, a poco de adoptarse el Acuerdo de París, declaró al rotativo *The Guardian* que el texto no pasaba de ser un fraude:

> Porque no hay acción, solo promesas. Lo que han hecho los países es situar los dos grados como objetivo e intentar hacerlo un poco mejor cada cinco años. Es sencillamente una mentira que ellos digan «tenemos un objetivo de 2ºC y trataremos de hacer (las cosas) un poco mejor cada cinco años». Son palabras sin ningún valor. No hay previsión de grandes acciones: solo promesas. En la medida que el combustible fósil sea el más barato, se seguirá quemando[18].

Hansen subrayó, además, que en el Acuerdo «no existe ningún mecanismo de sanción contra los incumplidores, y cada país decidirá qué va a hacer para reducir sus emisiones. Planes que se revisarán en 2018 y deberán ser actualizados, pero que no obligan a nada, por lo que podrán incumplirse sin más». Cabe recordar que para Hansen, la clave para que se frene el calentamiento global está en grabar con impuestos los gases de efecto invernadero.

Bill Gates, que no asistió a la Cumbre de París, optó por un enfoque muy diferente: el 30 de noviembre, al comienzo de la Conferencia de París, anunció que crearía un fondo para la investigación en nuevas fuentes de energía: la Breakthrough Energy Coalition, que reúne a algunos de los hombres más ricos del mundo:

> A fin de que sus fortunas sirvan para intentar nuevos enfoques, investigando las fuentes de energía más prometedoras. Las tec-

---

[17] http://www.libertaddigital.com/ciencia-tecnologia/ciencia/2015-12-13/el-acuerdo-climatico-de-paris-es-como-iniciar-una-dieta-y-declarar-victoria-tras-la-primera-ensalada-1276563657/

[18] http://www.bbc.com/mundo/noticias/2015/12/151214_critica_acuerdo_cambio_climatico_gtg

nologías que tenemos hoy, como la eólica y la solar, han hecho muchos progresos y podrían ser un camino al futuro energético de cero emisiones de carbono. Pero dada la magnitud del desafío, tenemos que explorar muchos caminos diferentes; y eso significa que también tenemos que inventar nuevos diseños, más efectivos y más económicos.

Figura 77. Bill Gates (1955), empresario, informático y filántropo estadounidense. Fundador, con Paul Allen, de Microsoft, creadora de los sistemas Windows para procesos informáticos. Con una fortuna de 96.600 millones de dólares en 2019, es presidente de la Fundación Gates, que apoya la descarbonización para 2050, sobre la base de que las energías renovables se impondrán por ser las más rentables.

Por lo demás, una reacción inmediata muy esperada sobre la Cumbre de París fue la de Bjorn Lomborg, para quien el Acuerdo «será probablemente el más caro de la historia de la humanidad». Según sus cálculos, costará a la economía mundial entre uno y dos billones de dólares al año, por el menor crecimiento que supondrá elevar el precio de la energía.

El otrora *enfant terrible* del medio ambiente mundial no cree que con el Acuerdo se ataque realmente el problema, por lo que se apuntó a la iniciativa de Gates:

Aunque sea necesaria más financiación, el Fondo dirigido a aumentar la eficiencia y rentabilidad, de Bill Gates, es lo que realmente va a promover una situación diferente en la cuestión del clima, porque decir que París nos llevará a 2 °C es, en el mejor de los casos, una postura más bien cínica, que se basa en una ilusión. Es como iniciar una dieta para bajar de peso, y declarar la victoria después de la primera ensalada. Hasta que no haya un avance que haga realmente competitiva a la energía verde, es muy poco probable que haya reducciones masivas de carbono.

Por lo demás, una observación del más alto interés: según Bjorn Lomborg, «el cambio climático preocupa a Europa, pero no al mundo en general»[19]. Y subrayó que si bien muchos de los dirigentes y líderes que estuvieron en París hablaron en nombre de *los pobres del mundo*, hay que dejar claro que el Tercer Mundo no tiene mayor interés por el tema:

> La ONU ha preguntado a más de ocho millones de personas en todo el mundo cuáles son las políticas a las que dan más prioridad. Y el clima quedó en decimosexto lugar de dieciséis opciones. En definitiva, la verdad es que el calentamiento global es un desafío que preocupa mucho más al mundo desarrollado que a los más pobres del mundo.

Al fin y al cabo, sucede lo previsto por el ecólogo francés Philippe Saint Marc, que en su libro *La socialización de la naturaleza*[20] planteó la ecuación de la felicidad en los siguientes términos:

$$F = \alpha NV + \beta CV + \gamma MA$$

Donde las variables y los parámetros, son:

F = felicidad
NV = nivel de vida, medida por el PIB teniendo en cuenta su dispersión respecto a la media
CV = condiciones de vida, que comprende marco laboral, vivienda, transporte, etc.
MA = medio ambiente, medido por la calidad del aire, áreas verdes urbanas, conservación de biodiversidad, espacios naturales, etc.

Las letras griegas a, b, g son los valores que toman las variables en cuestión (parámetros).

---

[19] Bjorn Lomborg, ya citado en el capítulo 1, es director del Copenhagen Consensus Center y autor de los *best seller El ecologista escéptico* y *Cool It*. Considerado una de las 100 personas más influyentes del mundo para la revista *Time*, una de las 75 personas más influyentes del siglo XXI para la revista *Esquire* y una de las 50 personas capaces de salvar el planeta para el periódico *The Guardian*, del Reino Unido.
[20] Versión española de Guadiana de Publicaciones, Madrid, 1971.

De modo que, al tratarse de una ecuación psicológica, a+b+g = 100, siendo los valores de NV máximos en los países más pobres, en los que hasta el 80 por 100 de la gente se preocupa más por su nivel de vida que por cualquier otra cosa, con un 80 por 100 de sus aspiraciones, es una hipótesis, en vivir mejor, y solo un 10 por 100 para medio ambiente. En tanto que en los países más desarrollados, MA toma un valor por encima del 50 por 100, por la preferencia a favor de las cuestiones ambientales, cuando el *modus vivendi* ya está resuelto.

Por su parte, la máxima responsable de cambio climático de la ONU, Christiana Figueres, secretaria de la Convención Marco de Cambio Climático, aseguró que las metas propuestas en el Acuerdo de París nos llevarían, a pesar de todos los recortes previstos, a un aumento de las temperaturas de 2,7 grados. Fundamentalmente, por la evolución del consumo en los países menos desarrollados, que entre 2015 y 2020 serán los de máximo crecimiento demográfico, para pasar el mundo de una población de 9.000 millones de seres humanos en 2050, a 11.000 millones en 2100; y con 3.8000 millones de crecimiento entre 2015 y 2100, la mayor parte en lo que hasta hace poco se llamaba Tercer Mundo.

En cuanto a Arias Cañete, comisario de Energía y Cambio Climático de la UE, manifestó que la UE y las potencias mundiales se han comprometido en la COP-21 de París a implementar «un cambio radical» en sus actuales sistemas energéticos; y enfatizó que «la sustitución de combustibles fósiles por energías renovables no se va a producir de un día para otro, pero es un proceso irreversible[21]. Estamos en un proceso imparable –agregó– de descarbonización de nuestras economías; la eliminación del gas y del carbón va a ser una revolución radical y el proceso de sustitución de las energías fósiles por las renovables es imparable», reafirmó.

---

[21] http://www.lavanguardia.com/politica/20160125/301654473379/canete-avisa-a-espana-del-impacto-irreversible-de-nueva-politica-energetica.html

6. La problemática de la diferenciación

Una de las discusiones más importantes en la Cumbre de París fue la «diferenciación». Idea según la cual los países desarrollados son los que deben asumir la mayor parte de las obligaciones hacia la lucha contra el cambio climático, siguiéndose así, *ad pedem literae*, la Convención Marco de las Naciones Unidas sobre Cambio Climático de 1992. Conforme a la cual, China e India no estuvieron entre los Estados obligados a asumir ni la reducción de emisiones ni las necesidades de financiación. Por la sencilla razón de que en la lista de 1992 –que todavía rige oficialmente–, ambos países no figuraban entre los desarrollados, sino en los de vías en desarrollo. Situación que ha cambiado con el tiempo, pues China e India son dos economías duales y que hoy se sitúan entre los cuatro países más contaminantes de GEI de todo el mundo, con actualmente muchas de las características propias de grandes potencias, entre ellas, la disponibilidad del arma nuclear[22].

6.1. La cifra de los 100.000 millones/año

El problema básico ligado a la diferenciación es el financiero, esto es, se trata de saber cuánto han de aportar los países ricos para que los más pobres puedan mitigar sus emisiones y adaptarse al cambio climático. Un tema en el que, en Copenhague 2009, los desarrollados admitieron estar dispuestos a poner 100.000 millones de dólares al año; aunque nadie dijo con qué base de cálculo, ni con qué mecanismos de distribución se iba a reunir tan ingente suma. En cualquier caso, teniendo en cuenta los 40 billones de dólares de PIB anual de los países más ricos, la cifra de 100.000 millones sería un mero 0,20 por 100 del producto mundial de cada año.

Ciertamente, a partir de Copenhague 2009, los más desarrollados, percatados de lo difícil de reunir esa cifra, están en la idea de ampliar la base de donantes, y que a la postre aporten también los países que estén «en condiciones de hacerlo», con lo que hay una clara insinuación a China e India. Y en la discusión

---

[22] Manuel Planelles, «La Cumbre de París allana el camino para que EE.UU. firme el acuerdo climático», *El País*, 10-XII-2015.

referida, la postura de EE.UU. y Europa a lo largo de la COP-21 se situó en la idea de que la *diferenciación* vaya diluyéndose en un plazo de cinco a diez años. Con el argumento de que «para frenar el cambio climático no pueden luchar solos los países desarrollados, que ahora ya representan tan solo el 35 por 100 de las emisiones totales». Pero está claro que China e India intentarán mantener su postura a toda costa, según veremos más adelante con algún detalle. Pero a ese respecto, la ministra sudafricana de Medio Ambiente, Edna Mowo Bolema, dijo en París que la *diferenciación* debe continuar tanto en financiación como en transferencia de tecnología; y lo hizo hablando en nombre del G-77 más China, que agrupa a alrededor de 130 naciones de renta per cápita todavía baja.

Por lo demás, se ha calculado, por la Agencia Internacional de la Energía (AIE), que la plena aplicación de los compromisos presentados hasta el comienzo de la COP-21 (170 países que cubren el 95 por 100 del total de las emisiones de gases de efecto invernadero), requerirían una inversión de 13,5 billones de dólares en los próximos 15 años, a razón de una media de 840.000 millones de dólares al año, que sería algo más del 1 por 100 del PIB global. Una cifra hoy por hoy imposible de saber cómo podrá reunirse, por mucho que incluya partidas muy diversas en muy diferentes ramas de la actividad común entre todos los países, como por ejemplo las transferencias en función de los Objetivos de Desarrollo del Milenio para 2015-2030.

Para todo hay muchos optimistas, y desde ese enfoque, la AIE prevé que tales inversiones, si se confirman, tendrían un impacto positivo en el sector energético, pero no serían suficientes para evitar el alza de temperatura media de la Tierra por encima de los 2ºC[23]. En ese sentido, en el mismo informe de la AIE, se proponen cinco medidas para una mayor reducción de emisiones: aumentar la eficiencia energética en la industria, la edificación y el transporte; eliminar gradualmente las centrales de carbón más contaminantes; ampliar las inversiones en las renovables; acabar con los subsidios a las energías fósiles; y reducir las emisiones de metano en la producción de petróleo y gas.

---

[23] Araceli Acosta, «En París se decide el futuro», *ABC. Natural*, 4-XII-2015.

6.2. China con los menos desarrollados

A lo largo de toda la Conferencia de París, China emergió como portavoz de las naciones en vías de desarrollo y a su vez como puente entre estas y las desarrolladas, de modo que Pekín cerró filas con potencias emergentes como India y Brasil para defender que la mayor financiación debe quedar a cargo de los países que históricamente han emitido más gases en la atmósfera. Y llegó a acuerdos con EE.UU. para acelerar en el futuro, si se hace factible, el ritmo de reducción de sus emisiones de GEI; y con la Unión Europea para que los compromisos de cada país se sometan a revisiones al alza cada cinco años[24].

Debe destacarse que la COP-21 se inauguró en París coincidiendo con los índices máximos de contaminación atmosférica en Pekín, Shanghái, y toda una superficie china casi equivalente a la de España (504.700 km²). Con el trasfondo de que la primera potencia mundial ya es China, según su PIB a precios de paridad de poder adquisitivo, por lo que parece claro que la República Popular habrá de fijar objetivos más ambiciosos más adelante, mucho más avanzados que los ya comprometidos y con una fuerte elevación de costes. Por la sencilla razón de que el Partido Comunista Chino (PCCh), regulador del cambio económico y social en el gran país, tiene que afrontar cada vez mayores críticas de su ciudadanía, a causa de su política ambiental. De modo que si no cambiara rápidamente el escenario, el propio PCCh se vería amenazado[25].

Sorprendentemente, la alerta roja de Pekín del 30 de noviembre de 2015, justo el primer día de la Conferencia del Clima de París, fue explicada, en un contexto alentador, no por las autoridades chinas, sino por la delegación de Greenpeace en la capital de la República Popular. Se editó una nota *ad hoc* manifestando que, en general, los indicadores de contaminación en la capital de China están bajando de manera importante en los últimos tiempos, sucediendo lo propio en la provincia de Hebei, que rodea la aglomeración pekinesa, debiendo destacarse que en toda el área el consumo de carbón está bajando con cierta rapidez desde

---

[24] Xavier Fontdeglòria, «Los niveles de contaminación récord empujan a China a asumir nuevos compromisos», *El País*, 1-XII-2015.

[25] Ramón Tamames, «China tiene que hacer más», *La Razón*, 2-XII-2015.

2014[26]. En otras palabras, la gran organización ecológica mundial quiso precisar que el incidente del 30 de noviembre de 2015 no era expresión de un empeoramiento en la tendencia general.

6.3. India en fuerte crecimiento

India se opone a que desaparezca la diferenciación entre países ricos y pobres en que se basa el Protocolo de Kioto: no cabe que vaya diluyéndose, y propone que la reducción de emisiones sea de cumplimiento *voluntario* para los países en desarrollo, en función de lo establecido hace 23 años en la Convención Marco de Cambio Climático de 1992; algo que dista mucho –ya lo vimos antes– de ser compatible con la realidad actual y de lo que ni la UE ni EE.UU. quieren oír hablar[27].

En el caso de India, teniendo en cuenta su población (1.200 millones de personas), sus emisiones de GEI siguen siendo pequeñas en términos relativos: 1,6 toneladas de CO_2 por persona y año, algo menos que la cuarta parte de un chino, y equivalente a lo que había en la República Popular en 1980. Pero como el primer ministro de la India (Narendra Modi) quiere emular el crecimiento chino, a base de un 8 por 100 de expansión anual del PIB, las emisiones de GEI irán en aumento[28].

Por mucho que Ajay Mathur, director general de la Oficina de Eficiencia Energética de la India, diga que «hemos dejado muy claro que la solar y la eólica son nuestros primeros compromisos. Hidráulica, nuclear, todas estas fuentes son las que vamos a desarrollar en la mayor medida posible. Pero tienen que ser opciones asequibles»[29].

Ciertamente, el Gobierno de Modi ha puesto en marcha un ambicioso programa para acelerar la inversión en energías renovables, particularmente la solar, por lo que, en 15 años, más de un tercio de su capacidad eléctrica instalada se basará en esa energía solar de molinos de viento y presas hidroeléctricas[30]. Sin embargo,

---

[26] Calvin Queck, en carta escrita a *Financial Times*, publicada el 11-XII-2015.

[27] «India bloquea un acuerdo en la Cumbre del Clima de París», *ABC*, 3-XII-2015.

[28] «India and the environment. Catching up with China», *The Economist*, 10-X-2015.

[29] Pilita Clark y James Wilson, «India eyes cleaner energy as coal hit by investor snub», *Financial Times*, 3-XII-2015.

[30] Victor Mallet, «India navigates choppy waters in search for deal», *Financial Times*, 30-XI-2015.

el 1 de octubre de 2015, el Gobierno de Modi presentó sus planes de emisiones a la COP-21, negándose a fijar una fecha para iniciar la caída de emisiones de GEI, prometiendo, a cambio, reducir la intensidad de carbono por unidad de PIB en un tercio antes de 2030.

6.4. Otra vez las islas del Índico y el Pacífico

Si China e India están planteando la diferenciación, las islas del Índico y el Pacífico plantearon en París sus propias exigencias a mucho más corto plazo, a fin de recibir financiación especial en las cuestiones del clima entre 2015 y 2020, sobre todo de cara a los proyectos de adaptación: «Los que estamos en el Pacífico –manifestaron– somos personas inocentes en lo que es el mayor acto de locura de la historia», advirtió Frank Bainimarama, primer ministro de Fiji. «A menos que el mundo actúe con decisión para abordar el mayor desafío de nuestro tiempo, estamos condenados»[31].

El Acuerdo de París fija finalmente el objetivo de mantener las temperaturas «bien por debajo de los dos grados centígrados con respecto a los niveles preindustriales», e insta a todos los países «a perseguir los esfuerzos para limitar el aumento a 1,5 grados» –recalcó Tony de Brum, en representación de la Alianza de los Estados-isla–, una reivindicación que fue tomando fuerza hasta cuajar en la llamada Coalición de la Gran Ambición –a la que ya nos hemos referido en este mismo capítulo–, en la que acabaron embarcándose la Unión Europea y EE.UU.[32]. Y en la recta final de las negociaciones, más de un centenar de países se subieron a ese mismo carro, pese a las resistencias de China e India (temerosas de que el límite de 1,5 grados centígrados pueda limitar su crecimiento económico), desde luego con la férrea oposición de la *Alianza Fósil* (Arabia Saudí, Venezuela y Rusia), que no claudicó hasta el momento final.

Las inquietudes de los Estados-isla en situación de mayor peligro son lógicas, pues las Islas Marshall, las Salomón, los Estados Federados de la Micronesia y países-isla de resonancias tan exóticas como Vanuatu, Kiritabi y Tuvalu sufrieron recientemente los

---

[31] Jamie Smyth, «Island on climate front line plead for funds», *Financial Times*, 26-XI-2015.
[32] Carlos Fresneda, «El héroe de la Cumbre del Clima», *El Mundo*, 15-XII-2015.

estragos del ciclón Pam y del tifón Maysak. La erosión costera, la degradación de los hábitats marinos o la salinización de las aguas son también los efectos directos del cambio climático en el Pacífico. Por ello mismo, el presidente de Tuvalu, Enele Sosene Sopoaga, se sumó en París a la coalición del 1,5, recordando los estragos del ciclón Pam que destruyó el 95 por 100 de la agricultura local: «Nuestro pequeño país es el símbolo de lo que le espera al planeta si no actuamos pronto. Necesitamos salvar Tuvalu para salvar el mundo», reclamó.

7. Sobre el acuerdo: división de opiniones

El Acuerdo de París ha sido objeto de muchos comentarios, incluyendo algunos muy elogiosos –ya vistos en buena parte en este mismo capítulo 4–, al lado de planteamientos en verdad apocalípticos sobre lo que puede venir con la pretendida inconsistencia del texto que salió de la COP-21. Y al margen de esa dicotomía, hubo un primer asunto a tener en cuenta: la no vinculación, que examinamos en primer lugar.

7.1. La no vinculación

En el capítulo 2 de este libro ya vimos con una cierta extensión que pocas semanas antes de reunirse la Cumbre de París, John Kerry, secretario de Estado de EE.UU., y su representante en las negociaciones de la COP-21, planteó que el texto a firmar no debería ser vinculante. Así, a menos de tres semanas del inicio de la COP-21, se enfrió el optimismo generalizado sobre el tema de la vinculación. En una entrevista al *Financial Times*, Kerry manifestó que el acuerdo de París «sin duda no será un tratado. No habrá objetivos de reducción de emisiones de gases de efecto invernadero jurídicamente vinculantes; como sí fue, en cambio, el caso del Protocolo de Kioto»[33]. Así es como surgió el debate, con una doble interrogante: la forma jurídica (tratado o acuerdo) y el nivel de la obligatoriedad de los compromisos adquiridos dentro del texto a firmar en París por los 195 países de la Convención.

---

[33] Simon Roger, «COP 21: coup de froid entre Washington et Paris», *Le Monde*, 13-XI-2015.

En ese sentido, en el artículo 4 del Acuerdo de París, en el que se hace referencia al recorte de emisiones de GEI por parte de los países firmantes, aparecía, en el borrador, la palabra *deberán*. En concreto, se decía: «Las partes que son países desarrollados *deberán* seguir encabezando los esfuerzos y adoptando metas absolutas de reducción de emisiones para el conjunto de la economía»[34]. Ante esa situación, el sábado 12 de diciembre de 2015, la presidencia francesa cambió la palabra *deberán* por *deberían*, quedando el texto: «Las partes que son países desarrollados *deberían* seguir encabezando los esfuerzos y adoptando metas absolutas de reducción de emisiones para el conjunto de la economía».

Ciertamente, la no vinculación –que sí hay en Kioto– podría haber provocado una mayor oposición entre los presentes en París, entre otras cosas, porque en un encuentro de solo unas semanas antes, Hollande y Xi Jinping habían acordado que sí habría obligatoriedad en el cumplimiento de los compromisos nacionales. Pero la verdad es que China debió ver abrirse una puerta (¿de escape?) con la no vinculación, y lo mismo sucedió con India, etc.

Además, en la mentalidad de todos estuvo la idea de que si los más poderosos se habían incorporado al Acuerdo, voluntariamente, dentro de esa voluntad quedaba la decisión final sobre si cumplir o no cabalmente con los compromisos adquiridos. Y los más ingenuos llegaron a pensar que el interés global pesaría más que los intereses particulares de los países. Así pues, apenas hubo críticas al respecto en la Cumbre de París. Luego sería otra cosa…

7.2. A favor del Acuerdo

Entre los comentarios más elogiosos, traemos a colación a Leonce Tubiana, que fue una de los principales artífices del acuerdo. Fundadora y presidenta del Instituto de Desarrollo Sostenible de Francia, fue nombrada en mayo de 2014 embajadora especial para dicha cumbre, siendo la experta que llevó el peso de las negociaciones en la sombra del presidente del cónclave, el ministro

---

[34] Manuel Planelles, «Una palabra casi impide el éxito de la Cumbre de París», *El País*, 14-XII-2015.

de Asuntos Exteriores Laurent Fabius. A continuación, algunas observaciones de Leonce Tubiana (recuérdese, embajadora francesa para las negociaciones internacionales de la COP-21) en una entrevista sobre la cuestión:

—¿Se daban las circunstancias para obtener un pacto mejor?

—El acuerdo final es más ambicioso de lo que yo esperaba. Por una parte, se ha aceptado el objetivo a largo plazo de no superar en 1,5 grados la temperatura este siglo, pero también el objetivo de equilibrio de emisiones [que no se emita más de lo que con medios humanos se puede absorber]. Pero, además, están las contribuciones nacionales, a revisar cada cinco años. Todos los países han admitido la meta de reducir emisiones, lo que era una línea roja para los países en desarrollo.

—Lo curioso de esta Cumbre es que uno de los elementos más importantes, la aportación de cada país, ya estaba sobre la mesa antes de iniciarse la reunión.

—Exacto, aunque ello no garantizaba el Acuerdo en París. Pero, además, el pacto ha ido más allá de la financiación y de la diferenciación [exigir a cada país un esfuerzo diferente en función de su economía y sus capacidades][35].

También interesantes y esperanzadoras son las expectativas de Jonathan Grant, especialista en política climática de la consultora PwC, quien percibe la magnitud del cambio: «Un acuerdo exitoso en París dará forma a las decisiones de negocio en los próximos 15 años, tocando todos los sectores de la economía, no solo al sistema energético»[36]. Por ello mismo, el Acuerdo de París acelerará las inversiones globales de energías limpias, ahora en más de 300.000 millones de dólares anuales (2015), pues muchas empresas de renovables estiman que con lo ya ofertado por los países firmantes, la expansión será extraordinaria.

Por su parte, Nicholas Stern, el científico inglés más cualificado en la materia, entiende que la acción inversora debe centrarse

[35] Gabriela Cañas entrevista a Laurence Tubiana, «Latinoamérica ha tenido un papel crucial en París», *El País*, 20-XII-2015.

[36] Pilita Clark, «Rallying cry in Paris to avoid environmental catastrophe», *Financial Times*, 27-XI-2015.

en lo que hasta ahora han sido las grandes impulsoras de las emisiones: «Las ciudades, los sistemas de generación de energía, y el uso que se haga de la tierra. Y al hacerlo, veremos que la gestión de los riesgos del cambio climático puede conducir a un crecimiento económico mucho más atractivo»[37].

7.3. Posicionamientos críticos

Aprovechando la proximidad de la Cumbre de París, los líderes de la industria del gas natural trataron de diferenciarse de los referentes a carbón y petróleo, sobre la base de las mejoras en calidad del aire conseguidas en ciudades como Nueva York, Toronto o Estambul, donde el gas ha desplazado al carbón y el gasóleo[38].

De ahí que, en la Cumbre del Clima de París, los productores de gas argumentaron en pro de un trato más favorable, habida cuenta de que las centrales de carbón emiten más o menos el doble de CO_2 que las de gas para una generación eléctrica equivalente. Pero, frente a tales pretensiones de sustituir carbón por gas, se oyeron voces como la de Felipe Calderón, ex presidente de México y actual director de la Comisión Global sobre Economía y Clima, que se manifestó en términos muy contundentes:

> Muchos Estados que aún apuestan por el carbón, o incluso por el gas, están metiéndose ellos mismos en la cárcel para 50 o 60 años o más, y tirando las llaves por la ventana, porque la transición ya está en marcha y llegará un momento en el que la energía renovable será más barata que la de los combustibles fósiles. Fui secretario de Energía en 2003 y 2005 en México, y hoy, once años después, la solar es un 90 por 100 más barata de lo que era entonces y la eólica casi otro tanto. Es evidente que la curva de costes de las renovables está cayendo rápidamente[39].

---

[37] Nicholas Stern, «Tough action now offers a bright future, not a hardship», *Financial Times*, 27-XI-2015.

[38] Ed Crooks, «Natural gas industry's mission to clear the air», *Financial Times*, 4-XII-2015.

[39] Manuel Planelles, «Felipe Calderón: Es absurdo que se siga subsidiando la explotación petrolera», *El País*, 4-XII-2015.

La opinión de Amigos de la Tierra –en contra de lo manifestado por Greenpeace– se pronunció con una serie de puntos de vista[40]:

- Hubo *plazos temporales y objetivos concretos de mitigación* hasta el penúltimo borrador del Acuerdo, en la idea de forzar la descarbonización de la economía y la erradicación de los combustibles fósiles. En ese sentido, las exigencias de países como Arabia Saudí consiguieron eliminar esos emplazamientos: en el último minuto, EE.UU. presionó para conseguir rebajar una mención a los países desarrollados: de *deberán* a *deberían*; detalle ya comentado con anterioridad.
- En el Acuerdo no se reconocen los *refugiados* y otros afectados por cambios climáticos y ambientales, que ya son muchos millones.
- *La regla de la libre disposición de cada país*, en el sentido de que los elementos del Acuerdo son voluntarios, es el principio general: rige la cláusula que deja a los países su propia decisión. Así, solamente la parte de revisión, comunicación y transmisión de las informaciones a la Secretaría de la Convención son de obligado cumplimiento.
- *El Acuerdo de París reconoce efectivamente la necesidad de quedarse por debajo de los 2 grados*, y menciona los esfuerzos para quedarse por debajo del 1,5. Pero Amigos de la Tierra se pregunta por qué no se planteó simplemente el 1,5.
- *El IPCC y la AIE preconizan reducir en un 80 por 100 las emisiones de GEI para 2050*. Así pues, no basta con hablar de opciones de descarbonización para 2030 (China) o después (India). Porque, explícitamente, esa actitud admite seguir emitiendo lo que sea, confirmando en parte la capacidad de absorción de bosques, suelos, o en tecnologías que no sabemos si serán factibles.
- De hecho, en la Cumbre de París se admitió la *dictadura de Arabia Saudí*, tras la cual se esconden Argentina (por sus

---

[40] La presente sección fue redactada inicialmente por la hija del autor, Laura Tamames Prieto-Castro, que asistió a la Conferencia en su nombre y también en el del autor, que no pudo ir a París por verse obligado en esos días a una intervención quirúrgica de cierta urgencia.

grandes posibilidades de *fracking*), Sudáfrica (por sus stocks de carbón) y la europea Polonia (también por el carbón), que han destruido las opciones que tenían algo de ambición.

- Por otra parte, se critica que las contribuciones que cada Estado ha remitido a la Secretaría de la Convención *se revisarán* demasiado tarde, en 2023 con un asesoramiento previo en 2018. Lo cual resulta muy grave.
- El pico de emisiones «se fijará... lo antes posible», se dice. Una frase que está sujeta a interpretaciones y condicionantes de todo tipo, y a buen seguro los habrá, a fin de priorizar el crecimiento de la economía con la manifiesta dependencia del petróleo, justificando así que las emisiones sigan creciendo, cuando la ciencia, vía IPCC, recomendaba llegar al pico de emisiones en el año 2015.
- En el Acuerdo de París no se recoge ningún compromiso concreto de financiación: se dan por buenos los 100.000 millones de dólares anuales aprobados en Copenhague, por lo que se trata de una cifra arbitraria, que se impuso, alegremente, en la COP-15 como compromiso de última hora para salir del atolladero de las negociaciones y *salvar los muebles* de aquella cumbre. Por lo demás, para la cifra de 100.000 millones no se facilitó ningún criterio técnico de contribución y distribución.

En la misma línea que Amigos de la Tierra se movió el veterano corresponsal de *La* Vanguardia Rafael Poch, para quien lo peor del «mejor acuerdo posible» alcanzado el 13 de diciembre en París es que ni siquiera es decepcionante. El consenso alcanzado entre 195 países, con 150 jefes de Estado desplazados y tantos periodistas, «solo podía ser un éxito. El resultado de ese éxito será que habrá emisiones con las que sobrepasarán los 2 grados Celsius de incremento de la temperatura a fin de siglo». Y las últimas palabras de Rafael Poch[41]:

Este acuerdo climático es «histórico» precisamente por lo que tiene de ocasión perdida. El texto no está a la altura de lo que la

---

[41] Rafael Poch, «El mejor pacto posible», *La Vanguardia*, 13-XII-2015.

ciencia ha establecido. Hay una total imprecisión a la hora de definir los objetivos de reducción de emisiones, abandonados desde Cancún (2010) a la voluntad de cada país. Eso significa que no hay una hoja de ruta para impedir el incremento de temperatura. Lo único «jurídicamente obligatorio» no es la reducción, sino la periódica revisión de esa voluntad de cada país, que hoy por hoy nos aboca a incrementos de temperatura bien superiores a los 2 grados. Esa contradicción no impide la audacia de formular el deseo de ir más allá (tope de 1,5ºC), pero para eso las emisiones deberían reducirse en más de un 80 por 100 hasta el año 2030, algo a lo que los países del norte se niegan. La aviación civil y el transporte marítimo, ambos responsables de alrededor del 10 por 100 de las emisiones globales, quedan fuera del acuerdo.

Con una visión que se plantea un futuro evolutivo es la posición del científico español José María Baldasano, para quien el texto del Acuerdo de París está lleno de pronunciamientos de buenas intenciones pero no de compromisos formales y por ello mismo, según el profesor Baldasano, es poco menos que

un mero ejercicio de voluntarismo. Pero hay ciertos aspectos que inducen a ser positivos, a pesar de que los objetivos decididos no son ambiciosos; y es que se establecen mecanismos de seguimiento, transparencia e información, aspectos que son claves para que no quede el esfuerzo realizado en papel mojado y se avance claramente en reducir las emisiones, que es el punto clave de la cuestión; aunque condicionado por lo que se ha dado en llamar la «neutralidad climática», que no deja de ser un claro eufemismo, para condicionar las decisiones y acciones de reducción[42].

Es más un convenio de voluntades que un acuerdo de compromisos ambiciosos. Pero debemos ser optimistas, ya que abre un camino para forzar un punto de inflexión que modifique el actual modelo energético y se avance hacia una sociedad descarbonizada mediante el uso de energías renovables y adoptando estrategias de eficiencia energética.

---

[42] José María Baldasano, «Mejor esto que nada», *La Razón*, 13-XII-2015.